Köln 1812

Basierend auf dem Buch „Köln am Rhein vor 50 Jahren" (1862)

Ernst Weyden

Impressum

Bibliografische Information der Deutschen Nationalbibliothek:
Die Deutsche Nationalbibliothek verzeichnet diese Publikation in der
Deutschen Nationalbibliografie; detaillierte bibliografische Daten sind im
Internet über http://dnb.dnb.de abrufbar.

Herstellung und Verlag: BoD – Books on Demand, Norderstedt

ISBN: 9783754322567

Ein paar Worte aus dem Jahr 2022

Ernst Weyden machte sich im Jahr 1862 daran seine Kindheitserinnerungen aus Köln zu Papier zu bringen. Entstanden ist ein wertvolles Zeitzeugnis welches unter dem Titel „Köln am Rhein vor 50 Jahren" als Buch erschienen ist.

Auch heute ist dieses Buch noch hochinteressant, gibt es doch Einblicke in die Welt unserer Vorfahren, wie sie sonst kaum zu erfahren sind.

So habe ich das mir vorliegende Buch aus Frakturschrift in die uns geläufige Schrift übertragen. Die Schreibweise, einschließlich vorhandener Druckfehler habe ich unverändert gelassen.

Dies ist ein historischer Text, welcher nicht geändert wurde, um seine Authentizität nicht zu gefährden. Darüber hinaus gibt der Text die Sprache seiner Zeit wieder, unabhängig davon, ob diese heute als politisch oder inhaltlich korrekt eingestuft würde. Ich gebe die Texte unverändert wieder. Das bedeutet jedoch nicht, dass die darin erklärten Aussagen oder Ausdrucksweisen von mir inhaltlich geteilt werden.

Frank Kemper

Wikipedia zu Ernst Weyden:

Ernst Weyden (* 18. Mai 1805 in Köln; † 11. Oktober 1869 in Altona) war ein Kölner Schriftsteller.

Er unterrichtete in der 1828 errichteten Höheren Bürgerschule. In seinem Werk Cölns Vorzeit erschien 1826 die Geschichte von den Heinzelmännchen zu Cöln erstmals in Schriftform.

In Köln-Poll wurde die Ernst-Weyden-Straße nach ihm benannt.

KÖLN AM RHEIN VOR FÜNFZIG JAHREN.

Sitten-Bilder nebst historischen Andeutungen und sprachlichen Erklärungen.

Von Ernst Weyden.

Die Originalvorlage dieses Buches erschien in Köln, 1862 beim Verlag der M. Du Mont-Schauberg'schen Buchhandlung. Der Druck erfolge damals durch Druck von M. DuMont · Schauberg.

Ihrer Majestät Königin Augusta von Preußen in tiefster Ehrfurcht

der Verfasser

VORWORT

Die mehr als freundliche Aufnahme, welche meine Skizzen: "Köln vor fünfzig Jahren" als Feuilleton der Kölnischen Zeitung in Köln selbst und anderwärts gefunden haben, war die nächste Veranlassung, die mich bewog, den von vielen Seiten an mich ergangenen Aufforderungen nachzukommen, diese Skizzen weiter auszuführen. So sind aus den Skizzen Sittenbilder entstanden, in welchen ich es versucht habe, Köln am Rhein nach der Natur zu schildern, wie es vor fünfzig Jahren in den Hauptbeziehungen seines äußeren und inneren Wesens und Treibens, aller seiner socialen Verhältnisse in die Erscheinung trat.

Nothwendig mußte ich mich bei diesen Bildern auf Umrisse beschränken, durfte nicht zu sehr ausmalen, nicht zu weit in die Details gehen und durchaus nicht künstlerisch ausschmücken, mußte vor Allem der Wahrheit treu bleiben. Und treu bin ich der Wahrheit geblieben, mag auch Manchem, der zwischen dem jetzigen Köln und dem geschilderten eine Parallele zieht, vielleicht das Eine oder das Andere übertrieben erscheinen. Ich darf aber die Versicherung geben, daß ich, als geborner Kölner, nach bestem Wissen und Können versucht habe, ein möglichst lebenstreues Bild meiner Vaterstadt und ihres Bürgerlebens vor fünfzig Jahren zu entwerfen. In wie weit mir dies gelungen, das zu beurtheilen, überlasse ich Anderen.

Meinen Zweck habe ich vollkommen erreicht, findet der Stammkölner in meinen Sittenbildern ein treues Gemälde seiner Vaterstadt, wie er sie vor fünfzig Jahren gekannt, frischen dieselben seine Erinnerungen auf, und rufen sie den Nichtkölnern ähnliche Zustände der Städte ihrer Heimat in die Erinnerung, da wir in den meisten Städten Deutschlands vor fünfzig Jahren in ähnlichen Ursachen ähnliche Wirkungen finden, wie ich dieselben aus Köln zu schildern versucht habe.

Bei meinen geschichtlichen Andeutungen, die sicher nicht unwillkommen sein werden, habe ich einen mehr allgemeinen Leserkreis vor Augen gehabt, weßhalb dieselben, fußen sie auch auf Quellen-Studium, keineswegs Ansprüche machen, für streng wissenschaftliche Abhandlungen gelten zu wollen. Man nehme dieselben für das, was sie sind, für allgemein gehaltene Andeutungen, namentlich zur Geschichte der Protestanten und Israeliten in Köln, welche Aufschlüsse geben sollen über zwei in der inneren Geschichte der Stadt so höchst wichtige Momente.

In meinen sprachlichen Erklärungen habe ich ebenfalls weniger den eigentlichen Sprachforscher, als einen allgemeineren Leserkreis berücksichtigt, dem sie das Verständniß des kölnischen Dialektes erleichtern sollen.

Ein kölnisches Sprüchwort sagt:

"Wae jitt, watt hae haett, es waeth, datt hae lèv!"

Köln, im Mai 1860.

E. W.

EINLEITUNG

Köln ist nicht mehr Köln! - Jeder geborne Kölner wird sich dieser Redensart als einer stehenden Lieblings-Phrase in dem Munde seiner Großeltern, oder gar seiner Eltern erinnern. Ja, Köln ist nicht mehr Köln, wie es noch der Anfang dieses Jahrhunderts gesehen, wie es noch vor fünfzig Jahren war, ein düsteres, trauriges Denkmal seiner bedeutungsvollen, großen Vergangenheit, deren Monumente in ihrem Verfalle vielberedte Leichensteine. Der lebensfrische Hauch einer neuen Zeit hat den Grabesmoder verweht. Die Stadt hat in ihren Chroniken den Beginn einer neuen Aera verzeichnet; eine neue vielverheißende Lebensperiode hat ihr begonnen.

In ihrer ganzen äußeren Erscheinung, in allen ihren commerciellen und industriellen, und daher in allen ihren socialen Verhältnissen ist die Stadt eine völlig andere geworden. Die Umgestaltung ist aber eine so gewaltig große, eine in allen ihren Elementen so völlige und durchgreifende, daß man kaum begreifen kann, wie dieselbe das Werk von noch nicht fünfzig Jahren.

Bedingt in den Zeitverhältnissen, steht die Zukunft der Stadt Köln fest. Sind jene keiner Umwälzung unterworfen, braucht man eben kein Weissager zu sein, um der Stadt die glänzendste Zukunft vorherzusagen, ein stätiges, noch rascheres und fruchtbareres Entfalten, als das der Glanzepochen, deren sich ihre Geschichte rühmt. Köln lebt in der Uebergangs-Periode, unter Deutschlands Städten wieder eine der ersten Großstädte zu werden. Daß Köln eine Großstadt wird, werden muß, bedeutender, als es in seiner mittelalterlichen Blüthezeit gewesen, ist unter den bestehenden Verhältnissen eine Nothwendigleit. Hoffen wir, voll treuer Zuversicht, daß dieselbe möglichst unerschütterlich, denn Köln kann bei jeder denkbar politischen Umwälzung nur verlieren.

Wir freuen uns einer lebensthätigen, hoffnungreichen Gegenwart, genießen in der Erwartung einer noch reicheren Zukunft die Früchte des Werdens, und mitwirkend in der allgemeinen Umgestaltung der Dinge und Verhältnisse, haben wir selbst nicht wahrgenommen, mit welchen Riesenschritten sich dieselben um uns her neu gestaltet haben.

Vielleicht, mein geneigter Leser - wenn ich Dich so nennen darf -, ist Deine Phantasie aber noch im Stande, sich ein lebendiges Bild der Stadt Köln zu entwerfen, wie dieselbe vor etwa fünfzig Jahren in ihrem Aeußeren und Inneren, im Wesen und Treiben ihrer Einwohner in die Erscheinung trat.

Ist dies nicht der Fall, reicht Deine Erinnerung nicht so weit, so findest Du doch wohl Gefallen, mit mir einen Rundgang um und durch das damalige Köln zu machen, mitunter einen verstohlenen Blick in das innere Familienleben seiner damaligen Bürger zu thun, sie in ihren traulichen Kreisen, in ihren Freuden und Leiden zu belauschen, Dich mit mir um etwa ein halbes Jahrhundert in die Uebergangs-Periode aus der guten alten Zeit, wie unsere Großeltern die Tage ihrer Jugend nannten, zurückzuversetzen.

I. DAS AEUßERE DER STADT.

Die Thore oder Burgen der Landseite - Mauern und Stadtgraben - Spielplätze - Bayenthurm - Huppet-Huhhot - das Werthchen - Rheinhalfen - Leistapel - Schürger - Hexemächer - Krahnen - Fliegende Brücke - Markmannsgasse - Schmuggler - Freihafen - Stapel - Speditionshandel - Handelsfirmen - Frankenthurm - Holländische Beurtschiffer - Rhingroller - Kohlenhandel - Weckschnapp - Junkere Kirchhof - Köln, das thurmreiche - Domainen-Verkäufe - Münz – Mummis'-Gut.

Die Thore oder Burgen der Landseite

Von welcher Seite wir uns der Stadt nähern, Schmutz und Koth, altherkömmliche Unwegsamkeit der Wege nicht scheuend, ihren fast zwei Stunden weiten Bering umwandern: ernst, Achtung gebietend ist ihr Anblick. Von ihrer einstigen Macht, von der hohen Bedeutung ihrer Vergangenheit unter Deutschlands Großstädten geben Kunde die stattlichen, Burgvesten ähnlichen Thurmwarten, nicht umsonst "Burgen" genannt, welche die Hauptthore der ganzen Landseite und einige Thore der Rheinseite schützen; dieses Ansehen bekundet die weite und mächtige Ringmauer, mit ihren seit 1497 überdachten Wehrgängen, zwischen den Thoren von vierundsechzig Halbthürmen oder Wichhäusern überragt, seit der zweiten Hälfte des siebenzehnten Jahrhunderts von sechsundzwanzig festen Bastionen oder Bollwerken geschirmt.

Mauern und Stadtgraben

Und welchen romantisch malerischen Charakter hat die Zeit, die unvergleichlichste Bildnerin und Malerin, der ganzen Außenseite der Stadt verliehen! Seit Jahrhunderten haben ihre Gehülfen, Sturm und Wetter, Frost und Regen, von Menschenhand durchaus nicht gestört, an den Außenwerken gemeinschaftlich mit ihr gewirthschaftet, an Mauerwerk und Thürmen gebildnert, Zinnen und Schießscharten phantastisch umgemodelt, und dem Ganzen eine Färbung gegeben, welche in dem mannigfaltigen Reichthume ihrer Töne und Uebergänge nicht zu schildern ist. Die meisten der Wichhäuser erinnern sich nicht mehr der Thurmkappen, die sie einst schützten, streckenweise hat der Wehrgang auch seine Bedachung eingebüßt. Statt der drohenden Stadtbüchsen drängen sich Schlingpflanzen und Strauchwerk aus den Schießscharten der Bastionen und Rondelle, deren Zinnen die Zeit in fröhlich grünende Gärten umgeschaffen hat, in welchen weißer und spanischer Hollunder, wilde Kirschen- und Apfelbäume lustig grünen und blühen.

Als die Franzosen 1794 Köln in Besitz nahmen, befanden sich im Stadtzeughause 144 Kanonen verschiedenen Calibers, 12 Falconette, 4 Haubitzen, 11 Mörser, 2 eiserne Steinböller, 160 Böller, 107 Lafetten, 4000 Kanonenkugeln, 120 Granaten, 1111 Bomben, 1000 Musketen, 900 Doppelhaken, 1213 eiserne Gewehre, 79 messingene, 104 Pistolen, 533 Säbel, 120 Trommeln, 22,000 Centner bleierne Kugeln, dann eine Menge kleinerer Armaturstücke, welches, im Ganzen zu einem Werthe von 211,545 Reichsthaler 60 Stüber veranschlagt, von den Franzosen weggeschleppt wurde. Die mittelalterlichen Waffenstücke, Rüstungen, Schilde u. s. w. kamen in die Sammlung des Baron von Hüpisch und nach dessen Tod in die Wallraf'sche. Eine dreizehn Fuß lange alterthümliche Feldschlange, fast ganz aus Silber gegossen, und zwei vergoldete, reich verzierte kupferne Kanonen, Musterarbeiten der Kunstgießerei, schleppte man auch fort. Die Oesterreicher hatten die so genannten zwölf Apostel weggenommen. Auch bewahrte das Zeughaus einen Streitwagen, Caroceio, auf dem, der Sage nach, die Kölner der Stadt Banner und Schlüssel in die Schlacht bei Worringen hinausführten. Der jedenfalls sehr alte Streitwagen ruhte auf zwei Achsen mit schweren runden Rädern, an deren Naben Sensen angebracht, wie Spieße an der Deichsel. Der aus schweren eichenen Bohlen gefertigte Aufsatz, stark mit Eisen beschlagen und mit der Stadt Wappen verziert, hatte Schutzzinnen, hinter welche sich die Streiter bergen konnten. Nachdem man das Eisen verkauft, wurde das Holzwerk verbrannt.

Der üppigste Epheu hat seinen, wer weiß, wie viele Geschlechter alten Mantel um die meisten der Thürme geworfen, mit seinem frischen Saftgrün die grauen Mauern bis über ihre zerbröckelten Zinnen im reichsten Sommerschmuck ausgeschlagen, den gelbgrauen Localton des Mauerwerks in eigenthümlichster Weise hebend. Waldfrisch lugen um den weiten Kranz der Landseite die laubmächtigen Kronen der kräftigsten Ulmen neugierig über die Mauerzinnen in die Stadt, und über ihnen sausen die Flügel der Windmühlen, die auf ehemaligen Thorthürmen des Mauerringes erbaut sind.

Spielplätze

Massenhaft wuchert Unkraut, grünt Baum- und Strauchwerk in dem eigentlichen Stadtgraben, dem so genannten "tiefen Graben". In früheren Jahrhunderten des ehrsamen Rathes Wildbahn, jetzt für die Knaben ein Ort der Sehnsucht, denn mit Lebensgefahr, die bröckelnden Basaltmauern hinabkletternd, holten wir uns dort das Hollunderholz zu den oft Neid erregenden "Knabbüssen" oder Knallbüchsen, deren Munition gewöhnlich die gekauten Schulschreibhefte und auch wohl die Schulbücher selbst.

Der 46. Artikel des 1513 errichteten "Transfix auff den Verbundsbrieff" sagt ausdrücklich: In der Stattgraben kein Wild zu halten verboten.

"Auch ist beschlossen, wann eine zeit her unser Stattgraben an bawm und zäune, und sonst durch das Wild, so darinnen gesetzt und gezogen worden ist, jömerlich - verdestruirt und verderblich - gemacht seynd, daß nach dieser zeit kein Jagd auff noch in unser Stattgraben von niemands, er sey groß oder klein mehr geschehen soll, auch kein Wild, als Hirschen, Hinden, Hasen oder Knine, auff noch in den Graben gesetzt noch gezogen werden sollen, und ob jemands darwider thete, denselben sall man also darumb ansehen, daß andere daran ein Exempel nemen."

Zwischen dem Haupt- und dem Vorgraben laden schattenreiche Baumreihen uns zum Lustwandeln auf den nicht gesperrten Wallgräben, der Bürger Sonntags-Spazirgänge, welche die Stadt dem Bürgermeister Balthasar von Mülheim († 1775) verdankte. Konnte es für das Kind eine fröhlichere Botschaft geben, als: "Do jeiss met op der Pöze-Graven"?

Horch! Lauter Jugendjubel schallt aus den Außengräben. Die muntere Knabenwelt tummelt sich hier an ihren Spieltagen herum. Das Jubelgeschrei wird zum Kriegsruf. Heiß entbrannt ist der Kampf. Wahrscheinlich hat sich eine Schule auf das Grabengebiet der anderen gewagt; denn die Knaben jeder Schule, jedes Stadtviertels haben ihre bestimmten Gräben, deren Besitz sie männlich zu behaupten wissen, um welchen mitunter die hartnäckigsten Schlachten geliefert und die Kämpfer nicht selten mit blutigen Köpfen heimgeschickt werden. Razzias aus den Gräben nach den nahliegenden Rüben- und Möhrenfeldern wurden auch wohl zuweilen von Einzelnen unternommen, die es auf eine Tracht Prügel von der eben nicht sanften Hand eines Kappesbauern hin wagten.

Wie majestätisch bauen sich die riesigen Thorwarten mit ihren weiten, den Hauptgraben durchschneidenden festen Zwingern und Brücken! Basalt, Tuffsteine, Trachyt-Werksteine und Ziegel, das Material, aus denen sie gebaut, mit welchem sie ausgeflickt sind, haben die Zeit wesentlich in ihrer Staffirung unterstützt, den Burgvesten, deren Thorwärter in vorfranzösischer Zeit auch "Burggräven" hießen, in ihrer Färbung eine unbeschreiblich malerische Wirkung verliehen. Jede Thorburg ein Bild. Auf jedem Thore hing ein riesiges Hängeschloß, dessen Schlüssel der Burggraf bewahrte. Die Rentmeister der Stadt, welche in vorfranzösischer Zeit die Aufsicht über die Thore und Thürme führten, mußten alle vierzehn Tage oder höchstens alle Monate in eigener Person die Klauster oder Vorhangschlösser der Thore wechseln.

Bayenthurm

Längs der verwahrlos'ten Schlehdorn-Hecke, welche den sein sollenden Weg um den Vorgraben vom Felde scheidet, gelangen wir zu dem mächtigen Zwingerbaue des Bayenthurmes, einem düstern Gewölbe, das sich an die Nordseite der stattlichen Bastion, die 1603 begonnen und 1650 ganz vollendet war, schließt.

Huppet-Huhhot

Die im Jahre 1553 fertig gewordenen südlichen Werftbauten sind verschüttet, versandet; halsgefährlich ist für Fuhrwerk das, was man Weg zu nennen beliebt. Nur wenige Häuser mit ihren Spitzdächern, ihren düstern zerfallenen Treppengiebeln schauen über die Mauer. Auf derselben erhebt sich der Vorbau des "Zum Pützchen Hofes", der Sitz des "Huppet-Huhhot", eines Alt und Jung neckenden Kobolds, von dem man uns die erbaulichsten Schwänke erzählte, wie er die Mägde quälte, ihnen Pferdestaub in die Betten streute, Erbsen auf die Treppen, daß sie fielen, das Vieh im Stall losmachte, die Kühe ausmelkte, aber sich auch oft ganz gemüthlich an den Winterabenden mit seinem stolpernden Gange: hobedehop! hobedehop! seinem spitzen und langen Flachsbart und Spitzhut in ihrer Mitte am Heerde niederließ.

Einzelne aus Tuffstein in romanischem Style des 13. Jahrhunderts erbaute malerische Giebel überragen weiter nach Norden die Mauer, welche seit 1497 aus den Strafgeldern von Zinswuchern bis zum Filzengraben erhöht worden, oder verstecken sich hinter den hier längs der Stadtmauer aufgethürmten Holzstößen, den so genannten "Erken". Mit der Abnahme des Verkehrs hatte man die Mehrzahl der Thore dieser Mauer verschüttet oder vermauert.

Während der Zeit des dreißigjährigen Krieges arbeitete man emsigst an der Befestigung der Stadt. Ein Ingenieur aus Lüttich, Johann Galls, hatte 1682 nach eigenem Plane die Arbeiten begonnen, und waren demselben dafür, daß er jährlich, oder wenn es sonst nothig, zur Beaussichtigung heruberkam, 2500 Reichsthaler zuerkannt. Galls's Plan wurde für Köln nicht ganz ausgeführt, wohl aber in Deutz, das 1632 von den Kölnern in Gemeinschaft mit dem Kurfürsten durch vier ganze, und zwei halbe Bastionen befestigt wurde. Mit dem Bau des Bollwerls am Bayen riß man die so genannte "Art", den mit einem Wichhaus versehenen Bogen am Bayenthurme, nieder. Von 1631 bis 1692 verbrauchte man zu dem Bastionsbaue am Bayen 1,144,000 Stück Ziegel. Die Verzeichnisse der vor dem Severinsthore und am Bayen gebrannten Ziegel sind im Stadt-Archive aufbewahrt, mit genauer Angabe, wo dieselben verbraucht wurden.

Das Werthchen

Einer Düne gleich, an einzelnen Stellen von mageren Grasplätzen unterbrochen, die Bleichstätte des ganzen Stadtviertels, zieht sich die Insel, das so genannte "Werthchen" hin. Mephitische Dünste steigen im Sommer aus dem verschlammten Rheinarme der Stadtseite. Ein paar Schiffs-Oberdecke sind zu Residenzen der Bleichwärterinnen umgewandelt.

Rheinhalfen

Monoton klingt in seinem stets einförmigen Tacte der weitschallende Hammerschlag einiger Schiffbauern, die sich das Werthchen zum Werft erkoren, und in ihr Gehämmer mischt sich das langgezogene Ju! Ju! Ho! Ho! Hoho! der Rheinhalfen, mit diesem Rufe, derben Flüchen und noch derbern Peitschenhieben ein Rudel magerer, abgehetzter Pferde vor einem zu Berg schleichenden Schiffe auf dem Leinpfade antreibend.

An der Rheingasse ändert sich die Scene des Werftes. Der Schiffsverkehr gewinnt einige Rührigkeit. Hier liegen, wie es die Jahreszeit bringt, die hoch über Deck mit Stroh und Heu oder mit Lohe, den ein französischer Commissär in seinem Bericht für Zimmet ansah, beladenen kleinen Fahrzeuge, auf welche die schmalen, zwei- und dreistöckigen Häuser düster und trostlos herabsehen, vielleicht besserer Zeiten eingedenk. Aeußerst bescheiden, eine schlichte Bürgerwohnung mit ihren Spitzdächern, ihren einfachen grünen Jalousieladen und blendend weißen Gardinen, schaut der "heilige Geist", eines der ersten Gasthäuser der Stadt, das Absteige-Quartier der höchsten Herrschaften, aus seinen spiegelblanken, kleinen Scheiben hinüber nach dem öden, von der Rheinseite dorfähnlichen, traurig verfallenen Deutz.

Leistapel

Vom Rheinthor bis zur Hafengasse sind längs den Häusern Kohlenlager, Gerießhütten gebaut, mit den hier lagernden "Leien", woher der Name "Leistapel", oder Schieferplatten die größte Breite des Werftes einnehmend.

Schürger

Gruppen von Schürgern und Packträgern, welche den Facchini Italiens im dolce far niente und in der unverschämtesten Zudringlichkeit nichts nachgeben, dieselben in der Unverschämtheit ihrer Forderungen selbst überbieten, lungern, der Werfte Staffage, gewöhnlich am Leistapel umher. Sie haben sich jetzt zum Ufer gedrängt, denn eben treibt in voller Majestät ein schwimmendes Dorf, ein schönes, stolzes Rheinfloß, mit einigen Hundert Ruderern bemannt, vorbei; die Steuerleute winken von ihren erhabenen Steuerstühlen den vom Ufer Grüßenden mit Hutschwenken zu.

Eine Gesellschaft Männer, wenn auch an einem Werkeltag, in Floere Catunge (Manchester) Jacken und Hosen, schwere silberne Schnallen auf den Schuhen, aus stark mit Silber beschlagenen Ulmer-Köpfen dampfend, spielt ‚Galöse hje".

Galöse hje: Ein mittelalterliches französisches Studentenspiel, nach dem Namen der Studenten der pariser Universität, die nicht in den Collegien der Universität, sondern in der Stadt wohnten, sie hießen "Galoches", wie man auch die Damen der Königin nannte, die nicht im Louvre ihre Wohnung hatten. - Das in französischer Zeit allbeliebte Spiel, brachten italienische und franzosische Regimenter nach Köln, und daher möchte ich den Namen von dem Italienischen "Galloceia", der Keil, herleiten.

Sie werfen mit einem Kronenthaler nach einem, in gewisser Entfernung aufgestellten Korkstöpsel, auf welchem so viele Fünffrankenthaler liegen, als die Gesellschaft Köpfe zählt. Der Werfende gewinnt das Geldstück, bei dem der Kronenthaler liegt, mit dem er geworfen hat. Derbe Witze, Flüche, und eben nicht feingewählte Glossen über die ab- und zugehenden Douaniers oder "Commis", wie der Kölner die Zollbeamten nannte, beleben das Spiel, reizen die Lachmuseln der Schürger und Fuhrleute, welche um die Spielenden einen Kreis gebildet haben.

Hexemächer

Wer sind die Spieler? "Hexemächer", so heißt die mit jedem Tage wachsende Zunft der Schmuggler. Das Schmuggeln wird systematisch betrieben, denn nicht unzugänglich der Bestechung sind die ersten, wie die geringsten Zollbeamten. Welcher Kaufmann schmuggelt nicht? Schmuggelhandel war das einträglichste Geschäft. Es bestehen sogar Schmuggel-Assecuranzen. In Deutz, Mülheim, Hittorf haben die kölner Kaufleute ihre Niederlagen der zollpflichtigen Waaren, und von dort werden die "Hexen" gemacht. Oft im Einverständnisse mit den Douaniers, die mit verstärkten Wachtposten einen Punct des Ufers besetzt halten, während die Hexemächer am entgegengesetzten über den Rhein gehen, oder, wenn vereinzelte Posten, lassen sich die Douaniers knebeln, als wenn sie der Uebermacht erlegen. Nicht selten ist das einträgliche Hexemächer-Handwerk aber auch gefährlich, wird eine Pascherei, die man auf eigene Faust machen will, verrathen, und die Posten mit fremden Zollbeamten besetzt. Dann geht es auf Leben und Tod; was der List nicht gelingt, sucht man durch Gewalt zu erreichen. Häufig finden Scharmützel zwischen Zollbeamten und Paschern bis in die Stadt hinein Statt, müssen Kellerlöcher, Gartenzäune und Vorhäuser die Ladungen der verfolgten Hexemächer aufnehmen.

Ein paar "Nihführer", so heißen die Rhein-Fuhrleute, zanken sich mit lautem Geschrei, weil einer dem andern eine Ladung weggeschnappt. Sonst knuppern aus Langweile die Rosinanten der hier aufgestellten Rihkarren oder Lastfuhren an dem in aller Gemüthlichkeit zwischen den mächtigen Basaltblöcken des Pflasters wuchernden Grase, oder machen die Brosamen ihrer Futtersäcke ganzen Flügen der unverschämtesten Spatzen, oder den hier ungestört ruckenden und girrenden Tauben streitig.

Krahnen

Durch den engen Durchgang an dem Bollwerke der Hafengasse gelangen wir aus dem Leistapel in den 1804 neuangelegten Freihafen. Zwei runde thurmähnlich massiv aus Stein aufgeführte Krahnen, der Hasengasser und der Mühlengasser, mit beweglichen Dächern, unterbrechen bis zur Mühlengassen-Bastion die Linie des neuen Werftes. Unbeholfen strecken sie ihre riesigen Schnäbel in die Luft; langsam dreht sich knarrend und stöhnend das große Gangrad, von Menschen, den so genannten "Eichhörnchen" getreten; laut schallt der Commandoruf der Kettenmänner, dazwischen die Gewicht- und Zeichen-Angaben der Wagenknechte: "Ae Kloverblatt N. 11, Ae Krutzge N. 12, en einfaeh Beerseheldehe, en duppel Beerscheldehe, e Ruttge met em Statzjen dran u.s.w. u.s.w.", damit die Wagenmeister das gelöschte Gut buchen können. Gibt es der Güter viele, ist auch noch ein kolossaler schwimmender Krahnen thätig, in seinem einfachen Mechanismus den steinernen gleich construirt, sind noch einige "Wippen" in Betrieb.

Fliegende Brücke / Markmannsgasse

Eben landet die fliegende Brücke an der Markmannsgasse, jetzt Friedrich-Wilhelm-Straße.

Im Jahre 1821, bei Anwesenheit Sr. Maj. unseres Königs Friedrich Wilhelm III. am 30. Juni, wo demselben auf der Börse auf dem Heumarkte der Ehrenwein credenzt wurde, gab man der bei dieser Gelegenheit auch an ihrem Eingange mit allegorischen Figuren versteckten Markmannsgasse den Namen: "Friedrich-Wilhelm-Straße". Man hatte 1824 ihre Erweiterung vollendet, die erste in der Stadt, die Thorveste abgebrochen und durch eine neue Pforte: "Friedrich-Wilhelm-Thor", ersetzt. - Die erste fliegende Brücke erhielt Köln 1674, während der Kriege mit Ludwig XIV., von Bonn, zum Uebersetzen der Truppen. Mit dem k. k. General-Feldzeugmeister, dem Prinzen Ludwig von Baden, traf die Stadt, ihrer Sicherheit wegen, das Uebereinkommen, daß die Brücke auf dem Rheine von kaiserlichen, am Ufer aber von Stadtsoldaten zu bewachen sei. Abends wurde die Brücke festgeschlossen, und die Schlüssel in der Stadt aufbewahrt. Die Brücke wurde 1678 wegen Kriegsgefahr abgetragen, aber 1680 wieder aufgefahren, und den Brückenbeerbten ihr Privilegium bestätigt, aber unter der Bedingung, daß in Zeiten der Gefahr die Fahrten wieder eingestellt werden mußten. Die Fahrten wurden 1710 wegen Aeccis-Streitigkeiten auf einige Zeit unterbrochen. Da die Brückenbeerbten sich 1791 eines Ungehorsams gegen die Stadt schuldig gemacht hatten, sah sich diese veranlaßt, das Privilegium von 1680 aufzubeben, das aber wieder genehmigt ward, als der Kurfürst drohte, die Brücke nach dem poller Kopfe zu verlegen, und dort eine neue Straße zu bauen.

Die Österreicher führten 1794, nach der Besitznahme der Stadt durch die Franzosen, die Brücke nach Deutz, wo das Eis sie fortriß. Die Volks-Repräsentanten ließen eine neue Brücke bauen zum Uebersetzen der Truppen, und diese wurde 1803 von der Stadt reclamirt. Der Kronprinz von Schweden ließ 1813 eine zweite, für den Marsch der alliirten Truppen aufgefahrene fliegende Brücke nach Düsseldorf führen. Im Jahre 1822 wurde die stehende Schiffbrücke gebaut.

Schmuggler

Mit Argus-Augen harren die Zoll-Aufseher an der Landbrücke, und, ihrer Argus-Augen zum Trotz, werden doch der verbotenen Früchte viele, besonders Kaffee und Zucker, für den Hausbedarf eingeschmuggelt, denn auch dem frömmsten, dem gewissenhaftesten Kölner ist Schmuggeln keine Sünde, und einen Kronenthaler, einen Thaler 16 Sgr. - ein Capital - kostet ein Pfund Kaffee oder Zucker. Fast bei jeder Fahrt, deren die Brücke täglich fünfzehn bis achtzehn von einem Ufer zum anderen schleicht, bietet sich den Lungern und Gaffern, den Brücken-Passagieren das Schauspiel, die Zollbeamten einen Schmuggler aufgabeln zu sehen. Besonders fahnden sie auf die Frauenzimmer, die sich in das Zollhäuschen neben dem Thor bequemen müssen, wo Frauen zu ihrer Visitation angestellt sind.

Die raffinirteste Schmugglerklugheit, die selbst den Ulysses in der Schlauheit der Erfindung ihrer Mittel überbietet, und scheinbarer Diensteifer stehen hier stets in offenem Kampfe. Ein paar Schmuggler sind glücklich an der Cerberus-Höhle vorbei, rasch drängen sie sich durch das enge Markmannsgassen-Thor, auch eine gewaltige Thorveste, und eilen die vielleicht zehn Fuß breite, von vier- bis fünfstöckigen, rußigen Giebeln umdüsterte Markmannsgasse hinauf.

So enge ist die Markmannsgasse, deren Hauptbewohner Gerber, daß ein, etwas über die Achse geladener Karren, nicht selten die an den Thüren aufgehängten Sohlleder-Häute, selbst die hölzernen Blenden der Fenster mitnimmt, Ursachen der erbaulichsten Schimpf-Intermezzi. So schauerlich düster ist diese Straße, daß im Winter in den meisten Häusern die Lampe nie ausgeht.

Unter dem lautesten Jubel der Umstehenden, die stets Partei für die Schmuggler nehmen, machen ein paar Douaniers Jagd auf einen Zollfrevler, der sein Heil in der Schnelligkeit seiner Füße sucht und gewöhnlich in dem Labyrinthe der Winkel und Gaßchen dieses Stadttheils glücklich entkommt.

Freihafen

Regeres Treiben herrscht im eigentlichen Freihafen, denn die Stadt hat noch das Stapelrecht, jetzt Umladerecht, aus der politischen Umwälzung gerettet, das sie seit den ältesten Zeiten beanspruchte, ihr aber erst Erzbischof Conrad von Hochstaden, der Gründer des Domes, 1269 urkundlich bestätigte.

Stapel

Köln hatte schon seit undenklichen Zeiten das "Stapelrecht" behauptet. Die mit ihren Waaren zu Berg und zu Thal kommenden Kaufleute mußten hier ausladen und sechs Wochen ihre Güter zum Verkauf ausbieten, durften aber nicht im Detail verkaufen. Daher die einzelnen Lager- oder Kaufhäuser: Eisenkaufhaus, Fischkaufhaus, Flachskaufhaus u.s.w. Urkundlich bestätigte Erzbischof Konrad von Hochstaden 1269 der Stadt das Stapelrecht. In der Urkunde heißt es, daß kein Schiff zu Thal weiter bis Riel am Thürmchen fahren dürfe, zu Berg nur bis Rodenkirchen. Jeder kölnische Bürger war berechtigt, den Uebertreter dieser Bestimmung zu fangen, ihn mit binsenen Stricen zu hansen (binden) und das Schiff nebst Gut als Prise zu behalten. Karl's IV. goldene Bulle bestätigte 1363 das Stapelrecht, Friedrich III. 1476 und Maximilian J. am 18. September 1605 wegen Verlustes des Rheinzolles. Das in Umladerecht umgestaltete Stapelrecht wurde 1830 aufgehoben, und die Stadt erhielt 1831 am 14. Juni dafür auf die ersten zwei Jahre einen Ersatz von 50,000 Thalern vom Staate zugesichert.

Speditionshandel

Speditionshandel, jetzt vom Schmuggelhandel en gros thätigst unterstützt, ist daher noch immer die Haupt-Nahrungsquelle der kölnischen Kaufleute. Mit wenigen Ausnahmen finden wir den eigentlichen Properhandel in den Händen der Protestanten, da diese vor der französischen Zeit keinen Speditionshandel treiben durften.

Zur Geschichte der Protestanten in Köln

Köln erfreute sich im fünfzehnten Jahrhundert des vollsten Genusses der Früchte seiner Blüthezeit. Angesehen, reich unter Deutschlands Städten, überstrahlte es dieselben alle durch seine fürstliche Baupracht, durch seinen äußeren Glanz. Schon damals hieß es: "Qui non vidit Coloniam, non vidit Germaniam!" und keine Uebertreibung war damals der Spruch: "Cöllen eyn Croyn, boven allen Steden schoyn!" Gaben die früheren Jahrhunderte der Stadt ihren kirchlichen Bauschmuck, wie ihn keine andere deutsche Stadt aufzuweisen hat, so ließ das fünfzehnte Jahrhundert es sich emsigst angelegen sein, auch öffentliche bürgerliche Bauten zu Nutz und Frommen, zur Freude und Ehre der Stadt und ihrer Bürger aufzuführen. In den Kirchenbauten that sich, neben dem werkthätigen Frommsinn, das geistliche Ansehen, die geistliche Macht kund, in den weltlichen Gebäuden der auf den Besitz gegrundete Bürgerstolz. Für den Kölner gab es keinen mächtigeren, stolzeren Titel, als der: "Bürger von Köln."

Schon im Jahre 1407 ließ die Stadt den bauherrlichen Bergfried, den Stadt-Wachtthurm oder Rathhausthurm erbauen. Ein mächtiger, stolzer Quaderbau, mit reichem Bildwerk, mit Standbildern und verzierten Kragsteinen geschmückt, an denen die heitere Laune der Steinmetzen die Schwänke des allbeliebten Till Eulenspiegel zum Ergötzen von Jung und Alt kunstfertig ausmeißelte. Mit einem Kostenaufwande von 60,000 Gulden wurde der stattliche Bau 1414 in seiner ganzen Pracht vollendet, wozu der Senat das Vermögen der wegen der Verschwörung Hilgers von der Stessen gegen die Freiheiten der Stadt, 1398 ihrer Aemter entsetzten Scheffen und der der Stadt verwiesenen Bürger benutzte. Nach der Vertreibung der Juden wurde die dem Stadthaus gegenüber liegende Synagoge in die Rathscapelle umgewandelt, mit ihrem zierlichen Dachreiter versehen, und in dieselbe das höchste Kleinod altdeutscher Malerkunst, das so genannte "Dombild" gestiftet. Im Jahre 1441 baute die Stadt dem "Brulofs-Haus" gegenüber, wo die

Hochzeiten der reichen Bürger, eine Art Pickenick, bei dem jeder geladene Gast seine Schüssel zu stellen hatte, gefeiert wurden, das Tanzhaus "Gürzenich", auch der "Herren Haus" genannt, und verwandte zu diesem Baue nicht weniger, als 80,000 Gulden. Auf dem Tanzhaus feierte die Stadt ihre Feste, bewirthete sie Kaiser und Fürsten. Das Kornhaus, zugleich der Stadt Zeughaus, wurde auch 1441 aufgeführt. Die kostspieligen Uferbauten von Deutz bis Poll fallen in die Jahre 1479 und 1496, und die zeitweiligen Befestigungen von Deutz gehören auch diesem Jahrhunderte (1405, 1418 und 1474) an, wurden aber stets, sobald die Kriegsfahrniß vorüber, von den Kölnern selbst wieder zerstört, auf daß sie ihrer eigenen Freiheit nicht gefährlich wurden.

Fröhlich blühten, nicht bloße Dienerinnen der Baulunst, die schmückten nicht allein die Kirchen, sondern auch die Hallen der Stadt, die Wohnungen der Patricier und reicher Kaufherren. Auch im Aeußern gab man der allgemeinen Wohlhäbigkeit Ausdruck, trug den Reichthum in der Kunstpracht, der Bequemlichkeit der Häuser zur Schau, liebte das kostbare Schaugepränge der Werke der Kleinkünste. Jedes reichen Bürgers Sitz war, wie auch in den welschen Landen, mit Kunstwerken jeder Gattung ausgestattet, und man war stolz darauf, hierin selbst Fürsten und Herren zu überbieten.

Eifersüchtig auf ihre Unabhängigkeit, ihre Reichsunmittelbarkeit, sich stützend auf ihre Geldmacht, hatten die Kölner bisheran mit bewaffneter Hand ihre Rechte gegen jeden Feind zu wahren gewußt. Selbst ein Karl der Kühne war zu Schanden geworden an ihrem Muthe. Daß die Gemeinden mit eben so großer Eifersucht ihre innere Freiheit aufrecht zu halten suchten, den Bürgermeistern und dem Rathe scharf auf die Finger sahen, war natürlich. Es standen zu allen Zeiten die demokratischen Elemente in offenem Kampfe mit den aristokratischen, besonders in einer Gemeinde-Verfassung wie die Kölns.

Seit 1396 hatte sich die Gemeinde ihre demokratische Verfassung, ihre Magna Charta, den "Verbundbrief", errungen.

Die ganze Bürgerschaft war in 22 Zünfte oder Gaffeln getheilt. Jeder, welcher das Bürgerrecht beanspruchte, mußte sich bei einer Gaffel einschreiben lassen, d. h. Mitglied einer Zunft sein. Die Bürger wählten aus ihrer Mitte 36 ehrbare Männer als Rath oder Senat, und zu dessen Ergänzung, ohne Rücksichtsnahme auf die Zünfte, noch 18 Gebrechsherren. Der Rath oder Senat bestand demnach aus einem Collegium von 49 Mitgliedern. Es wurden gewählt

1) von dem Wollenamt, als Arsburg und Kriegmarkt, mit den Aemtern der Tuchscherer, Weißgerber und Tirteyer 4 Rathsherren;
2) von dem Isermarkt 2;
3) von dem Schwarzenhaus 2;
4) von den Goldschmieden und Goldschlägern 2;
5) von der Windecken 2;
6) von den Buntwärtern 2;
7) von dem Himmelreich 2;
8) von den Schilderern, mit den Aemtern der Wappensticker, Sattelmacher und Glaswärter 2;
10) von den Steinmetzen, mit den Aemtern der Zimmerleute, Holzschneider, Kistenmacher, Leiendecker und Schleifer 1;
11) von den Schmie den 2;
12) von den Bäckern 1;
13) von den Brauern 2;
14) von den Gürtelmachern, sammt den Aemtern der Ledercoreider, Nadelmacher, Drechsler, Beutelmacher und Handschuhmacher 2;
15) von dem Fleischamt 1;
16) von dem Fischamt 2;
17) von den Schrödern 1;
18) von den Schuhmachern, mit den Aemtern der Lörer und Holschenmacher 1;
19) von den Sarwarteren, mit den Aemtern der Teschenmacher, Schwertfeger und Bartscherer 1;
20) von den Kannengießern, mit den Aemtern der Hamacher 1;

21) von den Faßbändern mit dem Weinamte 1;

22) von den Ziechenwebern, mit den Aemtern der Decklachweber und Leinenweber 1 Rathsherr.

Halbjaährig wurde die Hälfte des Senats neugewählt, so daß jeder Senator ein Jahr Sitz und Stimme hatte, doch konnte er erst nach zwei Jahren nach seinem Austritt wieder gewählt werden.

Der Senat wählte jedes Jahr zwei Bürgermeister oder Consulen, welche drei Jahre im Amte blieben, so daß stets sechs Bürgermeister im Amte waren. Zwei derselben hatten ein Jahr den Vorsitz im Senate, waren die Regierenden, deren Amtszeichen der Stab, welcher ihnen nachgetragen wurde, zwei standen ein Jahr der Freitags-Rentkammer vor, und zwei auf ein Jahr der Mittwochs-Rentkammer.

Ohne die Gaffel-Aempter oder Zünfte konnte der Magistrat keinen Beschluß von Wichtigleit fassen, und mußte denselben auch jährlich Rechnung ablegen. Jedes Ampt besaß einen Schlüssel zum Stadtsiegel.

Dem Senat oder ordentlichen Rath gegenüber bestand noch ein Aufsichtsrath desselben, die so genannten zweiundzwanzig "Bannerherren", welche als Mitvorsteher der Zünfte von diesen gewählt, dieselben dem Rathe gegenüber vertraten, Vermittler zwischen diesem und der Bürgerschaft waren, und den Namen "Bannerherren" daher führten, weil ihnen die Banner oder Wimpel der Zünfte anvertraut, und sie auch das Stadtbanner unter ihrer Aufsicht hatten, das nur bei feierlicher Gelegenheit ausgehängt wurde, und wenn man die gesammte Bürgerschaft unter die Waffen rief.

Was natürlicher, als daß bei einer solchen Verfassung, wo jeder Bürger die von ihm gewählte Obrigkeit glaubte beaufsichtigen zu müssen, es nie an Ursachen zur Unzufriedenheit fehlte, es nur eines Führers bedurfte, eines Mannes des Wortes auf einer der mächtigsten Zünfte, um diese Unzufriedenheit, den Argwohn zur Meuterei und Emporung werden zu lassen.

Der Argwohn der demokratischen Partei brach so 1481 in hellem Aufruhr aus. Wegen Herabsetzung des Münzwerthes, welchen der Senat für nothwendig erachtet, und weil dieser, als ihn die Zünfte zur Rechenschaft gesordert, nachgegeben, bildet sich in den Gaffeln ein neuer Rath. Die Rechnungen der Rentkammern werden geprüft, in Ordnung befunden, doch fehlen die Beläge. Mit der steigenden Unzufriedenheit steigern sich auch die Anforderungen der Unzufriedenen. Vergebens legt sich Erzbischof Hermann von Hessen, der Friedfertige (1480 - 1508), ins Mittel, er vermag den Streit nicht zu schlichten.

Mit bewaffneter Hand erzwingt sich die Masse im folgenden Jahre den Eintritt ins Rathhaus und nöthigt den Rath, einen Bürgermeister, einen Rentmeister und mehrere Mitglieder des Rathes ihrer Würden zu entsetzen und zu Thurm zu bringen, d. h. gefangen nehmen zu lassen. Man wählt einen neuen Bürgermeister und bietet Alles auf, die Empörer zufrieden zu stellen. Umsonst, sie gehen immer weiter in ihren Forderungen. Da fassen die Bürger, welche eine Umgestaltung der Verfassung befürchteten, allzu grosses Uebergewicht der demokratischen Partei, den Entschluß, Gewalt mit Gewalt zu vertreiben, befreien mit Waffengewalt die zu Thurm gebrachten Rathsglieder und setzen sie wieder in ihre Aemter ein. Die Anführer der Unzufriedenen werden zur Haft gebracht, zum Schwerte verurtheilt, und vierzehn derselben auf dem Heumarkte hingerichtet. Unter ihnen wird ein Junkherr Werner von Lyskirchen genannt, ein Beweis, daß auch Manner aus den edlen Geschlechtern Kölns sich an dem Aufruhr betheiligten, daß derselbe nicht allein vom Pöbel ausging.

Mit Blut hatte man die demokratischen Regungen gegen die durch den Besitz der Gewalt immer aristokratischer auftretenden Gewalthaber zum Schweigen gebracht, aber den glimmenden Funken der Unzufriedenheit nicht erstickt.

*Es bedurfte nur der geringsten Veranlassung, denselben zu
hellen Flammen anzufachen. Und diese fand sich schon 1613,
als die Steinmetzen am 21. December wegen der Wahl eines
Amtsmeisters ihrer Zunft unter sich in Streit geriethen, ihre
Oberen beim Rath verklagten, und dieser seine Befugniß in so
weit überschritt, daß er in der Nacht vom 26. auf den 27. einige
der Wortführer der Steinmetzzunft in ihren Häusern aufheben
und zu Thurm bringen ließ. Sämmtliche Steinmetzen, ein
ähnliches Geschick fürchtend, suchten jetzt Schutz in der
Immunität, d. h. der Freistätte von St.-Marien auf dem Capitol,
wo ihre Weiber und Kinder sie mit Speise und Trank und
zugleich mit Waffen versorgten.*

*Der Rath sandte Abends 9 Uhr die Gewaltrichter, d. h. die mit
der Handhabung der Policei beauftragten Beamten, mit einem
Haufen Stadtsöldner in Begleitung einiger Rathsmitglieder nach
der Immunität, um die Steinmetzen zu verjagen und, wo
moglich, aufzuheben. Es kam zum Kampf, Bürgerblut floß.
Lange vertheidigten die Steinmetzen hartnackig ihre Stellung,
schlugen mehrere Angriffe zuruck, wobei dem Rathsherrn
Diedrich Spitz ein Bein zerschmettert und einem anderen
Rathsherrn Nase und Augen weggeschossen wurden. Endlich
mußten die Steinmetzen den wiederholten Angriffen der
Söldner weichen. Sie suchten ihr Heil in der Flucht, bargen sich,
wo und wie sie nur konnten. Zwei Steinmetzen waren
verwundet und gefangen, entkamen aber in der Verwirrung.*

*Als am folgenden Tage die Stadtthore geöffnet worden,
verließen viele der Steinmetzen die Stadt. Fünf wurden vom
Rathe gefänglich eingezogen. An demselben Tage belegte die
Aebtissin des adeligen Fräulein-Stiftes in St.Marien auf dem
Capitol die Immunität mit dem Kirchen-Interdicte. Diese Kunde
erbitterte die Freunde und Anhänger der Steinmetzen aufs
äußerste; Zimmerleute, Dachdecker und Studenten rotteten
sich mit den in Köln gebliebenen Steinmetzen zusammen, um
die Gefangenen zu befreien und die Geflohenen wieder in die
Stadt zu führen.*

Der Rath blieb standhaft. Er suchte die Gemeinde dahin zu bringen, ihre Zustimmung zur Hinrichtung der Gefangenen zu geben, um so durch dies blutige Beispiel die Aufrührer zu schrecken. Die Zünfte sind unentschlossen. Als der Rath am 30. December das Maler- und Goldschmiedamt zusammen beruft, erklären diese jedoch entschieden, sie würden sich streng am "Verbundbrief" halten. Am folgenden Tage forderte das Wollenamt den Rath auf, Rechnung abzulegen und sich vor der Bürgerschaft wegen Verletzung der persönlichen Freiheit mehrerer Bürger zu rechtfertigen. Der Rath läßt sich nicht einschüchtern, vielmehr auf den 3. Januar 1514 eine Versammlung aller Zünfte ansagen. Die Rathsboten werden aber bei allen Gaffeln abgewiesen, auf dem Wollenamte verhöhnt und mit dem Bemerken heimgeschickt, der Rath möge sich erst selbst verantworten.

Die Bürger sind auf ihren Zunfthäusern versammelt, allenthalben lautes Murren und Verlangen, die Gefangenen befreit und die Verfolgten wieder in die Stadt aufgenommen zu sehen. Da der Rath auf das ausdrückliche Begehr des Wollenamtes keinen Bescheid gibt, tritt dasselbe mit der Faßbinderzunft zusammen, vertreibt alle, die je im Rath gewesen, oder noch in demselben saßen, von ihren Zunfthäusern, und versprechen einander eidlich, fest zusammen zu halten, im Leben und Tode, bis der Senat ihrem Willen und Begehr Genüge gethan. Bewaffnet ziehen sie bei einbrechender Nacht durch die Stadt, verwüsten das Haus des Rathsherrn Diedrich Spitz und seinen Weingarten, dessen Holz auf beiden Zunfthäusern verbrannt wird.

Jetzt machten alle Zünfte mit genannten Aemtern gemeinschaftliche Sache.

Sie besetzen und schließen die Thore, plüündern das Zeughaus, stellen Schmiede und Studenten zur Bedienuug der Geschütze und ziehen mit denselben vor das Rathhaus, nachdem sie die

beiden Burggräven der Thore von St. Severin und von St.
Cunibert noch gezwungen, ihnen diese auch zu öffnen und zu
übergeben.

Der in so drohender Stellung die Freilassung der Gefangenen
verlangenden Menge konnte der Rath nicht länger Widerstand
leisten. Die Gefangenen wurden frei gegeben, im Triumphe
nach den Stadtthoren geführt. Die Geflohenen durften
heimkehren; der Rath verspricht jede gewünschte
Genugthuung.

Am 6. Januar bildet sich auf dem Quattermarkt ein neuer Rath,
zu dem jede Zunft sechs oder acht Mitglieder sandte, nachdem
das Wollenamt die übrigen aufgefordert hatte, zu erklären, ob
sie für die Freiheiten der Stadt einstehen wollten, und alle
erklärt, mit Gut und Blut die Freiheiten der Gemeinde zu
vertheidigen.

Der auf dem Quattermarkt von den Bürgern gebildete neue
Rath sendet Abgeordnete an den alten Rath, um denselben von
den Beschlüssen der Bürgerschaft in Kenntniß zu setzen.
Während dessen ziehen bewaffnete Scharen der Bürger heran,
besehen den Paradeplatz, so hieß der Rathhausplatz, den
Altenmarkt, Heumarkkt, Oben-Mauern und den Domhof. Aller
Orten dieselbe Aufregung gegen den Rath, aller Orten ertönt
der Rache Ruf, blutige Sühne verlangend. Wuthentbrannt
stürmt die bewaffnete Menge gegen das Rathhaus, wiederholt
donnern die Schläge der Morgensterne und Kolben gegen die
Thüren, sie widerstehen, doch reizt ihr Widerstand die
Wüthenden nur immer mehr.

Da erschallt das Rathhausglöcklein, die Trommeln wirbeln
durch die von den Bürgern besetzten Straßen. Die Zunftherren
erscheinen auf der Galerie des Stadthauses am Altenmarkt mit
der Erklärung, der Rath willige unbedingt in die Wünsche und
Forderungen der Gemeinden. Mit unsaglichem Jubel wird diese
Erklärung aufgenommen, wildes Freudengeschrei und
Waffengeklirr tönt vom Markte nach dem Rathhausplatze, und

da zufällig in einer Kirche Sturm geläutet wird, glauben die hier aufgestellten Bürger sich verrathen. Sie senden Haufen nach allen Richtungen. Der blinde Schreck die Verwirrung verbreitet sich durch die das Rathhaus umgränzenden Straßen, steigt aufs höchste, als es auf einmal von mehreren Kirchen stürmt.

Mit verdoppelter Anstrengung werden die Angriffe gegen das Rathhaus wiederholt, wilder wird das Rachegebrüll. Man überhört lange die Mahnungen der Zunftherren, die von der Laube des Rathhauses die tobende Menge zu beschwichtigen suchen. Endlich gelingt es ihnen, die Wüthenden zu beruhigen, aufzuklären, und der Racheruf verwandelt sich bald in Jubelgeschrei. Die Bürger wurden aufgefordert, sich auf ihren Zunfthäusern zu versammeln, und ziehen froh des erlangten Zugeständnisses mit klingendem Spiele ab.

Die ganze Stadt war in der grooßten Aufregung. Alle Straßen wurden auf Befehl erleuchtet. Die zügellose Menge erstürmt mehrere Häuser der Rathsherren und plündert. Die Rathsherren selbst hatten sich in Klöstern, Freiheiten und bei ihren Freunden versteckt. Die strengste Aufsicht herrschte an den Thoren, daß Keiner entkam. Tag und Nacht brachten die Bürger bewaffnet auf den Zünften zu, suchten aber durch Streifwachen dem Unfuge des Pobels zu steuern. Am 7. hatten sich siebenzehn oder achtzehn der alten Rathsherren gestellt und verantwortet. Sie blieben bei ihrer Würde.

Die Gemeinden wählten aber an die Stelle der sich verborgen haltenden auf dem Quattermarkt neue Rathsherren, Bürgermeister, Stimmmeister, Rentmeister und Gebrechsherren. Mit der feierlichsten Pracht, in Begleitung sämmtlicher Zünfte, wurde der neue Rath um 11 Uhr nach dem Stadthause geleitet, leistete hier den Eid und zog dann um 12 Uhr nach dem Zeughause zum so genannten Tractament, dem herkömmlichen Rathsschmause, der dort bei jeder Neuwahl Statt fand.

Noch an demselben Nachmittage trat der neue Rath in seine Functionen. Sein erster Befehl war die Aufsuchung und Verhaftung der versteckten Bürgermeister und Rathsverwandten. Weder Kirchen, noch Klöster, noch Freiheiten blieben verschont. Man brachte achtzehn der Rathsherren zu Thurm.

Klöster, Stifte und die Reichen gaben das Beste, was Keller und Küche bot, und so lebte die Menge Nacht und Tag im wildesten Zechgelage. Da man die Burgermeister nicht hatte entdecken können, blieben am 8. und 9. die Thore der Stadt verschlossen, wurden die Streifwachen der Zünfte, die ihre Gaffelhäuser nicht verließen, verdoppelt, bis man aller habhaft war.

Mit der größten Strenge, aber auch mit der größten Unparteilichkeit werden die Verhöre von dem Stadtgräven und Schöffen geführt; ihnen waren aber erprobte und erfahrene Männer aus den Zünften als Beisitzer zugesellt.

(In der reichsunmittelbaren Stadt hatte der Kaiser das Recht über Leben und Tod, das Schwert; sein Vertreter war der Burggraf. Als der Burggraf Johann von Arberg auf dieses Recht verzichtet hatte, wurde der Erzbischof mit demselben belehnt. In Criminal-Processen sprach das hohe Gericht, bestehend aus dem Grafen und den Schöffen das Urtheil. Letztere mußten eingeborene Burger sein, wurden aber vom Erzbischofe bestätigt. Die Bürger verlangten ebenfalls, daß der Gräv ein geborener Kölner, doch störten sich die Erzbischöfe nicht an dieses Begehren.)

Was nicht freiwillig gestanden wurde, erzwang die Folter. Und nun stellte sich heraus, daß Bürgermeister und Rath sich die größten Willkürlichleiten und Erpressungen erlaubt, mehr als hunderttausend Gulden der Gemeinden entfremdet, Aemter und Recht verkauft, der Bürger persönliche Freiheit nicht geschützt, selbst gewaltsame Einbrüche und Räubereien geduldet, überhaupt ihres Eides und des Verbundbriefes nicht geachtet.

Da die Streifwache in der Nacht vom 8. auf den 9. das Bayenthor offen gefunden, wurde hier der Burggräv, der sich über diesen Vorfall nicht verantworten konnte, von den Bürgern niedergehauen. Am anderen Tage werden sämmtliche Burggraven, Nachtswächter und andere Diener der Stadt von dem Rathe auf dem Quattermartt aufs Neue vereidet.

Die auf dem Cunibertsthurme Statt findenden Untersuchungen betrieb man emsigst. Die schuldig erkannten Rathsherren wurden ihres Vermögens verlustig erklärt, Diedrich Spitz, genannt Voß, Weinmeister, zum Tode verurtheilt, und am 10. Januar auf dem Heumarkte auf einem zu dem Zwecke erbauten Blutgerüste durch das Stadtschwert hingerichtet. Mit diesem Opfer der Gerechtigkeit war die Vollswuth aber nicht befriedigt. Unerbittlich war die Strenge der Zünfte; nicht Flehen und Thränen der Frauen und Kinder der Beschuldigten konnten sie erweichen. Am. 11. wurde der Bürgermeister Johann von Berchem, der mehrere Male, in den Jahren 1496, 1499, 1502, 1505, 1508, 1511, dieses Amt belleidet, nachdem die Folter im Flachskaufhause auf dem Altenmarkt ihm Geständnisse abgezwungen, zum Tode verurtheilt und am folgenden Tage hingerichtet. In seiner rothen Amtstracht führte man ihn von der Hacht auf dem Domhofe nach dem blauen Stein, an den ihn der Henker dreimal stieß. Unter zahlreicher Bedeckung ward er nach dem Heumarkte gebracht, und erst nach zwei Hieben fiel sein Haupt. Die von dem Bischofs-Henker ihres Scharlachüberwurfs entkleidete Leiche wurde in einen Sarg gelegt und unter großem Gefolge von Geistlichen und Bürgern, von den vier Orden der Augustiner, Observanten, Carmeliter und Minoriten nach dem St.Gertruds-Friedhof am Neumarkt gebracht und mit den üblichen kirchlichen Gebräuchen begraben. Nach alter Sitte erhielt jeder der Anwesenden auf dem Kirchhofe einen Römer Wein.

Die Bürgermeister Johann von Reidt und Johann von Oldendorff, die auch mehrere Male das Bürgermeister-Amt bekleidet hatten, wurden am 12. und 13. peinlich verhört und, ebenfalls zum Tode verurtheilt, am 14. Januar auf dem Heumarkte durch das Schwert hingerichtet; doch wird ausdrücklich bemerkt, aus besonderer Gnade sei ihnen nicht das Haupt von Henkersknechten, sondern von denjenigen, welche das Stadtschwert zu tragen verpflichtet, abgeschlagen worden.

Dasselbe Schichsal traf die Rathsherren Peter Rode, Weinmeister, Franz von der Linden und Bernard Eys, beide Gewaltrichter; ihr Haupt fiel am 17. Januar auf dem Heumarkt. Die Helfershelfer der verurtheilten Bürgermeister und Rathsherren, Adam von Nurrenberg, geaunnt der Bubenkönig, Tilman Odenkirchen und Everhard Hundt wurden ebenfalls des Todes schuldig befunden, aber auf dem Junkern-Kirchhofe, am jetzigen Elende, durch den Scharfrichter hingerichtet. Heinrich Bernard, ein sehr alter Mann, und der Schatzmeister der städtischen Bank, Heinrich Benradt, wurden zum Pranger und Staupenschlag verurtheilt, und der Stadt verwiesen.

Charakteristisch für die Zeit ist es, daß während die Gemeinden in so blutiger Weise Gerechtigkeit übten, am 26. Januar eine außerordentlich feierliche Procession, wie sie Köln nie gesehen, bei welcher der Erzbischof selbst das Hochwürdigste trug und pontificirte, Statt fand und allgemeine Dankgebete abgehalten wurden.

Mehrere der gefänglich Eingezogenen wurden durch Geldstrafe gebüßt.

Erst nach einem halben Jahre ward das Blutgerüst auf dem Heumarkte abgebrochen, und erst nach Jahresfrist, im Februar 1515, vereinigte sich der Rath auf dem Quattermarkt mit dem Rathe auf dem Rathhause. Feierlich und eidlich wurde es bethätigt, daß die alte Ordnung wieder ganz in Kraft treten sollte, und dies vom Bürgermeister, Rath und Gemeinden in dem so genannten "Transfirx-Briefe", einer Erweiterung des 1396 gegebenen Verbundbriefes, beschworen.

Aus den gegebenen andeutenden Schilderungen, die ich für nothwendig hielt, um sich eine Vorstellung von dem in Kölns Gemeinden vorwaltenden Geiste zu machen, wird man auf die Stimmung der Stadt schließen können und einsehen, daß hier das demokratische Element vorherrschte, und die neue Lehre, die Reformation günstigen Boden fand, denn wie ein elektrischer Zauberschlag ertönte mit dem Ausbruch der gewaltigen Bewegung das hohe Wort "Freiheit", alle Schichten der Gesellschaft durchdringend. Die Machthabenden und Gewaltigen machte es erzittern, flößte Angst ein den Besitzenden, begeisterte hoch, riß zu wildem Taumel die niederen Classen hin, die bis dahin unter entsetzlichem Drucke, geistigem und sachlichem, gelebt hatten, konnten sie sich auch noch keine klare Rechenschaft geben von dem, was sie wollten, suchten sie auch die Freiheit, ihre Menschenrechte in der Ausübung roher Gewaltthaten, wie es der Bauernkrieg bekundet.

Es kann hier meine Absicht nicht sein, eine Geschichte des Protestantismus in Köln und den kölnischen Landen zu geben, dafür muß ich auf die Werke von Deckers, Bruch, von Recklinghausen, J. A. Kanne und Dr. Ennen verweisen; ich will nur skizzenhaft in einigen Umrissen die äußeren Schicksale der Protestanten in Köln erzählen.

Merkwürdig ist es, daß Köln allein unter den mächtigsten Hansestädten beim alten Glauben blieb. Die Geistlichkeit, die bedeutendste Partei in der Stadt und geistig auch die einflußreichste, hielt fest am Katholicismus, der Rath nicht minder, finden wir auch von Zeit zu Zeit einzelne Mitglieder, die sich zur neuen Lehre bekennen, derselben wenigstens nicht abhold sind, denn der Rath oder Senat fürchtete mit der Einführung der religiösen Reform seine Macht, sein Ansehen gefährdet. Von Seiten der Geistlichkeit und des Stadtregiments wurde mit vereinter Kraft Alles aufgeboten, die neue Lehre fern von Köln zu halten, und sie fanden die eifrigste Stütze in dem

*Erzbischof Hermann von Wied (1515 - 1547). Schon 1520 ließ
die theologische Facultät der kölnischen Universität am 30.
August mehrere Schriften Luther's öffentlich durch
Henkershand verbrennen. Bald darauf verkündeten die
papstlichen Legaten Caraccioli und Aleander in Köln die
päpstliche Bannbulle gegen Luther.*

*Indessen wurde in Köln die Ruhe wieder auf kurze Zeit gestört.
Der in Schwaben ausgebrochene Bauernkrieg hatte seine
Nachwirkungen längs des Rheines bis in die Niederlande, denn
allenthalben hatte der gemeine Mann dieselben Ursachen zu
beklagen, die in Süddeutschland die Bauern zum blutigen
Aufstande trieben.*

*Im Jahre 1525 kam es in Köln wieder zu einem formlichen
Aufstande gegen Bürgermeister und Rath. Nach einem
Vogelschießen zu Pfingsten begaben sich die unzufriedenen
Bürger auf ihre Zunfthäuser, wo sie Tag und Nacht bis zum
Holzfahrttage liegen blieben. Ein Bürger-Ausschuß, an dessen
Spitze Jacob van Beist, Johann Kroichenlepper, Wilhelm
Kregcher, Wilhelm Ax, einer genannt Berenstrasgen, einer
genannt der Hecker und der Kesselsläger auf der Hochpforte,
und Tillman Wittmesser standen, hatte sich in dem Brulofs-
Haus zum "Pfauen" in der Höhle gebildet, und hier 164
Beschwerdepuncte und Forderungen festgestellt, welche dem
Rathe übergeben wurden. In einzelnen der Forderungen
machte sich die Reformation schon geltend, besonders streng
sind dieselben gegen die Geistlichen und ihre Uebergriffe, und
"Zom 50" heißt es: "das die predicanten und vier orden entlich
beuolhen werde, anders nicht zo predigen, dan dat rechte wort
godes und gein fabulen uff schutz und schirms."*

*Mit aller Strenge trat der Rath in einem Erlaß vom 26. Juni
1525 gegen die Ansprüche der Bürger auf, und drohte mit den
strengsten Strafen allen denen, die ferner ihre
Zusammenrottungen auf den Zünften halten würden. Die*

Drohung blieb ohne Wirkung. Der Rath gab aber seinen Worten Kraft und ließ um Fastnacht des folgenden Jahres die Rädelsführer des Aufstandes, Jacob van Beist, Johann Kroichenlepper, Tillman Wittmesser durch die Gewaltrichter greifen. Kurz war der Proceß, alle drei wurden zum Tode verurtheilt und auf dem Junkern-Kirchhof durch das Schwert hingerichtet. Dasselbe Schichssal traf Wilhelm Kregcher zu Antwerpen, und später auch den Schiffer Ax zu Köln.

Nicht minder blutig streng war gegen die Anhänger der neuen Lehre das Ketzergericht, welches seit 1524 in Köln seinen Sitz hatte und bei welchem der Dominicaner-Prior, Dr. Jakob Hogstraten, als Kegerrichter der Diööcesen Köln, Mainz und Trier, den Vorsitz führte. Von demselben wurden der reformirte Prediger Adolph Klarenbach, auf Büscherhof bei Lennep geboren, und Peter Fliesteden, Anhänger der neuen Lehre, welche sie an verschiedenen Orten im Erzstifte gepredigt hatten, als Ketzer zum Feuertode verdammt, und starben gefaßt den 28. September 1529 zu Melaten auf dem Scheiterhaufen.

Mit unerbittlicher Strenge verfolgte das Ketzergericht alle lutherisch Gesinnten, sprach sich auch die öffentliche Stimme laut gegen die Gräuel dieser Verfolgungen aus, und hatten auch die beiden Opfer des Ketzergerichtes die lebendigsten Sympathieen bei der Bürgerschaft gefunden. Dem Rathseide wurde noch die Clausel: "aus allen Kräften den katholischen Glauben, ohne Einführung zwiespaltiger Neuerung, treulich zu befördern" beigefügt. Auf dem Hansetage des Jahres 1535 hieß es umsonst nicht: "In Köln ersäufe und köpfe man die Ketzer, man wolle bei der alten Gewohnheit verbleiben und befinde sich wohl dabei."

Und trotz dieser Strenge hatte die neue Lehre, die augsburger Confession, manchen heimlichen Anhänger in Köln. Als der Kurfürst und Erzbischof Hermann von Wied sich selbst 1542 zur lutherischen Lehre bekannte, zählte dieselbe bald in Köln drei Gemeinden, die aber wieder verdrängt wurden, als der

Erzbischof, seiner Würden entsetzt, mit dem Banne belegt ward.

Unter den Nachfolgern Hermann's verfuhr der Rath aufs strengste gegen die lutherisch Gesinnten und die Wiedertäufer, und dennoch hatte sich 1571 wieder eine lutherische Gemeinde gebildet, denn aus diesem Jahre datirt das erste Kirchenprotocoll der lutherischen Gemeinde in Köln, das Rechnungsbuch der Gemeinde beginnt mit dem 30. Januar 1575. In diesem Jahre kamen die beiden Rathsherren Johann Süchteln, Johann Brüchmann und Caspar von Widdig für sich und mehrere hundert Bekenner der neuen Lehre um freie Religionsübung beim Rathe ein. Die Bitte fand keine Beachtung, im Gegentheile wurden die Bittsteller ins Gefängniß geworfen und sämmtliche Protestanten aus der Stadt verwiesen.

Der Uebertritt des Erzbischofs Gebhard Truchseß von Waldburg (1577 bis 1601?) zur neuen Lehre, deren Bekenner 1583 durch ihn freie Religionsubung zugestanden erhielten, machte ihr Schicksal in Köln nicht besser; der Rath bestand nur um so fester und hartnäckiger auf der Aufrechthaltung seiner früheren Beschlüsse gegen dieselben.

Noch blieben aber heimliche Bekenner der neuen Lehre in Köln. Auf Anstiften des Grafen Neuenar, eines Anhaängers Gebhard's, begaben sich dieselben am 7. Juni nach dem etwa 1000 Schritte vor der Stadt gelegenen Hofe Mechtern, einem Lehen des Grafen, um dort einer Predigt des Predigers Ursinus beizuwohnen. Nach beendigtem Gottesdienste kehrten die lutherisch Gesinnten nach Köln zurück und auch der Graf Neuenar mit dem Prediger.

Sofort erließ der Rath eine Verordnung, daß am nächsten Sonntage die Thore der Stadt zu schließen, und die am Montage einzulassenden Bürger sich über ihre Abwesenheit auszuweisen hätten, und daß sie nicht der Predigt in Mechtern beigewohnt. Alle, die sich nach Mechtern zur Predigt begeben, sollten auf ewige Zeiten der Stadt verwiesen werden. Die Thore wurden wirklich geschlossen, doch hatte schon am Tage vorher eine Menge Anhänger der neuen Lehre die Stadt verlassen oder selbst über die Mauern den Weg gefunden, um der Predigt beizuwohnen. Viele derselben wurden, als sie zuruckkehrten, gefänglich eingezogen. Der Rath schickte eine Verwarnung an den Grafen Neuenar, und da dieser sich daran nicht störte, gab der Rath einem Haufen seiner Söldner den Befehl, sich des Meierhofes in Mechtern zu bemächtigen. Diese fanden denselben aber von den Reitern des Grafen besetzt und mußten unverrichteter Sache heimkehren.

Der Rath aufs äußerste gebracht, läßt vor dem Weyerthore einige Bäume fällen und hier die größten Stadtbüchsen auffahren. Als in Mechtern die Predigt eben begonnen, donnern die Geschütze und eine Kugel schlägt durch das Dach, dem Grafen selbst vor die Füße. Die Predigt und der Gottesdienst wird eingestellt. Rache schwört der Graf der Stadt, und trägt von der Stunde an die Kugel, die ihn bald getödtet, an silberner Kette auf der Brust, um ihn stets zu mahnen an seinen Racheschwur gegen die Stadt Köln.

Als sich selbst einige protestantische Fürsten an den Rath wandten, um für die Anhänger ihrer Confession freie Religionsübung zu verlangen, gab derselbe ihnen keinen Bescheid, ließ vielmehr am 8. August vor der versammelten Bürgerschaft von der Laube des Rathhauses einen Beschluß verkünden, kraft dessen alle, die nicht nach den Vorschriften der katholischen Religion leben wollten, in vier Wochen die Stadt verlassen müßten, da der Rath nicht gesonnen, sie länger zu dulden. Diejenigen, welche den Versammlungen in Mechtern beigewohnt und dem Befehl, die Stadt zu verlassen, nicht nachgekommen wären, sollten außerdem mit gebührenden Strafen belegt werden. Und diese Bestimmungen erneuerte der Rath auf dem im Jahre 1583 abgehaltenen Landtage, wo er sich als Feind des abtrünnigen Erzbischofs und seiner Partei erklärte. Mit allen Mitteln fuhr man fort die Stadt, trotz aller Einreden Gebhard's, immer mehr zu befestigen.

Als sogar Johann Pfalzgraf bei Rhein, Herzog in Baiern, Graf von Veldentz und Sponheim in Begleitung der Gesandten der Pfalzgrafen Ludwig, Casimir und Richard und vieler Grafen und Herren, Bekenner der augsburgischen Confession, im Rathe erschien, um sich über die Unbilden zu beklagen, welche die Protestanten in Köln zu erdulden hätten, und freie Religionsubung für dieselben zu verlangen, erhielt er unter dem 2. Januar 1583 einen abschlägigen Bescheid, worin der Rath erklärte, er werde nichts gegen die Anhänger der augsburger Confession thun oder zulassen, was er nicht vor Kaiser und Reich verantworten könne, und sei auch noch nichts geschehen, was den Reichsverordnungen zuwider. Eben so entschieden war eine zweite Antwort des Rathes auf ein folgendes Schreiben des Pfalzgrafen, der am 5. Januar Köln unverrichteter Sache verließ.

Der Rath setzte aber am 8. Januar Johann Brückmann, Johann Süchtelen und Caspar von Widdig, welche es zuerst gewagt, um freie Religionsuübung für die Protestanten zu suppliciren, in Freiheit, nachdem sie eidlich versprochen, sich nicht an dem Rathe rächen zu wollen, noch ferner den ketzerischen Versammlungen beizuwohnen.

Noch in demselben Jahre verbreitete ein Anhänger der truchsessischen Partei, Namens Peter Ritza, in der Stadt das Gerücht, Graf Valentin von Isenburg habe heimlich in den Speisesälen der Klöster Soldaten versteckt, um die Protestanten zu überfallen und niederzumachen. Um diesem Gerüchte den Schein der Wahrheit zu geben, wurde von Bonn ein Schiff mit Kriegsleuten rheinabwärts gesandt, die sich für Isenburger ausgaben. Der Betrug wurde entdeckt, als der Rath alle Klöster durchsuchen ließ, Ritza geviertheilt, sein Kopf auf einen Spieß auf dem Ehrenthore aufgestecht, und die vier Theile seines Körpers an die vier Hauptthore angenagelt.

Die List, durch den Pfarrer zu St.-Marien-Ablaß, Namens Stephat, der Jude gewesen, und als Prediger vielen Zulauf hatte, Anhänger für die augsburger Confession zu gewinnen, mißlang der truchsessischen Partei ebenfalls, wiewohl sie im

Capitel selbst vier Protestanten zählte: Hermann Adolph Graf von Solms, Johann Baron von Winneberg, Herzog Heinrich von Sachsen und Thomas von Kriching, welche von der Wahl des neuen Erzbischofs, als Gebhard seiner Würden verlustig erklärt, natürlich ausgeschlossen blieben.

Wie verheerend auch der truchsessische Krieg für das Stift, wie drückend für Kölns Handel und Wandel, der Rath war auf seiner Hut, und schritt mit der großten Entschiedenheit ein, als der Pfarrer von St-Marien-Ablaß seines Amtes entsetzt und dessen Anhänger eine drohende Stellung annahmen. Isaak Stephan bekannte sich später zur augsburger Confession und wurde Prediger.

Die Augsburger Religions-Verwandten scheinen aber in Köln zu Anfang des siebenzehnten Jahrhunderts geduldet gewesen zu sein, denn ein Protestant, Namens Reiner von Roermunde, wiegelte im August des Jahres 1608 die Faßbinderzunft gegen den Rath auf. Bald theilte sich die Unzufriedenheit auch den anderen Zünften mit, und die Stadt war wieder von ähnlichen Auftritten bedroht, wie sie dieselben 1513 erlebt hatte. Alle Mittel der Güte, die Zünfte zu beschwichtigen, waren umsonst, selbst Reiner widersetzte sich dem Befehl des Rathes, der ihn zu Thurm gehen hieß, und suchte und fand auf der Faßbinderzunft Schutz. Es kam so weit, daß der Rath sich genöthigt sah, Söldner anzuwerben und die festen Plätze der Stadt zu besetzen. Das anarchische Treiben der Unzufriedenen nahm von Tag zu Tag zu, immer mehr steigerten sie ihre Forderungen an Bürgermeister und Rath, die man aller nur denkbaren Unterschleife und Verletzungen des Transfir-Verbundbriefes bezichtigte.

Als die Sache aufs äußerste gekommen, das Aergste zu befürchten war, da begibt sich der Bürgermeister Johann Hardenradt, ein allgemein beliebter Mann, der schon 1584 mit Caspar Kannegießer regierender Bürgermeister gewesen, auf die Faßbinderzunft und sucht derselben zu beweisen, wie die Protestanten sie nur zu ihrem Zwecke benutzt, um ihrer Lehre Eingang zu verschaffen. Hier und auf anderen Zunfthäusern überzeugten seine Reden, und bald stand der größere Theil der katholischen Bevölkerung auf der Seite des Rathes, welcher einhellig die Verweisung der Protestanten beschloß.

Die Vertriebenen zogen ins Bergische, meist nach Mülheim, und erhielten von dem Kurfürsten und Fürsten der Jülichschen Lande, Brandenburg und Pfalz-Neuburg nicht nur die Erlaubniß der Niederlassung, sondern auch das Recht, die Stadt zu erweitern und zu befestigen. Mülheim wurde zur Freistätte der Christen aller Confessionen erklärt, auf zehn Jahre ward ihnen das Büurgerrecht und Mitgenuß aller städtischen Privilegien unentgeltlich zugestanden, Zollfreiheit auf dieselbe Frist für alle Baumaterialien und das Verkaufsrecht für alle Waaren und Handelsgegenstände in den Herzogthümern.

Nicht nur die kölner Protestanten, sondern Anhänger der neuen Lehre aus allen Landen suchten in Mülheim eine Freistätte. Eine wahre Ameisenthätigkeit herrschte hier. Mauern, Kirchen und Häuser erhoben sich, wie durch Zauber, im großartigsten Maßstabe waren die Vergrößerungen und Befestigungen der neuen Stadt angelegt.

Mit Schreck und Angst sah der Rath der Stadt Köln, was in Mülheim vorging. Seine Unduldsamkeit hatte die Stadt der gewerbfleißigsten und handelsthätigsten Bürger beraubt, wenn es auch eine Uebertreibung, daß durch die Vertreibung der Protestanten 1400 Häuser leer gestanden, wie denn auch die von einigen Geschichtschreibern mitgetheilte Nachricht, als habe 1618 eine allgemeine Vertreibung der Protestanten aus Köln Statt gefunden, auf einem Irrthume beruht, sich auf das Jaht 1608 bezieht. Doch scheinen in diesem Jahre die Maßregeln gegen die Protestanten nicht mit der ganzen Strenge durchgeführt worden zu sein, denn 1611, als in Aachen und Ryssel religiöse Unruhen ausgebrochen, verbreitete sich das Gerücht, dieselben seien von den Protestanten Kölns veranlaßt worden, worauf der Rath den Beschluß erließ, alle nicht katholischen Soldaten und Bürgerhauptleute durch katholische zu ersetzen, demnach bekleideten Protestanten diese Würden, und zugleich die noch seßhaften Protestanten wieder auswies. Die limburger Chronik sagt zu dem Jahre 1611 von Köln: "Haufenweis wurden alle, so nicht katholisch, auch die Herrlichsten in der Stadt ausgetrieben, daß man will sagen, wenn nicht andere Katholische aus Holland die ledigen Plätze zu Köln ersetzen werden, der Handel zu Köln lützel fallen muß."

Die Stadt that bei Kaiser und Reich Einspruch gegen die Vergrößerung Mülheims und seine Befestigung. Ungestört wurden die Bauten aber fortgesetzt. Für und wider wurde gedruckt und geschrieben, denn die Streitigkeiten fallen ja in die Blüthezeit der deutschen Federkriege.

Hatten die Kölner es auch versucht, den Bau zu schädigen, so schützten die Fürsten denselben mit bewaffneter Hand, schlugen ein Lager auf und ließen mehrere Stück Geschütz auffahren, von den Kölnern Schadenersatz fordernd. Der Bau schritt voran, an Mitteln und fleißigen Händen fehlte es nicht.

Unterm 30. April 1612 erließ der Rath der Stadt Köln ein Decret, welches alle Handwerker, die in Mülheim arbeiten würden, mit Verlust des Bürgerrechts und der fahrenden und liegenden Habe bedroht, und mit derselben Strafe alle Kaufleute, welche Waaren dahin zum Verkauf führten.

Den Denuncianten wird, bei Geheimhaltung des Namens, eine Belohnung von 10 Goldgulden verheißen. Den Steinmetzen und Zimmerleuten, die in Mülheim gearbeitet hatten, wird sogar zugemuthet, ihre Arbeit zu zerstören.

Zugleich wird allen Bürgern verboten, nach Mülheim zu gehen, um dort protestantischen Predigten beizuwohnen. Verbote, die in allen "Morgensprachen", so nannte man in Köln die policeilichen Verordnungen, welche der Bürgerschaft vorgelesen wurden, - vom Jahre 1613 bis 1618 wiederholt werden. Der Eifer der Intoleranz ging in Köln so weit, daß sogar bergische Unterthanen hier zu Haft gebracht wurden, unter der Beschuldigung, in Mülheim den protestantischen Predigten beigewohnt zu haben.

Die Reibereien dauerten fort, bis Kaiser Mathias am 2. Juli 1612 zu Frankfurt den Befehl erließ, den Bau in Mülheim einzustellen, alles in den vorigen Stand zu setzen, und 100 Mark löthigen Goldes halb an die kaiserliche Kammer und halb an die Stadt Köln zu entrichten, auch den zu Mondorf gegen Koln angelegten Zoll aufzuheben.

Erst als 1614 am 25. Mai der Pfalzgraf Wolfgang Wilhelm zur katholischen Kirche zurücktrat, ließ er einen Theil der Befestigungen Mülheims niederreißen. Am 25. August zog Spinola mit einem spanischen Heerhaufen bei Wiesdorf, zwei Meilen unterhalb Mülheim, über den Rhein und, verstärlt durch pfalzneuburgische Truppen, überfiel er Mülheim. Die Graben wurden jetzt gefüllt, die Mauern und Wälle, wie die neue Kirche niedergerissen und die meisten der neuaufgeführten Wohngebäude zerstört, und zwar durch kölner Bauhandwerker, die, 600 an der Zahl, am 30. September zu diesem Vernichtungswerke ausgezogen waren. Die protestantische Stadt war vertilgt, und Köln von einer schwer drohenden Nebenbuhlerin befreit.

Außer blindem Religionshaß hatte die Furcht, im Besitze des Rheinhandels gestört zu werden, den Rath Kölns zu diesem Vandalismus veranlaßt. Der bald hereinbrechende dreißigjährige Krieg ließ Pfalz-Neuburg seine Beschwerden wegen der Uebergriffe der Kölner gegen Mülheim vergessen; es blieb bei einigen Memoranden. Im Jahre 1616 erließ der Rath eine neue Beisassen-Ordnung, durch welche die Protestanten aller Bürgerrechte verlustig erklärt, und sie auf den Großhandel beschränkt wurden, aber nicht mit ihren Glaubens- Verwandten Geschäfte machen durften, und nicht befugt waren, irgend ein Privat- oder öffentliches Gebaude zu ihrem Gottesdienste zu benutzen.

Während der Dauer des dreißigjährigen Krieges, welcher die Stadt direct nicht betraf, hatten einzelne protestantische Familien sich wieder in Köln niedergelassen, wurden aber nicht als Bürger, sondern nur als Beisassen betrachtet; sie waren

Fremde, mußten die städtischen Lasten tragen, ohne die Rechte der Bürger zu genießen.

Da sie deßhalb klagend beim Kaiser eingekommen, verschärfte der Rath 1665 seine Maßregeln gegen die protestantischen Beisassen. Gleich fremden Kaufleuten mußten sie von jedem Gebinde Wein einen Reichsthaler Lagergeld zahlen, und durften ihre Weine sogar nicht auf ihren Namen aus- und einführen, sondern auf den eines katholischen Unterkäufers, welcher für jedes Faß 1/8 Reichsthaler bezog. Die protestantischen Kaufleute, von denen man sogar 1674 Schutz- und Schirmgeld verlangte, und welche jetzt den Namen "Schutzverwandte" führten, durften ihre Weine außerhalb der Stadt in keinerlei Weise zum Verkaufe ausbieten, in der Stadt selbst nur an katholische Bürger verkaufen, nicht an ihre eigenen Glaubensgenossen, der Vater nicht an den Sohn, der Bruder nicht an den Bruder. Seit 1669 waren sie genöthigt, ihre Stapelgüter nach der Löschung in 3-6 Tagen zu verkaufen, oder zu versenden, oder gegen 4 pCt. Provision einem katholischen Factor käuflich abzulassen, durften aber durchaus keine Caution verlangen.

Von sonstigen Waaren, wie Oel, Thran, Seife, Käse mußten sie außer den städtischen Gebühren, noch besondere Abgaben entrichten. Sie durften keinen Kleinhandel treiben, der Gebrauch des kleinen Maßes und Gewichtes war ihnen aufs strengste untersagt. Trotz aller dieser Beschränkungen nahm der Wohlstand der Gemeinde der Bekenner der augsburger Confession mit jedem Jahre zu, und schon 1672 hatte der Kaufherr Johann Adelgeis der lutherischen Gemeinde eine bedeutende Schenkung gemacht. Sie erwarben auch Grundbesitz, mußte derselbe auch auf den Namen von wirklichen Bürgern angeschreint werden.

Selbstredend konnten die nicht bürgerlich Qualificirten oder Beisassen, wie man die Protestanten nannte, keine bürgerlichen Aemter bekleiden, weder Häuser noch sonstiges Grundeigenthum innerhalb der Ringmauern besitzen. Ging ein katholischer Bürger zum Protestantismus über, war er aller seiner Bürgerrechte verlustig erklärt. Zog ein Protestant aus der Stadt, mußte er den zehnten und zwanzigsten Pfennig seiner sämmtlichen Habe als Abzugsgeld zahlen.

Der Rath schien nur darauf zu sinnen, die eingesessenen Protestanten immer mehr zu beschränken. Im Jahre 1711 nahm man ihnen das Recht, in der Tuchhalle unter ganzen Stücken Tuch zu handeln, und verpflichtete sie durch ein am 9. September erlassenes Edict, alle ihre Waaren nur en gros an qualificirte Bürger zu verkaufen, und zwar unter Strafe der Confiscation. Ja, die im Jahre 1713 erneuerte Beisassen-Ordnung nahm ihnen den Speditions-Handel und verpflichtete sämmtliche Protestanten, diese neue Beisassen-Ordnung zu beschwören, was Viele derselben förmlich verweigerten. Darauf ging der Rath so weit, den Beisassen zu verbieten, ihre eigenen Güter weder selbst versenden zu dürfen, noch durch Katholilen spediren zu lassen. Die katholischen Kaufleute mußten bei ihren Versendungen eidlich erklären, daß unter den Waaren keine, welche Protestanten zugehörten.

Die Beschwerden der Protestanten an den Senat, an das Reichskammergericht und selbst an den Reichsconvent in Regensburg blieben ohne Erfolg, wie auch alle früheren Klagen, wenn sie auch nachzuweisen suchten, daß sie 1624 drei vollständige Gemeinden gebildet, freie Religionsubung gehabt und Prediger. Diesen Behauptungen widerstreiten die Rathsprotocolle, die aufs entschiedenste, wie auch die Morgensprache, die Ausübung des evangelischen Gottesdienstes untersagen. Neben der Intoleranz des Rathes oder Senates machte der Neid der katholischen Kaufleute die Lage der Protestanten von Tag zu Tag mißlicher, denn fleißig, rührig, unternehmend und gewerbthätig, prosperirten sie, trotz aller Beschränkungen und Belästigungen, und überflügelten die katholischen Großhändler und Fabricanten. Die unverständige Masse war leicht gegen dieselben aufgewiegelt, man gönnte ihnen den Wohlstand nicht, in dem sie lebten, weil sie handels- und gewerbfleißig.

Bei den von den Protestanten in ihren Geschäften überholten katholischen Kaufleuten mochte der Wunsch ein ganz natürlicher sein, dieselben ganz aus der Stadt entfernt zu sehen.

Im Jahre 1714 siedelten die protestantischen Kaufleute Johann Stoch, Christoph Andrae, Gotthard Mühling und Diederich Köster aus Köln nach Mülheim über, hatten aber viele Hindernisse zu bewältigen wegen der vom Senate verlangten Abzuggelder. Indessen wurde der Rath doch, was den Handelsverkehr anging, in manchen Dingen nachgiebiger gegen die Protestanten; so erlaubte er am 9. December 1716 "den anjetzo hier domicilirten und zu der Ordnung sich anschickenden Religions-Verwandten ihre eigenen trodenen Waaren, so keine Ventgüter, Salz, Häring, Bücking, Fische, Butter, Käse, Honig, Oel, Fettwaaren seynd, an Frembde sowol, als Bürger en gross vermittelst der auf die Lieberwaag beschehenden Ablieferung zu verlaufen." Auch erhielten sie die Erlaubniß, ihre Bleicharte und Weine in kleineren Zulästen und Punzen ein- und auszufuühren, ganze Stücke und Zulast aber in halbe und ganze Ahmen zum Verkauf abzustechen, "eben wie vor Alters nit zugelassen seyn." Fremde Commissions-Waaren durften die Fabricanten nicht verkaufen. Unter dem 6. October 1745 beschwerten sich die Zunftgenossen des Wein- und Faßamtes gegen die letzte Bestimmung des Rathes in Bezug des Weinhandels der Protestanten, baten "die genannten Insassen und Handelsleute bei ihrer ehemaligen Freiheit des Weinhandels zu belassen, weil sie sonst selbst zu viel Schaden hätten." Kleinliche Häkeleien kamen immer vor.

Mancherlei Hader hatten die Protestanten mit der Stadt ihrer Begräbnisse wegen. Ob sie früher einen bestimmten Friedhof in der Stadt gehabt, läßt sich historisch nicht ermitteln, später hatten sie für ihre Gemeinde einen Gottesacker vor dem Weyerthore gekauft. Wie die Leichen der Katholilen, wurden die der Protestanten von den Alexianer-Brudern zu Grabe getragen. Man beschränkte von Seiten der Stadt zuerst die Zahl der Leichenbegleitung der Protestanten, welche nur auf zwanzig Paare festgestellt wurde, und verbot dann auch den Alexianern die Leichen derselben zu Grabe zu tragen, ging sogar so weit, zwölf Männer aus dem Kirchspiel St. Peter zu diesem Dienste zu bestimmen. Da sich die Protestanten aber gegen diese Verordnung beim Senate beklagte, wurde unterm 2. December 1714 den Alexianer Brüdern wieder erlaubt, die Stelle der Leichenträger bei den Protestanten zu übernehmen. Weil die Rohheit des Pöbels solche Leichenzüge der Protestanten nicht selten auf die empörendste Weise insultirte, beschloß die Gemeinde, einen Leichenwagen anzuschaffen. Taufen, Copulationen der Protestanten wurden auf einem holländischen Schiffe verrichtet, wollten dieselben nicht nach Mülheim oder Frechen gehen.

Im letzgenannten Orte hatten die Protestanten 1716 angefangen, eine Kirche zu bauen, und diese wurde am 1. September, als man den Dachstuhl aufrichtete, bei lichtem Tage von den kölnischen Studenten, an welche sich ein Haufe Gesindels angeschlossen hatte, zerstört. Das Haus des Predigers Heilmann erlitt dasselbe Schicksal und wurde ausgeplündert. Schwer und gerecht waren die Anklagen der Protestanten gegen den Senat, aber Recht und Genugthuung ward ihnen nicht.

Zum größten Aergerniß der Gemeinden gestattete endlich der Senat am 28. August 1787 den Lutheranern und Calvinern, deren Bitte die Kaufherren Fr. C. Pelletier und Joh. David Herstadt beim Senate vorgestellt hatte, die Errichtung eines Bethauses, die Erbauung eines Schulhauses und einer Prediger-Wohnung. Alsobald legten die 22 Zünfte Verwahrung gegen diese Bewilligung ein und überreichten dem Senat in üblicher Form ihren Protest. Auch das Domcapitel, die Universität und der gesammte Clerus bestanden Anfangs 1788 aufs nachdrücklichste darauf, daß der Beschluß des Senates nicht in Vollzug gesetzt werde, protestirten feierlichst dagegen. Aber im Senate obsiegte der Geist der Duldung, die Zünfte würdigte man keines Bescheides, und die Geistlichkeit wies man aufs entschiedenste ab. Bald darauf traf auch die Bestätigung kaiserlicher Majestät ein, das Toleranz-Edict, welches die Protestanten nicht weniger als 7000 Gulden gekostet hatte.

*Diese Kunde steigerte den Unwillen der Zuünfte bis zu
fanatischer Wuth; sie wählten Deputirte, um mit dem Senate zu
unterhandeln. Die Unterhandlung fand am 23. November 1787
Statt und endigte damit, daß der Senat gedrängt wurde, sein
Decret bezüglich der freien Religionsüübung der Protestanten
zu widerrufen. Die Protestanten wandten sich sofort nach Wien
an den Reichshofrath, der auch den neuen Beschluß des
Senates cassirte und denselben unter Androhung harter Strafen
scharf tadelte, daß er seine Zustimmung dazu gegeben, indem
das erste Decret kaiserliche Bestätigung erhalten habe. Auch
wurde verlangt, den Anhängern der augsburger Confession zu
erlauben, eine Kirche und Schule zu erbauen und im Verlauf
von zwei Monaten an kaiserliche Majestät zu berichten, ob der
Befehl vollzogen u.s.w.*

*Der Senat befand sich in der peinlichsten Lage. Die ohnedies
schwierigen Zunfte, die immer anmaßender in ihren
Forderungen, drohten mit Gewaltmaßregeln. Das Aeußerste
stand zu befürchten. Da erklärten die Protestanten durch
notariellen Act, daß sie für jetzt auf das jus quaesitum Verzicht
leisteten und den Senat ersuchten, von jedem ferneren Schritte
abzustehen. Am schnellsten waren auf diese Weise alle
Schwierigkeiten gehoben.*

*Mit der Besitznahme Kölns durch die Franzosen 1794 stand der
freien Religionsübung der Protestanten nichts mehr im Wege.
Am 18. November 1796 wurde den Protestanten von der
Intermediaire-Commission in Bonn im Einverständnisse mit der
Municipalität das Bürgerrecht ertheilt, und an demselben Tage
ein aus vier katholischen und vier protestantischen Kaufleuten
bestehender Handels-Vorstand vom Senat gewählt. Ihren
ersten öffentlichen Gottesdienst feierten sie auf dem Saale der
Brauerzunft am 23. Mai des Jahres 1802. Den ersten
Gottesdienst leitete der später, als ständiger Pfarrer, von
Süchteln nach Köln berufene Pastor Friedlieb Wilsing. Nach
Aufhebung der Klöster am 20. Prairial des Jahres X (1802)
wurde der protestantischen Gemeinde die Antoniter-Kirche und
Kloster von der französischen Regierung zum gottesdienstlichen
Gebrauche verkauft. Am 19. Mai, dem Sonntage Rogate, 1805*

fand erst die feierliche Einweihung der Kirche Statt. Jetzt zählt
die evangelische Gemeinde 14,000 Seelen, und weihte 1860
ihre zweite neugebaute Kirche im Filzengraben feierlichst ein.

In aller Gemächlichkeit geht das Speditionsgeschäft vom Vater auf den Sohn, und sicher ist es keine müßig erfundene Anekdote, wenn man von Spediteuren, die Mühlensteine oder Zinnblöcke zu spediren hatten, erzählt, daß sie in ihren Spesen-Rechnungen auch den Posten für Reparatur und Küferlohn aufzuführen nicht vergaßen.

Handelsfirmen

Merkwürdig ist es, daß nur wenige der bedeutendsten, jetzt noch bestehenden Handelsfirmen, noch hinauf in die Zeit reichen, von der ich rede. Und wie bescheiden war der Beginn vieler neuen Firmen! Ein eigentliches Kaufherren-Patriciat, welches sich in seinen Geschlechtern Jahrhunderte rühmen darf, besitzt Köln nicht mehr. Vor fünfzig Jahren bestand der Handels-Vorstand, seit 1803 "Handels-Kammer", aus den Herren: Friedr. Carl Heimann, Präsident, Nic. Jos. Hamm, Johann Georg Bletscher, Joh. Jak. Strömer, Wilh. Boisserée, Hub. Feckler, Heinr. Ferd. Schöler und Joh. Stöhr; das Handelsgericht aus den Herren: Abraham Schaaffhausen, Pet. Bemberg, Pet. Jos. Cassinone, David Herstadt, als Richter, Melchior Birkenstock, D. E. Kerr und Ludwig Foveaux als Suppleanten. Und wie viele der angeführten Firmen bestehen noch?

Im Jahre 1795 ließ sich der erste Israelit wieder in Köln nieder, da sie seit 1425 zum zweiten Male ganz aus der Stadt verwiesen, weil sie sich weigerten, das Schutzgeld zu zahlen.

Zur Geschichte der Israeliten in Köln

Nach der jüdischen Sage lebten schon vor Christi Geburt Juden-Gemeinden in den rheinischen Städten Speier, Worms, Mainz und Köln. Die Sage berichtet sogar, daß die Synagoge Jerusalems der Synagoge von Worms die Frage gestellt, ob Jesus der Nazarener mit dem Tode zu bestrafen sei, und diese die Frage entschieden verneint habe.

Aus Gallien kommend, hatte sich schon, was historisch feststeht, zur Zeit der Kaiser Commodus (180 - 193) und Macrinus (217 - 218), aber besonders unter Kaiser Constantin (306 - 337) eine Menge Juden in Köln des Handels wegen niedergelassen, wie dies aus des Kaisers Edicten an die Decurionen, die Magistrats-Vorsteher der Colonie, hervorgeht, wodurch er die Juden vor Kränkungen schützt, wenn er sie auch auf der anderen Seite in allem, was das Judenthum mit der zur Herrschaft emporstrebenden christlichen Kirche nur in die entfernteste Berührung bringen konnte, hart bedrückte.

Leichensteine mit hebräischen Inschriften bekunden das Dasein der Juden in Köln in den letzten Jahrhunderten der Römerherrschaft. Ihre Begrabnißstätte lag vor dem nordwestlichen Ende der Römerstadt, in der Gegend des jetzigen erzbischoflichen Gartens.

Die Geschichte Kölns schweigt über der Juden Schichsale in der Sturm und Drangperiode der Völkerwanderung; nur wissen wir, daß dieselben unter der Herrschaft der Franken als "Fahrgut" betrachtet wurden, welches zu den Regalien gehorte. Sie waren nicht nur geduldet, sondern geschützt. Es kommen verschiedene Bestimmungen der Frankenkönige vor, daß Juden keine Aemter und Stellen bekleiden durften, es sei denn, sie ließen sich taufen.

Diese Gesetze wären nicht erlassen worden, wenn die Juden nicht im Besitze solcher Aemter gewesen, wie dies in Köln der Fall war. Ihr Schicksal wechselte nach den Bestimmungen der

*Concilien bis zum neunten Jahrhundert in den verschiedenen
Theilen des Frankenreichs.*

*Spärliche Andeutungen über diese Periode finden wir in dem
Werke: "Emek habacha", des beruhmten jüdischen
Geschichtschreibers Rabbi Joseph ha Cohen (1496 - 1575), eine
äußerst belehrende Geschichte der Leiden und Drangsale
seines Volkes in Europa.*

*[Vergl. Emek habacha von R. Joseph ha Cohen. Aus dem
Hebräischen ins Deutsche übertragen, mit einem Vorworte,
Noten und Register versehen und mit hebräischen
handschriftlichen Beilagen bersichert von Dr. M. Wiener,
Oberlehrer in Hannover. Leipzig, Oscar Leiner. 1858. Aeußerst
belehrend sind die beigefügten Roten. - Geschichte des
Judenthums und seiner Secten von Dr. J. M. Jost. Drei
Abtheilungen. Leipzig, 1857 - 1859. - Dr. S.*

*Gassel, Geschichte der Juden in der Encyklopädie von Ersch
und Gruber. Geschichte der Israeliten seit der Zeit der
Maccabäer bis auf unsere Tage, nach den Quellen bearbeitet
von J. M. Jost. 9 Bände. 8. Berlin, 1820 - 1828.]*

*Schwer lasteten auf den Juden die Wirren der Theilungen des
fränkischen Reiches unter den Merowingern. R. Joseph sagt:
"Auch in Deutschland und Italien entstanden zahlreiche Leiden
und Zerrüttungen im Jahre 4405 (645); die Israeliten kamen
damals gar sehr herunter und tranken den Becher des
gottlichen Zorns." Nicht verschont blieben die Juden in Köln; sie
wurden auch hier von den Gewalthabern als eine nie
versiegende Quelle des Erwerbes betrachtet, vermehrten sich
aber gegen das Ende des Jahrhunderts durch die aus Persien,
in Folge der Kriege zwischen den Arabern und Persern,
geflohenen Juden, welche sich in Rußland, Deutschland und in
der Schweiz niederließen. Als einer ihrer Oberhäupter und*

*ausgezeichnetsten Lehrer wird um diese Zeit am Niederrhein
der R. Ephraim aus Bonn genannt.*

*Erst unter Karl dem Großen regelten sich in etwa die
Rechtszustände des Frankenreichs. Er nahm sich auch
schützend der Juden an, die, hart verfolgt, zum größten Theile
aus Deutschland nach Spanien und England geflohen.*

*Aus Spanien und Italien brachte Karl die Juden nach
Deutschland zurück. Unter seinem Schutze eröffneten sie ihre
Akademieen wieder und waren angesehen am Hofe des großen
Kaisers, der sich ihrer mannigfach zu politischen Sendungen,
zur Anbahnung von Handelsverbindungen bediente. Sie waren
die einzigen Handelsvermittler zwischen dem Westen und
Osten, in ihren Händen lag der Handel mit den Specereien, den
kostbaren Stoffen und Edelsteinen des Orients. Man glaubte sie
vertraut mit allen geheimen Künsten, der Sterndeuterei und
Alchymie, als deren Erfinder das Mittelalter, selbst die Araber
die Patriarchen des alten Bundes betrachteten. Bis ins
vierzehnte Jahrhundert kommen Israeliten als Hofsterndeuter
an den Höfen christlicher Konige und Fürsten vor. Der
Geldhandel war allein in ihren Händen, bis im zwölften
Jahrhundert die italienischen privilegirten Geldwucherer, die
Caursini als ihre Nebenbuhler auftraten und, nach dem
Zeugnisse der Geschichtschreiber des zwölften, dreizehnten
und vierzehnten Jahrhunderts, allenthalben die Juden im
drückendsten Wucher überboten. Ein Jude Isaak war Karl's des
Großen Gesandter an Harun al Raschid. Isaak kehrte 801 allein
von seiner Sendung heim, da seine Gefährten Lantfried und
Sigismund unter Weges gestorben, und brachte auch die
Geschenke des Kalifen an Karl den Großen mit, unter denen
sogar ein Elephant (nomen Elephantis erat "ambulans"),
welchen er aber erst im folgenden Jahre, da ihn der Winter in
Italien zurückgehalten, dem Kaiser vorstellen konnte.*

*Während des Bestehens des lotharingischen Reiches, und als
später Köln unter Heinrich I. mit dem deutschen Königreiche
vereinigt, blieben die Juden unter dem Namen
"Kammerknechte" unmittelbare Unterthanen der Könige, wofür*

Jeder jährlich den güldenen Opferpfennig, einen Gulden an die
königliche Rentkammer zahlen mußte. Nicht selten wurden sie
von den Königen den Bischöfen zu Lehen gegeben, oder gleich
einer Liegenschaft verpfändet, und nichts war natürlicher, als
daß die Pfandinhaber aus dem Pfande so viel Vortheil, als sie
nur immer vermochten, zu ziehen versuchten, und sich dabei
jede, auch die grausamsten Mittel erlaubten.

Im elften Jahrhundert, als Kölns Handel und Seefahrt schon
blühend, seine Kaufleute schon in England durch König
Ethelred II. (987 - 1016) schützende Privilegien erlangt, in Köln
selbst schon eine machtige Gilde bildeten, welche ihre eigenen
Consules, Scabini, Capitularii und Decani hatte, war die kölner
Judenschaft auch angesehen und reich. Sie waren fast im
Alleinbesitz des Rhein-Donau-Handels, hatten bereits von
geistlichen und weltlichen Fürsten Zölle und andere Gefälle
gepachtet und, wie schon bemerkt, den ganzen Geldhandel in
den Händen, indem kein Christ, unter der Strafe des
Kirchenbannes, Zinsen nehmen, Geldhandel, damals als
Wucher bezeichnet, treiben durfte. Erst Papst Martin V. hob
1425 dieses Kirchengesetz vollig auf, das bis dahin bestand,
wenn auch im dreizehnten und vierzehnten Jahrhundert von
den Christen wenig beachtet und mannigfach umgangen.

Schon 1010 erlaubte Erzbischof Heribert (999 - 1021) den
Juden in Köln, eine Synagoge zu bauen, und zwar in der Pfarre
des heiligen Laurentius, an der Stelle der jetzigen Rathscapelle,
dem Bürgerhause gegenuüber, um welches herum auch ihre
Wohnungen lagen. An dem Thürpfosten eines Hauses in der
südlich vom Rathhausplatze führenden "Judengasse" finden wir
noch die Spuren der Mesusah, der zehn Gebote. Der Vorsteher
der Synagoge führte in Köln sogar den Namen "Episcopus",
Bischof, wie dies auch in Mainz und Worms der Fall war. Das
mit dem Namen Bischof bezeichnete Oberhaupt der Gemeinde
schlichtete unter Beisitz der zwölf Aeltesten, nach ihren
Rechtsgewohnheiten, die Streitigkeiten ihrer
Glaubensgenossen. Ihr Gerichtshof war die Synagoge nebst
einem daran stoßenden Gebäude, das in Urkunden als
"Capitulum Judaeorum" bezeichnet wird, und die nordwestliche

Ecke der Judengasse einnahm. In den Souterrains dieses Hauses sollen sich Kerker mit Ketten, Fuß- und Handschellen befunden haben.

Die Juden haiten also schon im elften Jahrhundert in Köln ihre eigene Verfassung, im Mittelalter eines der bedeutendsten Vorrechte, zu denen auch das gehörte, daß sie Grundbesitz erwerben durften, denn 1060 kommen schon in Köln Vives, Egebreth, Salimann, Isaak als ehrenwerthe jüdische Hausbesitzer vor, in dem Kirchsprengel des heiligen Laurentius. Sie hatten vom Stadtvogte die Strecke von seinem Hofe an St. Laurenz bis an die alte Stadtmauer, die Ostseite der Judengasse käuflich an sich gebracht. Da in Köln über das Grundeigenthum, die Liegenschaften und Häuser der Juden ein eigenes Grundbuch geführt wurde, muß ihr Grundbesitz hier nicht unbedeutend gewesen sein. Der oben angeführte Egebreth wird als Aufseher über ihr Grundeigenthum genannt, war also um jene Zeit wahrscheinlich der Juden-Bischof in Köln.

[Städtewesen des Mittelalters von K. D. Hüllmann, 2. Theil S. 17 – 101. - In einem Artikel bei Clasen, Schreinspraxis, S. 49: "Judei quam pluros, videlicet episoopus ot alii Seniores."]

Ihre Begräbnißstätte ward vor das St. Severinthor verlegt, an eine Stelle, die noch den Namen "an den todten Juden" trägt.

In diese Zeit mag auch die von dem berühmten Rabbi Meir B. Baruch von Rothenburg, der 1293 im Kerker starb, aus Köln erzählte Anekdote fallen. Ein Vorsänger war hier an der Synagoge bereits bestallt worden. Ihm wollte ein Jude, der hoch im Ansehen beim Erzbischofe stand, eine Ehre erweisen, und veranlaßte diesen, den Vorsänger zu sich zu bescheiden und demselben zur Bestätigung seines Amtes die Bischofsmütze aufzusetzen mit den Worten: "Hierdurch bist du bestallter Vorsänger!" Aber der Vorsänger antwortete ihm: "Mein Herr, es ist mir nicht erlaubt, ein gottesdienstliches Amt von Eurer Hand zu empfangen!" worauf er das Amt niederlegte und Jener für seine gute Absicht noch gestraft wurde. Dies

berichtet Jost in seiner Geschichte der Israeliten, 7. Band, S.
435. Rabbi Meir von Rothenburg erklärte ebenfalls die
Ausnahmsprivilegien, welche sich einzelne Juden in Betreff der
Abgaben zu erschleichen wußten, für ungültig. Daß die Juden
alle nur erdenklichen Mittel suchten und fanden, sich den
Erpressungen zu entziehen, die Abgaben zu umgehen, ist leicht
denkbar, ist natürlich, und da war aller Orten bei Groß und
Klein das Wirksamste - die Bestechung.

Haß erzeugt Haß, kann keine Liebe zeugen. Daraus läßt sich die
Haltung der Juden den Christen, ihren Unterdrückern und
Peinigern gegenüber, während des ganzen Mittelalters erklären.
Aus den Duldern wurden, bot sich die Gelegenheit, furchtbare
Rächer.

Gegen Ende des elften Jahrhunderts beginnen die blutigen,
mehr als unmenschlichen Verfolgungen der Juden. Nicht blinder
Religionshaß, nicht die finstere Intoleranz des Mittelalters
waren aber allein die Hauptursachen dieser schredlichen an den
Juden verübten Grausamkeiten. Es war mehr die Habgier, der
Neid über den sich von Jahr zu Jahr mehrenden Reichthum der
Juden, deren Schuldner Erzbischöfe, Bischöfe und Aebte,
Fürsten, Grafen und Herren; es war die Eifersucht der fremden
italienischen Geldhändler, der Lombarden, auch Cauvartschen
oder Cahorsinen genannt, der eigentlichen Geldwucherer, die
von den Päpsten Dispensen erhielten, Geldhandel zu treiben.
Die Juden wurden das Opfer ihres Reichthums. Erschlug,
vertrieb man dieselben, waren die Schulden nebst den Zinsen
am sichersten und schnellsten getilgt, hatte man sich der, im
Bewußtsein ihrer Geldmacht gewiß oft hochfahrenden,
übermüthigen Gläubiger am leichtesten entledigt.

Dem rohen Pöbel, welcher, mehr als leichtgläubig für die
abscheulichsten Anklagen gegen die Juden, durch den blinden
Religionshaß leicht aufgereizt war, stets eine willkommene
Gelegenheit des Plünderns und Raubens.

Die blutigen Gräuel der Judenverfolgungen nahmen, wie allenthalben auch am Rhein, mit dem ersten Kreuzzuge ihren Anfang, und so ebenfalls in Köln. Die Unbilden, denen die heiligen Stätten in Palästina durch die Muselmänner ausgesetzt waren, schrieb man den Juden zu, schrechliches Unheil weissagende Himmelserscheinungen sah man in einem Kometen und Meteoren, und voller Angst erwartete man den jüngsten der Tage. Leicht war die Menge zu bereden, des Himmels Zorn sei durch Verfolgung und Mord der Juden allein zu sühnen, und mit grausamem Beispiele gingen die ersten Kreuzfahrer ihr in Frankreich, am Rheine und an der Mosel voran.

Die Scharen des Grafen Emicon von Folkmar und Godeskalk's bezeichneten ihren Weg rheinabwarts mit Feuer und Blut. Die mehr als blutigen Gräuel dauerten vom Monat April bis Ende Juli 1096. Am 3. Mai wurden die Juden in Speier von den Horden der Kreuzfahrer überfallen.

Viele starben unter den schrechlichsten Martern; doch fanden die Verfolgten Schutz bei dem Bischofe der Stadt, Johann von Walfram, Grafen in Creichgau (1090?). Noch furchtbarer waren die Gräuel der Verfolgung am 18. Mai in Worms, Mord, Verwüstung und Plünderung in ihrem Geleite.

Keiner der Juden ward aber untreu seinem Glauben. "Viele", sagt R.

Joseph, "hatten sich selbst, mancher seinen Bruder, seinen Freund, sein liebes Weib und seine Kinder geschlachtet, ja, selbst erbarmungsvolle Mütter haben ihre Kinder mit Muth und Standhaftigleit hingeschlachtet und das "Schemah Jisrael!" ausgerufen, als diese ihren Geist an den Herzen der Mütter aushauchten. Sieben Tage lang dauerte das Gemetzel und Plündern, selbst die, welche im Palaste des Bischofs Schutz gesucht, wurden ein Opfer der fanatischen blinden, raubgierigen Wuth. Ueber 800 Juden waren in Worms hingeschlachtet. Die Blutrotten zogen rheinabwärts nach Mainz, wo sich am 27. Mai dasselbe blutige Schauspiel, wie in Speier und Worms erneuerte, die Juden aber auch mit eben solcher Entschlossenheit für ihren Glauben zu sterben wußten, sich selbst das Leben nahmen. Der Gemeindevorsteher Isaak ben David zündete, nachdem er mit eigener Hand seinen beiden Töchtern den Tod gegeben, sein Haus und die Synagoge an, und suchte und fand mit seinem Freunde Uri in den Flammen den Tod. In Mainz bot auch weder der bischöfliche Palast, noch die Flucht in die benachbarten Dörfer, wohin der Erzbischof die Unglücklichen geschafft, Schutz und Sicherheit. An 1400 wurden die Beute der Verfolger."

"Diese schreckliche Nachricht kam nach Köln am 5. des Monates Siwan (29. Mai)", so erzählt R. Joseph, "da verbargen sich die Juden in den Hausern ihrer Bekannten. Am folgenden Tage aber entstand Lärm und Schrecken; es erhoben sich nämlich die Feinde, zerstörten die Häuser, rissen die Thüren ein und machten viele Beute, ohne daß Rettung vor ihnen möglich war. Hierauf brach das Volk in die Synagogen ein (es waren deren also mehrere in Köln), riß die Gesetzrollen heraus, trieb mit denselben Spott und trat auf den Straßen auf ihnen umher am Festtage des Herrn, an welchem einst die Thora gegeben war, welche nunmehr Frevler zerrissen und zertraten und Uebelthäter schändeten und verbrannten."

Bis zum 3. Juni währten diese Gräuelscenen, denn viele der Einwohner der Stadt hatten sich mit den Kreuzfahrern vereinigt und halfen ihnen morden, sengen, brennen und plündern. Die Synagoge und viele Häuser der Juden wurden geschleift, ihre Bewohner erschlagen. Zweihundert Juden, die auf ein Schiff geflüchtet, um auf dem Rheine zu entlommen, wurden ergriffen und schonungslos ermordet.

[Ein Klagelied des Rabbi Joel, dessen Uebersetzung von Herrn Löb, Hauptlehrer der israelitischen Elementarschule, sei hier als Beleg des Gesagten mitgetheilt; es heißt:

Weinet bitterlich, ihr Engel des Friedens, der Erzväter heiliges
Drei!

Umgürtet mit Säcken Euch, hüllet in tiefe Trauer Euch ein!
Rufet ihn, den erhabenen Erzieher der Nation, rufet Bathjah's
Sohn! in düsterer Wüste überläßt er jedem Unfall sie, die
armen Schafe (Israel), ach! Sanft zwar leitete er ehedem durch
furchtbare Oede sie hin und nun - in die Hand Erbarmungsloser
gefallen! Schwer drücket Gottes Strafe sie, die in königlicher
Tracht einst glänzten. O du Kölns ehrwürdige Gemeinde! Dein
schreckliches Schicksal beuget meine Seele nieder, füllet mit
Trauer sie an. Verführerisch wollte man dom göttlichen Gesetz
uns abwenden, wollte fremden Gottesdienst uns aufdringen.
Der Verdammung Urtheil sprach man aus, doch "Jakob wählte
den einigen Gott sich immer" (Ps. 135). Weinend feuert der
Heiligen Vorsteher sie an;

"Fasset Muth! unsere Seelen erwerben das ewige Leben sich.
Ein Augenblick - und immerwährende Herrlichkeit harret in
höheren Regionen unser." Tief ins Herz drangen die rührenden
Worte, ""heimtückischer, blutdürstiger Tyrann!" riefen sie, und
fielen, dem Ewigen willig geopfert, vom Mordschwert tödtlich
getroffen. Winselnd hingen Säuglinge an der Vaäter Arm,
geweihte Opfer, wie einst auf Morijah dargebracht. Wie
ängstlich bebt das fühlende Mutterherz! Tief verhüllt sie das
von Thränen träufelnde Antlitz, kann ihres Kindes Tod nicht
schauen. Die Barbaren! lebende Frucht rissen sie aus der
Schwangeren Leib; gruben die Unglücklichen lebend in
Felsenhöhlen, gaben, mannigfach gemartert, dem Tode sie hin.
Dies alles erging über uns, doch fielen von Dir, Ewiger, wir
nicht ab. Gerecht bist Du, Deiner göttlichen Lehre handelten wir
zuwider; dem Propheten Jirmejahu gehorchten wir nicht, und
wie er die Zukunft uns deutete, ach! so traf es ein. Und nun, o
Gott! wie lange noch? - Hart sind wir Elende gestraft, dem
Sturm Preis gegeben. Des Weltalls Richter ahnde der
tückischen Feinde Bosheit doch, des Hauses Jistaels, des Volkes
Gottes, das durchs Schwert gefallen. Schwere Seufzer
entwinden sich der beklommenen Brust, "eilet herbei," ihr
weisen Frauen, ihr einsichtsvollen Klageweiber! ,"stimmet ihn

an, den Weinton!" Ach! mehr denn alle Erdbewohner traf das Unglück uns. Von Außen wütgend Schwert, von Innen Todesangst; Saugling. Greis, Jüngling und Jungfrau, entblößten Leibes, hingemetzelt, die verstümmelten Leichen den Thieren Preis gegeben. - Höhnend rufen übermüthige Feinde: ."Wo ist nun Euer Gott, der Felsenschuß, dem bis in den Tod Ihr vertrauet? So erscheine Er doch, stehe Euch bei, verleihe Euern Leichen die Seele wieder!" Allmächtiger, Du, zwar Sündenvergeber, warum schweigst Du, hältst inne, zauderst mit Deinem strafenden Grimme? Spottend ruft man uns zu: "Glaubet Ihr den wahren Gott, so möge Jisraels Haus Er rächen, das feindliches Schwert hinraffte!"·

"In Trauerton verwandelten sich unsere Freudengesänge, statt der Harfe tonet unaufhörlich Klagegeschrei; Niemand tröstet uns, Niemand zeiget Beileid uns, richtet uns empor. Ergossen hat sich über uns des Ewigen Zorn, schwer drückt die göttliche Strafe uns; man richtet uns zu Grunde, vernichtet unsere Großen alle, zermalmet uns. Tiefe Wunden, ach! wurden uns geschlagen; keine Salbe, kein Pulver kann sie heilen. Drum rufe ich: "Weichet hinweg von mir; ich will bitterlich weinen; heißer Thränenstrom riesle die Wange mir herab, Jisraels, des Volkes Gottes wegen, das durchs Schwert gefallen."

Verfasser: Rabbi Joel, der Levit, aus Bonn, Schwiegersohn des Rabbi Eliasar, Sohn des R. Nathan, aus Mainz. R. Eliasar wurde älter als 100 Jahre. Denn er wird schon im Jahre 4905 a. m. als Rabbi angeführt und lebte noch 5007 (1247).]

Erzbischof Hermann II., der Reiche (1089 - 1099) nahm sich der dem Blutbade, das er nicht verhindern konnte, entkommenen Juden an, und vertheilte dieselben in sieben Ortschaften in der Umgegend Kölns, wo sie sicher bis zum vierten Monat d. J. bis im Juli blieben, während in Neuß und Wevelinghoven die Gräuel der Judenverfolgungen fortgesetzt wurden.

Bei Gelegenheit des zweiten Kreuzzuges erneuerten sich die Judenverfolgungen wieder. Einzelne Mordthaten kamen in Köln vor, da der Mönch Rudolph die Christen aufforderte, die Juden zu erschlagen, wenn auch der heilige Bernard von Clairvaux mit der ganzen Wucht seiner Beredsamkeit gegen diese Verfolgungen eiferte, die Juden in seinen Schutz nahm, indem er sich offen dahin aussprach, daß viele Christen, worunter wohl die Cahorsinen, die Italiener, zu verstehen, und getaufte Juden größeren und schändlicheren Zinswucher trieben, als die Juden selbst. Ein großes Aergerniß nahm man aber, und mit Recht daran, daß den Juden von den Kirchenfürsten nicht selten die Heiligthümer, die kostbaren Kirchengefäße verpfändet wurden, und die Juden mit aller ihnen gesetzlich gestatteten Härte und Strenge gegen die schlechten Schuldner verfuhren.

Die Juden Kölns fanden indeß Schutz bei dem Erzbischofe Arnold I. Grafen von Geldern (1138 - 1151), der ihnen 1146, als der Sturm wieder furchtbar loszubrechen drohte, die Veste Wolkenburg im Siebengebirge zum Wohnsitz anwies. Viele Juden hatten Aufnahme in anderen Burgen und Vesten gefunden, wo sie verweilten, bis die Gefahr vorüber. Der Erzbischof hielt sogar strenges Gericht über die, welche sich an dieser Verfolgung der Juden betheiligt hatten. Er ließ einem Menschen, der zwei Juden-Jünglinge am Fuße der Wolkenburg erschlagen, die Augen ausstechen.

Das Geleitsrecht der Juden lag dem Burggrafen Kölns ob, wie uns ein Weisthum vom Jahre 1169 beweis't, wofür ihm die Juden-Gemeinde jährlich um Martini zehn Mark kölnischer Denare und sechs Pfund Pfeffer - im Mittelalter eine gewöhnliche Zollgabe (Pfefferzölle) - entrichten mußten.

Im Jahre 1171 fand in Köln wieder ein kleiner Auflauf gegen die Juden Statt, als ein Lombarde, ein Geldwechsler, zwei Juden durch eine Frau anklagen ließ, falsches Geld ausgegeben zu haben. Wie drohend auch die Gefahr für die gesammte Judenschaft, da schon Sturm geläutet, die Bürger sich schon *versammelt, so scheuchte doch diesmal Geld, womit die Richter gewonnen, den Sturm.*

Durch eine Geldbuße von 500 Gulden an Kaiser Friedrich den Rothbart und 4200 Gulden an den Erzbischof Philipp von Heinsberg, der für dieses Geld einen Theil des großen Mauerberings der Stadt erbauen ließ, wandten die Juden Kölns im Jahre 1180 eine harte Verfolgung von ihrer Gemeinde ab. Man hatte nämlich mehrere kölner Juden, die zu Schiff rheinaufwärts fuhren, angeklagt, bei Boppard ein Christenmädchen ermordet zu haben, und dieselben ertränkt. Der Erzbischof Philipp nahm die Juden Kölns gegen den Pöbel unter seinen Schirm, den sie theuer bezahlen mußten.

Als König Philipp 1186 die Juden aus Frankreich vertrieben hatte, kamen viele der Flüchtlinge nach Köln und fanden hier eine neue Heimat, wo sie in so weit in Frieden lebten, daß sie harte Verfolgungen durch Geschenke von sich abwandten, sich sonst aber jedmögliche Brandschatzungen gefallen lassen mußten. So erbaute Erzbischof Theodor von Heinsberg (1208 - 1216) mit dem von einem Juden erpreßten Gelde das Schloß zu Godesberg, das ursprünglich den Namen "Judenberg" führte.

Hatten auch einzelne Päpste sich der Juden angenommen, wie Calixtus, Eugenius, Alexander, Clemens, Colestin, Innocentius, Honorius und Gregor, so trat aber Innocenz IV. (1243 - 1254) mit Entschiedenheit für die, besonders in Deutschland bedrängten und bedrohten Juden mit einer Bulle an die Erzbischöfe und Bischöfe Deutschlands auf. Der Papst nahm sie in seinen Schutz, erklärte die absurden Beschuldigungen, namentlich, daß sie gemeinschaftlich das Herz eines geschlachteten Kindes verzehrten, für Lüge, und empfahl sie dem besonderen Schutze der Vorsteher der christlichen Kirche.

Auch gewährte er den Juden die Gnade, daß Niemand sie dazu zwingen solle, daß sie Christen wurden wider ihren Willen, daß Niemand sie tödten, noch verwunden solle, oder ihr Gut nehmen sonder Gericht u.s.w. Auch solle Niemand sie zwingen zu ungewöhnlichen Diensten, und Niemand solle todte Juden ausgraben auf ihren Friedhöfen. Papst Gregor X. (1271 - 1276) erneuerte und bestätigte die Bulle seines Vorgängers.

Indessen hatten die Juden Kölns in dem mächtigen Erzbischofe Konrad von Hochstaden (1238 - 1261) einen gewaltigen Schutzherrn gefunden, denn Konrad war ein einsichtsvoller Staatswirth, der sich so viele Geldquellen als möglich zu eröffnen wußte. Und eine der ergiebigsten Geldquellen waren im Mittelalter die Juden. Sie waren sein Lehnsgut, das er vom Reiche empfangen. "Tenet Archiepiscopus Judaeos ab imperio in seudo," heißt es in einer Urkunde vom Jahre 1258. Urkundlich nahm er aber schon 1252 alle in Köln wohnenden Juden, und die nach der Stadt übersiedeln wollten, unter seinen besonderen Schutz. Es wurde zwischen dem Erzbischofe und den Juden vereinbart, daß dieselben auf zwei Jahre ein "servitium" und "tributum" zahlen mußten, nämlich jährlich 25 bis 100 Gulden, die um Johanni und Weihnachten entrichtet wurden, und außerdem ein Aufnahmegeld von 50 bis 100 Gulden. Waren die zwei Jahre verflossen, genoß jeder Jude das Recht der Freizügigkeit, ohne daß man ihn an seinem Vermögen schädigen durfte.

Bloß bei gewissen schweren Verbrechen übte der Erzbischof weltlich Gericht über die Juden, sonst hatten dieselben ihr eigenes Gericht, wie oben schon bemerkt. Nur auf ein Jahr blieb der Juden-Bischof in seinem Amte, dann wurde ein anderer gewählt und bei dieser Wahl dem Erzbischof fünf Mark bezahlt.

Während des Kampfes der Erzbischoöfe gegen die Patricier der Stadt um das Grundherrn-Recht, die Herrschaft, welcher unter den Erzbischofen Konrad und Engelbert, mit kurzen Unterbrechungen, dauerte und zum Vortheile der Stadt endigte, scheinen die Juden auf erzbischöflicher Seite gestanden zu haben, was aus den Privilegien zu schließen, die beide Erzbischöfe denselben bewilligten.

*Erzbischof Engelbert II. von Falkenburg (1261 - 1275)
bestätigte nicht nur die den Juden von Erzbischof Konrad
verliehenen Privilegien, sondern erweiterte dieselben, und ließ
seine Urkunde in zwei Steine hauen, welche, 5 Fuß hoch und 2
1/2 Fuß breit, hoch in die südliche Mauer der Schatzkammer
des Domes noch eingelassen sind. Die Urkunde lautet in der
Uebersetzung:*

*"Wir Engelbert, von Gottes Gnaden Erzbischof der heiligen
kölnischen Kirche, thun allen zu ewigen Tagen kund: da Wir
vernommen haben, daß die Juden, welche in Unserer Diöcese
wohnen, auf eine ungerechte Weise behandelt werden und
viele Unbilden zu erdulden haben, so wollen Wir und befehlen,
daß denselben ihre vorigen Freiheiten, die unten näher
bezeichnet, und welche denselben mit Gutheißung und
Genehmigung des Domcapitels und Unserer Vorfahren, so wie
durch Beirath Unserer Getreuen verliehen waren, wieder
zuerkannt werden sollen; und zwar sollen die Freiheiten der
Juden darin so fortbestehen, daß es ihnen erlaubt wird, die
Leichen ihrer Juden, gleichviel von welch einem Ort sie
hergebracht werden, auf ihren außerhalb der Kirche gelegenen
Kirchhof, frei und ungehindert zu begraben, ohne daß von den
Leichen auch nur die mindeste Zollabgabe darf verlangt oder
erpreßt werden, sie mögen in ihrem Leben ein Verbrechen,
welches es auch sein mag, begangen haben. Jedoch sind die
Leichen der Juden von dieser Freiheit ausgenommen, welche
nach einem ausgesprochenen Kirchenbanne der Juden starben,
oder welche durch ein gerechtes Urtheil hingerichtet wurden;
auch wollen Wir, daß kein Beamter oder Richter Unseres
Erzbisthums, wer es auch sei, weder auf gemeldetem Kirchhof,
noch an einem demselben benachbarten Orte, ein Todesurtheil
weder an dem Leibe eines Christen, noch auch eines Juden darf
vollziehen lassen, damit der Würde und Ehre der Juden selbst
und ihres Kirchhofs nicht zu nahe getreten werde; auch soll ein
jeder Jude, wer es auch sei, und von wannen er auch in das
Gebiet des Erzbisthums komme, von seinem eigenen Körper
und seinen Gütern Zoll und Wegegeld bezahlen, wozu jedoch
der Christ mit seinen Gütern, und andere nicht verbunden sind.
Auch soll es jedem Cawarschen (Wucherer) oder Christen,*

welche öffentlich Wucher treiben, schlechthin untersagt sein, in der Stadt Köln sich niederzulassen, indem hierdurch den Juden ein Nachtheil erwächs't; und da die Juden selbst bei dergleichen Freiheiten zu schützen sind, so haben Wir befohlen, daß diese Freiheiten in gegenwärtigen Steinen eingegraben, und zum ewigen Gedächtniß öffentlich und Jedem zur Schau eingemauert werden sollen.

[Die Cawarschen, latein. caversini, coarsini u.s.w. auch wohl schlechtweg Lombarden genannt, daher in Köln das Leihhaus noch "Lombard" heißt, trieben Geldgeschäfte, liehen auf Pfänder und nahmen 20 ja 40 vom Hundert.

Sie fanden Mittel, bei Geistlichen und Stadtbehörden die Duldung ihres Geschäftes zu erlangen. Vergl. Hüllmann Städtewesen. Thl. II. S. 17.]

"Also geschehen im Jahre des Herrn 1266."

Die Erzbischöfe mochten die Juden oft nöthig haben; sie schafften Geld und auch, wie seit den ersten Jahrhunderten des Christenthums, die kostbaren Stoffe aus dem Orient und aus Spanien zu Kirchengewändern. Der Rath der Stadt begünstigte dieselben nicht minder, da sie bei dem immer ausgedehnteren Handelsverkehr der kölner Kaufherren unentbehrlich, ausgedehnter Geldgeschäfte wegen. Denn die kölner Kaufherren führten um diese Zeit schon ihre Waaren bis hinaus nach Konstantinopel und selbst bis ins azow'sche Meer. Ein stehender Handelsartikel auf den Märkten des Ostens waren die kölner Tücher, mit denen von Aachen, Eupen und Bourscheid im levantinischen Handel als "lateinische Tücher" bezeichnet. Der "Kölner Wein", die allgemeine Bezeichnung der Rheinweine, ging nach dem nördlichen Deutschland und selbst nach England, wo Heinrich II. (1154 - 1189) den Kölnern schon beim Antritt seiner Regierung das Privilegium gab, auf allen Märkten mit Wein zu handeln, was Richard Löwenherz bestätigte, und dessen Bruder Johann ohne Land dahin ausdehnte, daß der Kölner Schiffe frei von allen Ein- und

Ausfuhrzöllen. Dieselben Freiheiten hatten die Kölner seit 1251 im ganzen Gelderer Lande und in Flandern, wohin sie Wolle, Wachs, Werg, Kupfer, Blei, Zinn, Stahl, Eisenwaaren, Korn, Wein, wollene Tücher, Häute aller Art, Hasenfelle, Leder, Schuhe, Pfeile, Schwerter, Schilde, Gummi, Asche, Pech, Theer, Oel, Thran, Queckilber, Kalk, Holz, Korkholz, Fischangeln, Glasringe, kölnische Kisten mit eisernen Beschlägen, Töpfe, Glocken, Erbsen, Bohnen, Wicken, Salz, Butter, Käse, Gewürz, Feigen, Rosinen, Honig, Bier u.s.w. einführten. Nicht unbedeutender war der kölner Handel nach Dänemark, Schweden, Norwegen und selbst nach Rußland mit den Erzeugnissen ihres Gewerbfleißes, ihres Landes und des Südens und Ostens, wofür sie besonders Fische, Hanf, Fett und Pelzwaaren aller Gattungen eintauschten. Dieser Handelsverkehr hob sich immer mehr, seit Köln Mitglied der großen deutschen Hansa.

Erzbischof Konrad gab der Stadt 1259 urkundlich die Bestätigung des Stapelrechts, das sie übrigens seit undenklichen Zeiten schon geübt hatte.

Karl IV. bestätigte durch die goldene Bulle den Kölnern das Stapelrecht, wie auch Friedrich IV. bei seiner Anwesenheit in Köln und Maximilian I., als er 1505 hier auf dem Gürzenich einen Reichstag hielt.

Fehlte es auch nicht an Erpressungen und Bedrückungen gegen die Juden, gingen die Könige, Bischöfe und Städte in der Besteuerung derselben mit der größten Willkür und Ungerechtigleit zu Werke, wenn sie Geld bedurften, so befiehlt noch Kaiser Konrad IV. 1243 und 1247 seinem Burggrafen Gerhard in Sinzig, von den dortigen Juden 50 Mark zu erpressen und, wenn es nöthig, durch Gefangenhaltung, und 100 Mark von einem ohne allen Grund gefänglich eingezogenen Juden; kommt es auch nicht selten vor, daß Kaiser und Fürsten, Erzbischöfe und Bischöfe ganze Districte, Städte, einzelne Klöster und Personen durch einen Machtspruch aller Verbindlichkeiten, aller Schulden, die jene gegen Juden haben, frei sprechen; sind auch die Ungerechtigkeiten, die

Gewaltthaten, welche sich Philipp August, Philipp der Schöne, Richard Lowenherz, Johann, Heinrich III., Eduard I. von England, Kaiser Wenzel gegen die Juden zu Schulden kommen ließen, bekannt, so ertrugen die Juden dies alles mit der größten Resignation, weil ihr Aufenthalt in den Städten, und besonders in einer so mächtigen Handelsstadt wie Köln für ihre Geschaftsthätigkeit eine Lebensfrage, weil sie es verstanden, sich zu entschädigen, das ihnen Abgenöthigte durch ihren Geldhandel wieder doppelt zu verdienen. Wie oft auch blutig verfolgt, ausgeplündert, vertrieben, immer sehen wir sie bald nach solchen scheinbar vernichtenden Stürmen wieder mit frischer Kraft handelsthätig auftreten. Die eisenzäheste Beharrlichkeit ist stets ein Hauptzug ihres Charakters gewesen, und zu allen Zeiten die Grundursache des Gedeihens ihrer Geschäfte. Der Jude besitzt die hohe Kraft des Wollens, und wer will, der kann.

Auch in Köln waren im dreizehnten Jahrhunderte Juden die angesehensten Aerzte. Erschienen die jüdischen Aerzte auch in anderen Städten, wie in Basel, in rother Kleidung, so war ihnen dies in Köln nicht gestattet, weil die Burgermeister eine roth und schwarz getheilte Schaube oder Oberkleid trugen, und der Scharlach die Auszeichnung des Geschlechtes der Overstolzen war. Ihre Kleidung war der schwarze Talar, doch mußten sie zur Auszeichnung auf der linken Schulter einen erhabenen gelben Ring tragen und einen gelben Spitzhut, das Judenhütlein. Auf den historisch so merkwurdigen Temperabildern, die Geschichte der heiligen Jungfrau und der Ueberbringung der heiligen Dreikönige darstellend, mit denen im vierzehnten Jahrhunderte schon die Chorwände des kölner Domes geschmückt, kommen die Juden in den Spitzhuten vor, wie wir dies auch auf Gemälden des fünfzehnten und sechzehnten Jahrhunderts noch finden.

Wir haben unter den uralten Patricierfamilien ein Geschlecht der "Juden", das auch drei Judenhüte im Wappen führte. Ob dies Geschlecht der Juden von Israeliten stammte, ist nicht zu ermitteln. Die Geistlichen hielten aller Orte, wo sich Juden niedergelassen und geduldet waren, am meisten darauf, daß

dieselben nie ohne die erwähnte Auszeichnung erschienen,
denn auch sie trugen schwarze Talare, denn auch sie hatten im
dreizehnten und vierzehnten Jahrhunderte, gewisse Orden
ausgenommen, noch nicht des Mannes Zierde und Würde, den
langen Bart, abgelegt.

Rudolph I. bestätigte 1275 die oben angeführten Bullen der
Päpste Innocenz und Gregor X. Der Inhalt seiner Urkunde wird
in deren Ueberschrift: "Rudolphus Rex Romanorum Confirmeret
sodane Freiheit, allso Gregorius und Innocentius den Juden
gegeven hand, ind dat uyet waer en sy, dat einige Kristen
sagen, dat de Juden von eynem Herze eyns doden Kinds
kommunecere up eren Paschen Dach", hinreichend angedeutet.
Der Kaiser nimmt die Juden und ihre Habe unter seinen
besonderen Schutz und bestätigt ihre Gewohnheiten und
Rechte an allen Orten, wo sie seßhaft, mit der Bestimmung,
daß man nicht diese zu verringern bedacht sein solle.

Starb ein Jude in Köln ohne Leibeserben, fiel sein Vermögen
dem Kaiser zu, war der Erzbischof nicht mit den Juden belehnt.

Mit jedem Tage wurden die Juden geldreicher und daher auch
machtiger in Köln. Sie waren die Erbeigenthümer der meisten
Häuser am Rathhausplatze, in der Judengasse,
Obenmarspforten, unter Goldschmidt und in der kleinen
Botengasse, wo sich noch 1322, 1333 und 1335 verschiedene
fremde Judenfamilien mit Genehmigung des Raths ankauften,
wofür sie jährlich 6 Soliden zu entrichten hatten, und zwar die
Hälfte an die Pfarrkirche des heil. Laurentius. Um diese Zeit war
der Juden-Bischof, Isaak von Ahrweiler, ein geldmächtiger
Mann, dem die Stadt den Zoll am Bayenthurme für 1000
Imperialen verpfändet hatte, und dem sie beim Baue seines
Hauses, des jetzt niedergerissenen Plasman'schen, am
Stadthause mehrere Servituten überließ für geleistete Dienste.

Das Viertel, wo sie ihre Wohnsitze hatten, war aber an der
Botengasse, Martporzen und an der engen Gasse
(wahrscheinlich die Judengasse) mit Thoren abgesperrt, die

kleinere Thörchen, Schlupfpforten, hatten, durch die man
jedoch auch reiten konnte. Abends wurden diese Thore
geschlossen. "Jnd sal man de portzen ind durchgyn alle aventz
ausliessen un morgens up." Die Stadt-Boten hatten die
Schlüssel zu den Thoren, jedoch auch der Juden-Bischof oder
sein Stellvertreter.

Als Bürger wurden die Juden betrachtet und ihnen vom Rathe
alle zehn Jahre ihre Privilegien förmlich erneuert. Sie durften
jedoch keine christlichen Dienstboten halten, und die Christen,
die sich Juden als Dienstboten verdingten, sollten mit dem
Bann belegt werden. Die Bestimmungen der Concilien aus den
ältesten Zeiten, daß die Juden keinem christlichen Kirchenfeste
beiwohnen, nicht mit den Christen essen und tanzen, daß sie
die öffentlichen Bäder nicht benutzen durften, wurden noch
streng gehandhabt.

Uebertrat ein Jude die Gesetze, wurde er entweder körperlich
oder an Geld gebüßt. War doch in der Frankenzeit sogar eine
jede Unehrerbietigkeit eines Juden gegen einen Priester mit
dem Tode bestraft worden. Diese gesetzlichen Bestimmungen
gaben leicht, wie man wohl denken kann, Veranlassung zu
allen moglichen Plackereien, Bedrückungen und Erpressungen.

In ganz Deutschland war ihnen seit undenklichen Zeiten ein
Reinigungseid vorgeschrieben, den sie in Beisein des Richters
und des Eidfordernden in der Synagoge barfuß, die rechte
Hand auf das Buch der Leviten gelegt, einem Cleriker
nachsprechen mußten, und der im Altkölnischen lautet:

"Deser anspraichen der dich dis man off vrauwe anspricht off
zyet der bistu unschuldich dat der got also help die de erde
geschaff ind den himell up hoyff, off du hais unrecht dat du
also gedyes as Sodoma ind Gomorra deide, osf du hais unrecht
dat du gewandelt werdetæ in eynen salzsuyll also Lotz wijff
dede de sy van Sodoma gienk, off du unrecht haves, dat dich
deselve veste ind anghee die volz bestaynd ind Hileseus
Knecht, off du unrecht hais dat dyn saem nimmer gemengt

enwerde zo anderem, off du unrecht hais dat de erde dich verslynde, also as se dede Dathon ind Abyron, off du unrecht hais dat dyne erde nimmer gemengt enwerde zo anderer erden. Off du unrecht hais dat dyn sele verwyst werde in dat nederste duyterniss da geyne erloesungen en is dan de ewige verdoempniss. Desen eydt den du hie gesworen hais desem manne off deser vrauwen die is gereicht, dat dir got also help ind quinque libri moysi, du bidtz den got die is ind umber sin sall sonder ende, dat hee dir also helpe zo dyme besten ende, as do desem mynssehen reicht gesworen hais. amen. "

Der Cleriker, welcher den Eid abnahm, erhielt für seine Mühewaltung ein talentum piperis, oder den Preis von einem Pfunde quod dieitur "hellesmoieh". Das Wort hellesmoieh weiß ich nicht etymologisch zu erklären.

[Im Schwabenrechte wird der Judeneid in folgender Form vorgeschrieben, wie J. M. Jost denselben Bd. VII., S. 250 mittheilt:

Es soll der Jude, der einen Eid leisten muß, auf einer Schweinshaut stehen und seine rechte Hand auf die fünf Bücher Moses legen und nachfolgende Eidesformel nachsprechen: "Ich schwör, daß ich diejenige Sach, so jener von mir begehrt und verlangt, nicht habe noch besitze, auch nicht wisse, wo selbige befindlich, noch sie jemals in meiner Gewalt gehabt, auch meine Knechte selbige weder unter die Erden, noch in eine Mauer oder sonsten wo verborgen, also soll mir Gott helfen, der die Himmel und die Erden, Berg und Thal, Baum und Gras geschaffen, also helfe mir auch das Gesetze, so Gott mit seinen Fingern geschrieben und es Herrn Moyse gegeben. Fahls ich aber falsch schwere, so wünsche ich, daß ich mit meinem eigenen Koth und Unrath verwüstet, überschüttet und besudelt werde, wie es dem Könige in Babylon widerfahren, und daß ein Schwefel oder Pechregen über meinem Rocke herabfließe, wie über Sodom und Gomorra, daß dasjenige Pech, dadurch in Babylon 200 und mehrere umkamen, auch über mich geschüttet werde, auch die Erde unter mir sich aufthue und mich verschlinge, wie Dathan und

Abirom, und daß ferner mein Leib, der aus Erden und Asche besteht, mit andern der gleichen Leibern nicht in Abraham's Schoß vereinigt werde, wenn ich die Wahrheit nicht rede. Auch ist ausdruckerliche Meinung, wenn ich unwahrhafte Sachen vorgebe, Adonay, das ist, Gott, selbst mir nicht mehr helfen wolle, und ich einen Aussatz bekomme, wie Naamann und Gehase, und daß die böse Plage, so die Israeliten in der Wüste betroffen, auch an mich komme, ja, daß derjenige Fluch, den meine Mitbruder, als sie Jesum gekreuziget und getödtet, durch ihre Verwünschung, sein Blut sei auf uns und unseren Kindern, sich zugezogen, nicht nur auf mir bleibe, sondern sich noch mehr an mir vermehre, das helfe mir Gott, der Moyse in einem brennenden aber unverbronnenen Busch erschienen, als alles wahr." - Die Schweinshaut, fügt Jost hinzu, war ein Schreckmittel, das man für sehr wirksam gehalten haben muß denn sie ward in anderen Ländern zu demselben Zweck empfohlen.]

Der stets wachsende Wohlstand und Reichthum der Juden in Köln machte Manchen nach ihren Schätzen lüstern, und wohl mochte mancher Edle, mancher Patricier am Anfange des vierzehnten Jahrhunderts seine ganze Habe den Juden verpfändet haben und unter dem Drucke schwerer Zinsen seufzen.

Als daher um das Jahr 1310 in Brabant eine Judenverfolgung ausbrach, bei der sich die schon geschilderten Gräuel wiederholten, wenn der Herzog von Brabant dieselben auch noch so blutig ahndete, entstanden ebenfalls in Köln wieder Zusammenrottungen gegen die Juden. Viele wurden am Leben und an ihrer Habe geschädigt. Doch war dies nur eine rasch vorüberziehende Sturmwolke, wie schon aus den oben angeführten Daten hervorgeht. Urkundlich steht es aber fest, daß Erzbischof Heinrich II. von Virnenburg (1304 - 1332) im Jahre 1321, in Verbindung mit dem Senate der Stadt Köln, die Juden auf zehn Jahre in seinen Schutz und Schirm nahm.

Das älteste Eidbuch unseres Archivs, 1320 beginnend, enthält eine Reihe Urkunden, welche der Juden Gerechtsame

bestätigen, und Aufnahme von fremden Juden, so 1321 eines
Salmann, 1324 eines Sampson van Lympurch. In letztem Jahre
beurkundet der Rath, daß er gegen 1600 Mark köln. Pagements
die Juden nicht mehr beschweren will, "so en sulen", heißt es in
der Urkunde, "wir dey juden neit mer beschweren noch
neyman gestaden eynich leit dun an irme live oyfne an irme
gude." Im Jahre 1328 finden wir einen Goitschalkle als der
Juden Bischof. Er war in Streit mit der Bürgerschaft gerathen,
weil er ein Haus gebaut "do steit bi deme schoilhove intgein
den burg (en) hus", also der Bau zwischen der Synagoge und
dem Portalsgäßchen, wo jetzt das Aichamt, dem Eingange des
Rathhauses gegenüber. Der Rath erlaubt ihnen "den bu sullen
volvuren zu alle irme nutze vrediglichen inde genant sunder
hindernisse." Eine andere Urkunde spricht sie frei von allen
Anschuldigungen. "Gotschalk inde Gotsehalke syn neve inde
vrunt, inde ire mage (Verwandten), inde ire gesinde." Im Jahre
vorher, 1327, hatten Bürgermeister und Rath der gesammten
Gemeinde ihren Schutz erneut, da dieselbe hart bedroht
gewesen zu sein scheint, indem die Urkunde sagt: "Want alle
Juden ain genugtigt sint inde man manighande lude vint de mit
arglust deukent wie sy in eren lyf inde ir gut antasten inde
nemen, her umbe so gunne wir des der gemeinen Juden van
Kolne de in unser stat wonneigtich" u.s.w.

Bei der Fundamentirung des an die Raths-Capelle stoßenden
Hauses Oben-Marspforten fand man einen hebraischen
Leichenstein, dessen Inschrift bekundet, daß dort ein Rabbi
heimlich begraben. Die Bruchstücke dieses Leichensteines
befinden sich im Wallrafianum.

Als die Juden 1326 dem Erzbischofe 8000 Mark hergaben, um
das Schloß Aspeln, die Städte Kempen, Xanten, Rees
einzulösen, die er während der Wirren wegen der Doppel-
Königswahl Ludwig's des Baiern und Friedrich's von
Oesterreich, den Heinrich gewählt und in Bonn gekrönt hatte,
verpfänden mußte, erhielten sie den Schutzbrief auf neue zehn
Jahre verlängert. Sie mußten außerdem für den Schutz und die
Bewahrung vor jeder Unbill, Mißhandlung oder Gewalt jährlich
70 Mark dem Erzbischof zahlen, waren dafür aber von allen

Leistungen und anderen Abgaben befreit. So brauchten sie keine Zölle von den Leichen ihrer Angehörigen oder ihren Gütern und Waaren zu zahlen und konnten wegen Forderungen nur vor ihren zeitlichen Richter und die Aeltesten in der Synagoge, der Judenschule geladen werden, dessen Urtheil entscheidend, für Jeden rechtskräftig war. Die jüdischen Lehrer durften in der Synagoge ungehindert alles lehren, was zum mosaischen Gesetze, ihrem Ritus und ihren Gebräuchen in irgend einer Beziehung stand. Der Erzbischof bestätigte den Juden alle von Päpsten, Kaisern und Erzbischöfen erhaltenen Privilegien und versprach feierlich, sie bei ihren alten Gewohnheiten zu belassen.

Als Erzbischof Heinrich II. schon 1332 gestorben, erneuerte sein Nachfolger Walram von Jülich (1332 -1349) die Privilegien der Juden, und bestätigte dieselben, als die zehn Jahre abgelaufen, auf weitere sieben Jahre, die mit dem Jahre 1347 zu Ende gingen.

Um diese Zeit traf eine furchtbare Geißel Deutschland, Angst und Verzweiflung aussäend in Städte und Dörfer; es brach die Pest unter dem Namen des schwarzen Todes über das Land herein und forderte bis zum Jahre 1350 unzählige Opfer unter allen Ständen, weder arm noch reich verschonend. Wer trug, nach dem abergläubischen Wahne der düsteren Zeit, die Schuld der Seuche? Die Juden. Zuerst wurde diese Beschuldigung in der Schweiz laut, und Weh und Jammer brach ein über die Unglücklichen.

Ansteckend war die fanatische Wuth, welche in dem Wohlstande, dem Reichthume der Juden die größte Nahrung fand, und sich verheerend und vernichtend über die Städte des Elsaß und des Oberrheines wälzte, mit gleicher Grausamkeit in Meißen und Thüringen und überhaupt in allen Städten Deutschlands, wo nur Juden seßhaft, gegen die Unglücklichen wüthend, nur immer mehr aufgehetzt und entflammt durch die das Land durchziehenden Geißelbrüder.

Glauben wir unserer Chronik, so verbrannten sich 1349 die
Juden Kölns in ihren Häusern sammt ihrer Habe, um dem
schrecklichen Schicksale zu entgehen, das sie bedrohte. Die
Chronik sagt S. 263: Anno dmi MCCCXLIX.

"In dem wurß jair up sent Bartholomeus Dach (24. August)
verbrannten sich die Juden selffs tzo Coelen in yren huyseren.
ind man brant sy auch over all want sy die wasser und puytz
venynt (vergiftet) hadden, und hadden dat bestult durch die
Christenheit, so wurden sy do man idt wijss wort verstoert,
verdrevven und verjaget uyss Coellen in vigilia Bartholomei."

So die Chronik. Auffallend, daß wir über diese gewiß äußerst
wichtige Thatsache bei dem angeführten Rabbi Joseph, auch
bei sonst keinem Geschichtschreiber der Zeit, Näheres finden.

Nach einer jüdischen Erzählung hatte diese Verfolgung ihren
Grund in einem Liebesverhältnisse eines Patricier-Junkers zu
einer Jüdin. Die Angehörigen des jungen Patriciers wiegelten
mit den gewöhnlichen Beschuldigungen gegen die Juden die
Volksmassen auf, und die Juden zogen einen freiwilligen Tod
den Martern der Verfolgung vor.

Nach einer anderen Erzählung hätten die Juden den Entschluß
gefaßt, sich, um der drohenden Gefahr zu entgehen, mit den
Ihrigen dem Feuertode zu weihen. Dieser Entschluß sei dem
Rathe zu Ohren gekommen und derselbe habe sofort
beschlossen, sie sammt ihrer Habe der Stadt zu verweisen, was
auch sogleich in Vollzug gesetzt worden. Die Juden besaßen,
als sie 1349 Köln verließen, 29 Wohnhäuser und 28 Solstätten,
das heißt ungetheilte Güter, die alle belegen im Pfarrsprengel
des heiligen Laurentius.

Daß sie in ihrer Verzweiflung den Entschluß gefaßt, sich durch
freiwilligen Feuertod den Verfolgungen zu entziehen, und
denselben auch ausführten, geht aber hervor aus einer
Urkunde des Markgrafen Wilhelm von Güllich, ausgestellt Anno
1356 sabbato post. assumpt. b. Mariae, "darinnen er renuntiirt

auf alle zu der Stadt habenden Ansprach von sothaner
Geschichte, als die Judden zu Cöln selbsten brannten."

Die mehr als blutige Verfolgung der Juden im Jahre 1349
unterliegt keinem Zweifel. Im ganzen Erzstift, in Städten und
Dörfern und im offenen Lande wurden sie von dem, durch die
Schrecken der Pest nur um so mehr fanatisirten Volke durch
Mord und Feuer verfolgt, und so auch in Köln. Erzbischof
Wilhelm von Genep (1349 - 1363) beansprucht im Jahre 1350
"alle dat gut, id sey an gereyden gut, off an Erve, oss an
varender have, dat dieselve Juden zo Coellne gelassen haint, id
sei sunden off dat man noch finden mag", also die
Nachlassenschaft der in Köln unter seinem Vorfahren Erzbischof
Walram erschlagenen und verbrannten Juden, verbrand
gewoest, heißt es in der Forderung, als der Nachlassenschaft
ihm zum Lehen gegebener Leute. In einer 1352 hierüber von
dem Domprobste Wilhelm von der Schleyden ausgestellten
Urkunde heißt es: "sint die Juden sin waren, of alsulch erve ind
guet, as si gelassen haint, sulle yet mit reicht sin sinen, want
he sy vam riche zu lene helt u.s.w."

Kaiser Karl IV., wie seine Vorgänger, betrachtete die Juden des
Reichs als "Fahrendes Gut", das sie nach Willkür verschenken,
verkaufen und verpfänden konnten, wie Karl dies 1349 für
16,200 Pfund Heller an die Stadt Frankfurt that. Juden-
Verpfändungen kommen in allen Reichsstädten vor. Sie standen
übrigens unter dem Schutze des Kaisers und in dessen
Abwesenheit unter dem des Erzbischofs von Mainz, dessen
Recht und Pflicht der Schutz der Juden. Mit der goldenen Bulle
1356 erhielten die Kurfürsten das Besitzrecht der Juden von
Karl IV. bestätigt, wie sich dasselbe auch einzelne Städte für
Geld vom Kaiser erwarben, der, wie gesagt, die Juden als einen
völligen Handelsartikel betrachtete und behandelte. Sie waren
ihm, wie auch den Kurfürsten und Städten, eine nie
versiegende Geldquelle.

Da gab es Schutzgelder zu entrichten, Gewerbesteuer,
gewöhnlich den zehnten Theil von Gewinn,
Huldigungsgebühren, welche die Juden an den Hofstaat

*zahlten, befand er sich an dem Orte ihres Aufenthaltes oder in
seiner Nähe, und wobei sie noch Bettsteuer, Küchensteuer und
Pergamentsteuer zu zahlen hatten. Sie mußten nämlich die
Betten für die Hofbeamten, die Kessel für die kaiserliche Küche
und das Pergament für die kaiserliche Kanzlei liefern, und
jedem unmittelbaren Beamten fünf Gulden zahlen, was jedoch
nur einmal im Jahre gefordert werden durfte. Hieher gehört
auch die Kron- oder Krönungssteuer. Die Kaiser erlaubten sich
bei solchen Gelegenheiten auch wohl eines gnädigen Spaßes
gegen die Juden. So wird von Kaiser Maximilian I. erzählt, daß
er die Juden, welche ihm zu seiner Krönung in Aachen 1493
einen goldenen Korb mit goldenen Eiern verehrt, habe in
Verwahrsam nehmen und wohl halten lassen. Als diese darob
erschraken und nach der Ursache ihrer Haft fragten, ließ der
Kaiser ihnen den Bescheid geben: "Hühner, die so kostbare Eier
legten, müsse man nicht sogleich fliegen lassen, sage doch das
Sprüchwort: Fleißige Hennen soll man einhalten und wohl
halten." Der Kaiser gab den Geängstigten aber bald die
Freiheit.*

*Als Reichs-Kanzler und Beschützer der Reichs-Judenschaft
erhielt der Erzbischof von Mainz ein Zehntel der gesammten
Judensteuer des Reiches, wofür er sich aber gewöhnlich ein
Bestimmtes aus dem Staatsschatze entrichten ließ.*

*Schon im Jahre 1372 kehrten die Inden wieder nach Köln
zurück. Erzbischof Friedrich von Saarwerden (1370 - 1414)
ertheilte den neuaufgenommenen Juden auf zehn Jahren
dieselben Privilegien, die sie von seinen Vorgängern gehabt,
Schutz ihrer Person, ihrer Habe und ihrer Begräbnißstätte.*

*Sie erhielten die Erlaubniß, ihre Synagoge wieder aufzubauen,
einen Rabbi, einen Synagogen-Hüter und einen Fleischer zu
halten, welche aber keinen Handel treiben durften. Für diese
Privilegien zahlten sie dem Erzbischofe jährlich 70 Mark.
Außerdem mußten die fünfzehn Familien, die wieder Aufnahme
fanden, der Stadt, nach ihrer Stärke, 200, 300, ja, 500 Gulden
Aufnahmegeld entrichten, und jährlich für jedwede Familie 100
Gulden Schutzgeld.*

Durch Urkunde erklärte der Gräf, die Schöffen, Senat und
Bürger 1373, daß sie, auf besondere Bitte des Erzbischofs
Friedrich, die Inden mit Leib und Gut unter Schutz und Hut auf
zehn Jahre von St. Remigiustag 1372 als "Sammtbürger"
aufgenommen hätten, ihnen Schirm und Schutz gleich den
anderen Bürgern zusagten. Das Recht, ihre Streitigkeiten vor
ihrem Bischofe in der Synagoge zu schlichten, ward, nach altem
Herkommen, bestätigt, auch ward ihnen Schutz zuerkannt
gegen jeden, der ihnen Geld abzwingen wollte. Sie durften
dagegen den Bürgern von Köln die Mark Geldes nicht höher
leihen, als zu einem Pfennig die Woche, auf nasse und blutige
Pfänder und Kirchenkleinoden durften sie kein Geld leihen.
Pfänder, welche nach Jahr und Tag bei der üblichen
Aufkündigung nicht gelös't, durften sie verkaufen.

Ohne Juden war kein Handel denkbar. Sie schafften das Geld.
Aus dem Jahre 1376 besitzen wir eine Urkunde, in welcher die
gemeynde der Jnotschas "in alle den rechte guder al der
gewoenden ind vryheiden di yn van peessten, van Kayseren,
roempsehen Koeninge und ertzenb. von Coellen ind van uns
gegeven" vom Rathe bestätigt wird.

Vertreibungen einzelner Juden kamen vor, wenn sie sich irgend
etwas gegen der Stadt Recht und Gesetz zu Schulden kommen
ließen. So wurde noch 1376 ein Jude Abraham auf ewige Zeiten
der Stadt verwiesen, nachdem er einer Missethat überführt, die
in der Urkunde aber nicht näher angegeben ist. Es heißt in dem
Beschlusse des Rathes: "dat de vurgemeynde Abraham in der
Steede huede noch in der steede sehirme vortme nit sein en sal
noeh nummerme darin kommen sal." Dieselbe Strafe ward über
Christen und Juden verhängt, die demselben in irgend einer
Weise beistanden oder Vorschub leisteten. That dies ein
Mitglied des Rathes, mußte derselbe 100 Mark Kölnisch zahlen
und durfte nie mehr in den Rath kommen: "inde sal oyeh
nimmerme vort in den rait kommen."

Bei Kriegsläuften hatten die Juden keine Kriegslasten zu tragen,
waren sie zu keinen Geld-Leistungen verpflichtet; hatten

jedoch, wurde die Stadt belagert, ein Stadtthor zu bewachen
und zu vertheidigen.

Unter dem sicheren Schutze der Stadt blühte ihr Gewerbe,
vermehrte sich ihre Gemeinde, denn, nachdem 1384 ihre
Privilegien neu bestätigt, wurden noch 56 Familien
aufgenommen. Nach der Chronik wurden sie 1399 nochmal der
Stadt verwiesen, aber 1404 wieder aufgenommen, und zwar
um 47 Fanilien stärker, denn früher.

Erzbischof Theodorich II. von Meurs (1414 - 1463), einer der
kräftigsten und thätigsten Prälaten, welche das Erzbisthum Köln
besessen, veranlaßte 1423 die Juden Kölns, welche ihm zu
Lehen standen, der Stadt die Schirmgelder zu verweigern.
Kaiser Sigismund hatte 1417 der "gemeine Judenschafft der
Edler Statt zu Cölne unser und des Reichs Kammerkneeht" die
ihnen vom Erzbischof Theodorich II. gegebenen Privilegien
bestätigt. Da aber der Rath der Stadt, trotz der erzbischöflichen
Privilegien, die Judenschaft hart bedrückte, die Schirmgelder
heischte, so wandte sich der Erzbischof klagend an den Kaiser,
und dieser erließ 1424 eine Klage gegen den Rath, in welcher
es unter Anderem heißt: "und nemblich mit der Judenschafft
binnen Cöllen gross gewalt, und unreeht mannigfalttglichen
begangen" und derselbe aufgefordert wird, den Juden ihre
herkömmlichen Rechte zu lassen, geschehe dies nicht in vierzig
Tagen nach Empfang des Briefes, sämmtlich vor dem Kaiser in
Person zur Verantwortung zu erscheinen. Kommen sie nicht,
"so wolten wir dem vorgenandten unserm lieven Neven recht
gegen Euch lassen gehen, als recht ist." Der koölner Rath
kümmerte sich wenig um des Kaisers Drohung. Rasch hatte der
Rath seinen Entschluß gefaßt, künftig keine Juden mehr in den
Ringmauern Kölns aufzunehmen und die bisher gegen Erlegung
von Schutzgeldern in der Stadt geduldeten Familien sammt und
sonders zu vertreiben. Den zweiundzwanzig Zunften oder
Gaffeln wurde dieser Beschluß vorgelegt, und die vierundvierzig
Gaffelfreunde gaben, als Vertreter der Zünfte, am Tage des
heiligen Bartholomaäus, aus wichtigen Beweggründen, die aber
nicht speciel angegeben sind, ihre Zustimmung, die Juden zu
verweisen.

In dem hierüber aufgenommenen Rathsprotocolle heißt es:
"Wir Burgmeister ind Rait der Stat van Coelne doin kunt allen
luden. Also as wir mit allen Raeden ind den vier ind vierzigen
eyndrechtligen verdragen sijn, der Juetschaff bynnen unser
Stat gesessen achter yrre Stedicheit, die sy noch van uns
besegelt haint ind uyss gain sall, sent Remeys missen next
komende over eyn Jair nyet langer zo undhalden dureh groisser
treflicher sachen wille die uns darzo beweigent." Weiterer
Grund und Ursache der Verweisung wird nicht angegeben. Herr
Johann Hirtze, pastoir sent mertyne, Johann van Heymbach,
Burgmeister, Johann Buschoff, Johann Lewenstein, Johann
Juede u.s.w. werden mit Ausführung des Beschlusses
beauftragt, und der Bürgermeister und Rath verpflichtet sich,
dieselben zu schützen, zu entschädigen, sollten sie deswegen in
Ungelegenheit kommen. "Daran", sagt das Protocoll, "soilen ind
willen wir ind unse naekoemlinge sij ind yre erven
verantwerden, uitheyven ind sehadelos halden up unser Steide
rest arbeit wo des noit geburt. Sunder arglist."

Erst mit St.Bartholomäi-Tag 1424 liefen die den Juden 1414
neu bewilligten zehn Jahre des Aufenthaltsrechts ab, und an
diesem Tage wurde der Beschluß der von dem Rathe ernannten
Commission in Vollzug gesetzt.

An menschliche Schonung oder Rücksichten war da nicht zu
denken. Alle Juden wurden mit der rohesten Grausamkeit vom
Pöbel verhöhnt und verpottet, von Haus und Hof aus der Stadt
vertrieben. Viele fanden eine neue Heimstätte in Bonn, andere
in Deutz.

Am 8. September desselben Jahres wurde ihre Synagoge zu
Ehren der heiligen Jungfrau geweiht, dem katholischen
Gottesdienste übergeben. Da hier der Rath, ehe er seine
Sitzungen eröffnete, einer Messe beiwohnte, erhielt die Capelle
den Namen "Rathscapelle", unter welchem sie noch bekannt
ist.

*Auf immerdar waren die Juden jetzt aus Köln vertrieben. In den
Städten, in denen sie Aufnahme gefunden hatten, trieben sie
gegen Erlegung der Schutzgelder ungestört ihre Geschäfte, bis
zu Anfang des sechszehnten Jahrhunderts eine neue
Verfolgung sie in der Erzdiöcese und im ganzen Reiche wieder
bedrohte. Die Juden fanden in einem jüdischen Convertiten
Johannes Pfefferkorn, der sich 1503 in Köln mit seiner Frau und
acht Kindern hatte taufen lassen, ihren ärgsten, fanatisch
unversöhnlichsten Feind. Mit Wort und Schrift predigte er
Verfolgung der Juden und fand Stützen in den Doctoren der
kölnischen Universität Dr. Jakob Hogstraten, dem Ketzerrichter,
Arnold Tungerius und Ortwinus Gratius. Sie verlangten, daß alle
hebräischen und rabbinischen Bücher, mit Ausnahme der
heiligen Schrift verbrannt würden, da sie nur
Gotteslästerungen, zauberische und ähnliche schädliche Dinge
enthielten, bestimmten auch den Kaiser Marimilian 1510 ein
Edict zu erlassen, die jüdischen Schriften zu untersuchen und,
wenn die Beschuldigungen wahr befunden, alle durch Feuer zu
vernichten.*

*Johann Reuchlin trat jetzt mit männlicher Entschiedenheit
gegen Pfefferkorn und seine Genossen auf, wies nach, daß die
jüdischen Schriften theils historischen, theils medicinischen,
theils talmudischen Inhalts, aber durchaus fremd aller
Beschuldigungen der Pfefferkorn'schen Partei. Bekannt ist das
von Pfefferkorn gegen Reuchlin's Bericht verfaßte: Manuale
speculum, dem Reuchlin mit seinem Speculum oculare
entgegentrat, das in Köln durch Henkershand verbrannt wurde,
was die Veranlassung zu den berüchtigten: "Epistolae
obscurorum virorum" gegen die kölner Universität, an deren
Abfassung Ulrich von Hutten jedenfalls Antheil hatte, wenn er
sie auch nicht ganz schrieb.*

*[Pfefferkorns vorzüglichste, bei dieser Veranlassung
herausgegebene Schriften sind: Speculum adhortationis
Judaicae ad Christum. Der mit Recht berüchtigte Judenspiegel,
welcher die scheußlichsten Beschuldigungen gegen die Juden
enthält. Dann: Narratio de ratione celebrandi Pascha apud
Judaeos und Hostis Judaeorum Panegyriens u.s.w.]*

Der damals die Gemüther im ganzen Reiche und selbst über dessen Gränze fanatisch aufregende reuchlinische Streit, an dem die bedeutendsten Universitäten Europa's und alle aufgeklärten Männer Theil nahmen, wurde zuletzt vom päpstlichen Hofe zu Reuchlin's Gunsten entschieden.

Die Bewegungen der Reformation lenkte die Fanatiker von ihrer Judenverfolgungssucht ab. Durch den Streit selbst wurde der Senat Kölns aber um so mehr in der Aufrechthaltung des Verbannungs-Decretes bestärkt.

Nur unter Geleit, das aus einem Stadtsöldner, später aus einem Funken bestand, durften die Juden in die Stadt kommen, wenn ihre Geschäfte sie dahin riefen. Der Stadtsöldner, für den sie eine bestimmte Geleits-Taxe zahlen mußten, wich nie von ihrer Seite, selbst wenn sie in der Stadt übernachteten, das aber nur für eine Nacht gestattet war. Das Geleit selbst konnte den Juden nur mit Erlaubniß des gesammten Raths ertheilt werden, ausdrücklich sagen die Statuten, daß der Bürgermeister allein die Befugniß nicht dazu habe.

Der Sturm, der sich in den ersten Jahrzehenden des achtzehnten Jahrhunderts in Deutschland wieder über die Juden zusammenzuziehen drohte und besonders durch Eisenmenger's Schrift: "Das entdeckte Judenthum" (1711) heraufbeschworen werden sollte, kam nicht zum Ausbruche, scheiterte an den vernünftigen Ansichten der Staatsmänner. Die Zeiten der Judenverfolgungen waren vorüber.

Mit dem Jahre 1794 war das alte Stadtregiment nur noch bloße Form, ging die so genannte Reichsfreiherrlichkeit unter, doch wurde noch, als schon am 6. Oct. 1794 die Franzosen Köln in Besitz genommen, nachdem der Senat dem General Championet der Stadt Schlüssel bis Melaten entgegengebracht hatte, einem jungen Manne mit jüdischem Namen das Verweilen in der Stadt versagt und derselbe sofort unter militärischer Begleitung vor die Stadt gebracht. Erst 1795 ließ sich der erste Jude, Jos. Stern aus Mülheim, nachdem sie 370 Jahre aus Köln verbannt gewesen, wieder in Köln nieder.

In wenigen Jahren hatte sich hier wieder eine kleine Gemeinde gebildet, welche ihre Begräbnißstätte mit den Israeliten in Deutz theilte. Kaiser Napoleon erließ am 10. Mai 1806 sein bekanntes Decret, dessen Zweck eine Reform des Judenthums, eine bürgerliche Sicherstellung der Juden. Am 26. Juli dieses Jahres fand die erste Versammlung der jüdischen Deputirten aus Frankreich und Italien, besonders stark aus den Rheinlanden beschickt, in Paris Statt. Am 29. wurden die der Versammlung vorgelegten zwölf Fragen bezüglich ihrer socialen Gleichstellung mit den Bürgern anderer Confessionen beantwortet. Auf Befehl des Kaisers wurde am 9. Febr.

1807 unter Vorsitz des ehrwürdigen Rabbi David Sinzheim das große Sanhedrin, aus 71 Sanhedrin bestehend, feierlichst eröffnet. Nach acht Sitzungen wurde am 9. März das Sanhedrin geschlossen. Die Beschlüsse der ehrwürdigen Versammlung legten in Frankreich und den damals zu Frankreich gehörenden Theilen Deutschlands den Grund zu der socialen und moralischen Regeneration und Reformation der Juden. Die unausbleiblichen Folgen von fast zweitausendjähriger, mehr als schmachvoller Knechtschaft, des Hasses und des Druckes schwinden immer rascher und rascher unter dem allbelebenden Lichte der Aufklärung, der wahren Duldung, die in allen nach Gottes Ebenbild Geschaffenen nur den Menschen - achtet und ehrt.

Jetzt zählt die Judengemeinde in Köln wenigstens 500 Familien. Der Geheime Commercienrath, Banquier Abraham Oppenheim, schenkte der Stadt in dem Prachtbaue der neuen Synagoge nach Zwirner's Plänen ein herrliches Baudenkmal, wie Köln kein ähnliches besitzt. Am 29. August 1861 fand in feierlichster Weise die religiöse Besitznahme des mit aller Pracht im Innern ausgeschmückten Tempels Statt. Eine Feier, an der sich alle Confessionen betheiligten.

Mit der Aufhebung des so genannten Stapels im Jahre 1830 beginnt Kölns neue Aera.

Ist auch die Thätigkeit im Freihafen selbst eine rührige von Küfern, Rheinarbeitern, Fuhrleuten und Karrenpäckern, strolchen hier auch eine Menge Knaben umher, Jagd auf Pflaumenfässer und ähnliche Leckerbissen machend, so wie auf Stuhlrohr, das zu den ersten Rauch-Experimenten benutzt wird: so zeigt die Reihe der Häuser, seit 1804 in Lagerräume umgeschaffen, die verschiedenen Stuben (Stuvven), die Namen der Verwaltungs-Schreibstuben, in ihrem Aeußern den Grundcharakter, Verwitterung und Vernachlässigung - Alles predigt über den Text: "Alles ist vergänglich! Es waren einst bessere Zeiten!" Und so auch der alte Edelsitz der Familie von der Mühlengassen, die man nannte "zum Thurm", welchen man auch theilweise in Lagerräume, und theilweise zum Zollamte umgeschaffen hat. Ein ernster, stattlicher Bau des 15. Jahrhunderts, zinnengekrönt, mit schlankem Ritterthurme. Hinter dem Mühlengassen Bollwerke, vor dem Neugassenthor eine neue Welt. Längs der Stadtmauer thürmen sich, dieselbe hoch überragend, Stöße von Brettern, Erken, und zwischen denselben der braungraue, düstere Frankenthurm mit seinem Satteldache und schrillend knarrender Wetterfahne. Drei Basrelief-Figuren in die Mauer eingelassen, verbröckelt und verwittert, deuten wir Knaben als die drei Könige. Der Thurm wird als Militär-Gefängniß benutzt. Aus den Mauerlöchern lassen die Gefangenen an Kordeln Säckchen herunter, mit dem: "Ayerz pitié d'un pauvre prisonnier! La charitè!" im kläglichsten Tone gerufen, die Mildthätigkeit der Vorübergehenden anflehend, und nicht selten wurden hier von uns die zu Hause spärlich gespendeten Fettmännchen geopfert.

Frankenthurm

In der Ueberlieferung lebte es noch, daß in freistädtischer Zeit auf dem Frankenthurm die Criminal-Verbrecher gesessen, ehe sie den Gräven, dem Criminal-Gerichte überwiesen, daß hier manche Executionen Statt gefunden, wie auch die Essen des Gräven und Schöffen nach einer Ueberweisung des Angeklagten an den Gräven. Hier hatte sich der berüchtigte Fetzer durchgebrochen, noch in jüngster Zeit der Raubmörder Heckmann den alten Schließer Hittorf mit einem Sauerwasserskrug, in welchem dieser dem sich krank Stellenden Wein gebracht hatte, erschlagen, und war, sich der Schlüssel bemächtigend, entflohen. Stoff genug, um dem Thurm und seiner ganzen Umgebung für die Knaben einen schauerlichen Charakter zu verleihen.

Rechtspflege der freien Reichsstadt Köln.

Schon mehr denn sechzig Jahre sind vergangen, seit die Reichsfreiherrlichleit der Stadt Köln zu Grabe getragen, seit die Stadt aufgehört, eine "freie Stadt" zu sein. Bei der großen Mehrzahl ihrer Bewohner, selbst der eingebornen Stammkölner, sind die Erinnerungen an jene Zeiten verwischt, weil die gewaltig wirkenden, alles Bestehende von Grund aus umgestalteuden Begebenheiten des neunzehnten Jahrhunderts, das für ganz Europa eine neue Zeit in seinem Schooße trug und unter den furchtbarsten Wehen gebar, auch den Einzelnen dergestalt für die so reichbewegte Gegenwart in Anspruch nahmen, daß für die Vergangenheit selbst die Erinnerung nicht mehr blieb. Handelt es sich aber von Brauch und Sitte der Vergangenheit einer historisch wichtigen Stadt, wie Köln, in der sich, besonders was ihre Rechtsverhältnisse angeht, ein so ganz eigenthümliches Leben urkräftig gebildet und entwickelt hat, kann es nichts Charakteristischeres geben, als ihre Rechtsgebräuche bei der höheren, wie bei der niederen Rechtspflege. Versuchen will ich, dieselben wenigstens in Umrissen zu schildern.

Noch ehe Köln durch Otto IV. seit 1212 reichsunmittelbare freie Stadt, war des Kaisers Vertreter der Stadtgraf, Comes Coloniae oder Urbis comes, selbst Präfectus. Seit 953 war durch Otto I. dem Erzbischofe Bruno die Gerichtsbarkeit als Lehen verliehen, doch lag nach altem Herkommen die Criminal-Justiz in den Händen der alten Geschlechter, der die Stadt fünfzehn zählte, aus denen die Richerzechheit, d. h. die Zeche, die Innung, Gemeinschaft, der Richen oder Machthabenden sich bildete, welche unter Beisitz des Schöffenstuhls die ausubende Gewalt besaßen und gegen die Erzbischöfe in blutigen Kämpfen behaupteten.

Die Richerzechheit, deren Mitglieder potentiores, meliores, prudentiores genannt wurden und als Auszeichnung Gewänder mit Pelz verbrämt und Gold verziert trugen, hatten neben sich 24 Schöffen, die keine Leibesgebrechen haben, nicht buckelig, einäugig, lahm, taub, stammelnd sein durften, und unbescholtenen Rufes sein mußten. Aus ihnen wählte die Richerzechheit jährlich die magistri civium, die Burgmeister, d. h. Vorsteher der Geburschaften oder Nachbarschaften, welche der inneren Stadtverwaltung vorstanden. Unter der Schöffen-Bruderschaft stand das gesammte Rechtswesen: "dictant sententias, dictant, quid juris" sagt der Schied des Jahres 1268. Die Schöffen wurden eingetheilt in Schöffenamtleute, Schöffenmeister, gemeine Schöffen und Schöffenbrüder. Nach den Nachbarschaften oder Geburschaften, in welche die Stadt getheilt war, wurde die niedere Rechtspflege, bei Schuldklagen, kleineren Vergehen, von den Vorstehern der Pfarrsprengel, den Burgmeistern geübt.

Durch die Empörung der Zünfte im Jahre 1369 wurde die Richerzechheit ausgehoben, der Schöffenstuhl vom Rathe getrennt und festgesetzt, daß die Schöffen nicht mehr zum Bürgermeister-Amte gelangen durften. Die ausübende Gewalt blieb zwar noch in den Händen des engen Rathes der Geschlechter, zu der gesetzgebenden Gewalt wurden jedoch aus der Bürgerschaft, den Gaffeln Ausschüsse gewählt, welche den weiten Rath bildeten. Die Mitglieder des engen Rathes führten den Titel der obersten Räthe, die anderen hießen die gemeinen. Und diese Verfassung blieb ungeändert, als 1372 die hochfahrende Weberzunft besiegt, aus der Stadt verwiesen, ihr Zunfthaus auf dem Heumarkte niedergerissen und an dessen Stelle, gleichsam zum Hohn, die Fleischhalle errichtet wurde.

Die Schöffen, welche ihre Hoffnungen, wieder Antheil am Rathe zu erlangen, vereitelt sahen, wiegelten den Erzbischof Friedrich von Saarwerden (1370 - 1414) gegen die Stadt auf. Wie gefahrdrohend auch ihre Lage, die Kölner gingen siegreich aus dem Kampfe, hatte sie selbst der päpstliche Bann getroffen, weil sie 1375 St.Heribert's-Münster in Deutz zerstörten. Im Jahre 1377 wurde der Bann aufgehoben und Friede mit dem Erzbischof geschlossen.

Eben so glücklich wurde die Gefahr besiegt, als Hilger
Kleyngedank, genannt von Stessen, zum Verräther an dem
Gemeinwesen werden wollte.

Es kam zwar zu neuem Kriege mit dem Erzbischofe, und bald
darauf zu offener Fehde der Gemeinde gegen die Geschlechter,
welche die Macht, die sie besessen und ihre Niederlage nicht
vergessen, nicht verschmerzen konnten.

Mancherlei Umtriebe ließ sich der enge Rath gegen die
Gemeinde zu Schulden kommen; doch nahm diese blutige
Rache. Am 4. Januar 1396 halten die Zünfte strenges Gericht.
Dreizehn Rathsmitglieder, die gegen die Gemeinde gefrevelt,
ihre Freiheiten bedroht, werden gefänglich eingezogen, und
Heinrich von Stave, Hilgers von der Stessen's Oheim, und
Heidgen von Kessel, als Führer der Partei der Edlen, auf dem
Heumarkte enthauptet. Auch Hilger wird gefangen; die Tortur
erpreßt ihm das Geständniß seiner Schuld, und sein Haupt fällt
ebenfalls auf dem Blutgerüste.

Rache sinnend hatten die edlen Geschlechter im Juni desselben
Jahres eine nächtliche Versammlung auf der Airsburg in voller
Rüstung. Die Zünfte, stets das Schlimmste befürchtend und
daher fortwährend auf ihrer Hut, stürmen die Airsburg,
überfallen die Versammlung und machen mehrere der Edlen zu
Gefangenen. Verbannung trifft die Mehrzahl der obersten
Rathsherren, ihre Güter werden zum Nutz und Frommen der
Stadt eingezogen. Die Verfassung wird ganz demokratisch
umgestaltet, und festgesetzt durch die Union, den
"Verbundbrief", gegeben, beschworen und untersiegelt 1396.
Der Verbundbrief wurde allhalbjährlich auf jeder Zunft oder
Gaffel verlesen, wie dies auch beibehalten, als man denselben
durch den Transsix erneuert und gefestigt.

Der Kaiser hatte in der freien Reichsstadt das Recht des
Schwertes, mit dem er einen Burggrafen belehnte. Als der
Burggraf Johann von Arberg 1279 darauf verzichtete, belehnte
der Kaiser den Erzbischof mit diesem Rechte, dem es von

Arberg, obwohl die Familie 110 Jahre im Besitz des Amtes gewesen, gegen eine Geldsumme abgetreten hatte. Die Erzbischöfe beanspruchten dasselbe von jeher, da sie sich die Grundherren der Stadt nannten. Dies die Hauptursache der Kämpfe der Bürger gegen die Erzbischöfe, weil diese die Stadt nicht als eine freie Stadt des Reiches anerkannten, als eine bischöfliche betrachteten.

Das Criminalgericht, Judicium Scabinatum, oder wie es später hieß, das kurfürstliche hohe weltliche Gericht, stand unter dem Erzbischofe, dem Burggrafen, Advocatus der Stadt, welcher den Vorsitzer desselben, den Greven, "vicecomes" selbst als seinen Stellvertreter ernannte. Bestand auch der Rath darauf, daß dieser Grev oder Graf ein eingeborner Kölner sein sollte, so nahmen die Erzbischöfe hierauf aber nie Rücksicht. Die Schöffen, zehn an der Zahl, wurden vom Schöffen-Collegium selbst gewählt, mußten aber vom Erzbischofe, dem Kurfürsten bestätigt werden, in Köln geboren und ansässig sein, ganz unbescholtene Männer, guten Leumunds.

Hatten die städtischen Gewaltrichter, oder, wie der Kurfürst sie nannte, Gewaltmeister, einen Verbrecher verhaftet, wurde er zu Thurm gebracht.

War es ein kölnischer Bürger, mußte er förmlich aufgefordert werden, "mit der Sonnen auff einen der Statt Thurm zu gehen", that er dies nicht freiwillig, dann konnte der Rath ihn greifen lassen, bei Criminal-Verbrechen sollen aber auch die Bürger "der Statt Recht noch Freiheit nicht gebrauchen." Erwies es sich nach sofortigem Verhör, daß er nicht ohne Grund eines Verbrechens angeklagt, das nicht vor die städtische Jurisdiction gehörte, wurde er unter sicherem Geleit nach dem Frankenthurm geschafft, hier von dem Thurmrichter vernommen, und das über das Verhör von dem Gewalt- oder Thurmschreiber aufgenommene Protocoll, die "Fund- und Kundschaft" genannt, dem Senate zur Begutachtung in seiner Plenar-Sitzung vorgelegt. Ergab es sich, nach genauer Prüfung der Acten, daß der Angeklagte uuschuldig, wurde er sofort in Freiheit gesetzt, oder, daß der Fall nicht vor den Richterstuhl des hohen weltlichen Gerichtes gehörte, durfte der Senat den Angeklagten selbst bestrafen, der Stadt verweisen. Von den Gewaltsrichterdienern, den Schergen, wurde der Angeklagte vor das Thor geleitet, auch wohl mit Handschellen beladen, die zu dem Zwecke im Sitzungssaale hingen. Der Ausgewiesene erhielt drei Mark kölnisch als Zehrpfennig, und allen, einer solchen Verweisung beiwohnenden Kindern wurde ein Glas Wein und ein Zuckerplätzcheu zur Erinnerung an den Vorfall gereicht.

War der Verhaftete eines wirklichen Verbrechens bezüchtigt, das vor das Forum des hohen weltlichen Gerichts gehörte, und dies aus dem Verhöre, durch die Kundschaft bestätigt, dann mußten die Thurmrichter dem hohen weltlichen Gerichte die Anzeige machen und zwar im Dome, wohin zwei Schöffen mit ihrem Schreiber beschieden wurden. Es darf uns dies nicht auffallen; die Kirche wurde ursprünglich zu Versammlungen, Gerichtssitzungen, und zu Geschääften gebraucht, bei denen die Oertlichkeit in Betracht kam und irgend etwas Schriftliches nöthig war. Es wurde hier Act aufgenommen, und, mit Ueberreichung dieses Actes, das hohe weltliche Gericht aufgefordert, die Anmeldung entgegen zu nehmen. Nachdem der Grev in gehöriger Form jetzt aufgefordert worden, die Tagesfahrt zu bestimmen, den Verbrecher in Empfang zu nehmen, bestimmte Jener dem Senat Tag und Stunde, waun er den Verbrecher übernehmen wolle. Dies wurde dem Senat durch die Thurmrichter mitgetheilt.

Am bestimmten Tage zogen die Thurmrichter und Gewaltrichter, nebst dem Greven, seiuen Adjuncten und den jüngeren Schöffen nach dem Frankenthurm. Der Grev begab sich dann mit seiner Begleitung nach dem Audienzsaale des Rathes und mußte hier erst vom Grevenboten angemeldet werden. Dem von den Schergen des Gewaltrichter-Amtes herbeigebrachten Verbrecher wurde nun Alles, was ihm zu eigen, foörmlich überreicht, und er dann wieder bis zum Frankenthurm geführt in Begleitung des Greven, seiner Beigeordneten, seines Schreibers und seiner Schergen. Den Verbrecher stellte man mit dem Rücken gegen den Thurm, *worauf der älteste Gewaltrichter sich in letzterer Zeit mit folgenden Worten an den Greven wandte: "Nachdem Zugegenstehender eines Verbrechens schuldig angesehen worden, daß ein ehrsamer hochweiser Senat veranlaßt ist, selbigen dem peinlichen Richter zu übergeben, so wird derselbe mit Schuld und Unschuld hiermit geliefert, gestatten demselben Recht und kein Unrecht widerfahren zu lassen, uud wird zugleich die Fund- und Kundschaft hiermit übergeben."*

[Daher noch die kölnische sprüchwörtliche Redensart: Dae es geliffert - er ist verloren, dem Tode verfallen.]

Der Grev, den Verbrecher seiner Begleitung überweisend, antwortete: "Ich nehme die mir sistirte Person an zum peinlichen Recht, und werde derselben nach Inhalt der Karolinischen Ordnung die Justiz widerfahren lassen."

Dann wurde der Delinquent nochmal befragt, ob ihm sein Eigenthum zurückerstattet, und den Schergen des hohen Gerichts übergeben, die ihn in das Criminal-Gefängniß, den "Greven-Keller", abführten, der sich stets in der Wohnung des Greven befand, der letzte im Berlipp'schen Hofe, als der Wohnung des letzten Greven (1790), Freiherrn Friedrich von Mering.

Der Grev mußte dieses Gefängniß, oder den Stock, an seinem Hause bauen lassen und für die Verwahrung des Gefangenen Sorge tragen. Der Wohnsitz des Burggrafen, seine Amtswohnung, hieß aus diesem Grunde seit den ältesten Zeiten "Stockhaus"; so finden wir in einer Urkunde Erzbischofs Siegfried's vom Jahre 1279 "domus Burggravii Stockhuis." Da zuweilen der Kurfürst das Recht beanspruchte, den Verbrecher ohne Urtheil und Recht aus dem Greven-Keller frei zu lassen, hielten der Rath oder Senat denselben oft mit seinen Söldnern besetzt, wie es auch vorkam, daß der Senat einen Greven, welcher einen Verbrecher ohne Urtheil und Erkenntniß Rechtes frei gelassen, selbst gefangen nahm und nach Umständen strafte.

War der Verbrecher überliefert, wurde im Frankenthurm ein
vom Senat zu bestellendes Mahl eingenommen, zu welchem
der Grev, seine Beigeordneten, der Schreiber, die zwei Thurm-
und zwei Gewaltrichter und alle, welche bei der Uebergabe des
Angeklagten anwesend waren, geladen. Genau war die
Rangordnung, waren die Trinksprüche bei diesem Mahle
festgesetzt, und mit der gewissenhaftesten Strenge wurde an
diesen Formen gehalten. Es kommen Fälle vor, daß beim
Hinaufsteigen in den Conferenzsaal des Frankenthurms die
Rangordnung gegen die Stadtbeamten verletzt, und daher der
Thurmrichter dem Greven den Eintritt verweigerte, ihn
auffordernd, wieder hinabzugehen, um der vorgeschriebenen
Rangordnung nachzukommen. Zuerst stieg der Grev die Treppe
zum Thurm hinan, ihm folgte der älteste Schöffe mit dem
ältesten Thurmrichter, und so die übrigen, zu je zwei, nach
dem Range des Alters. Der Grev nahm den Ehrenplatz an der
Tafel ein, ihm zur Rechten saßen die Schöffen, zur Linken die
Thurmrichter, auch wohl Thurmwärter genannt, sodann die
Gewaltrichter und die Schreiber.

Nach der Karolinischen Ordnung wurde nun in der Wohnung
des Greven, wo auch die Folterkammer, der Proceß geführt und
das Urtheil gesprochen. War das Urtheil gefällt, wurde der
Delinquent am Tage vor dessen Verkündigung aus dem
Greven-Keller nach dem städtischen Criminalgefängniß der
"Hacht" (Haft) auf dem Domhof durch des Greven Schergen
gebracht.

Einige Schläge an die auf dem Domthurme hängende
Armsünderglocke [Daher die kölnische sprüchwörtliche
Redensart: "Et haett jeklepp"", will man bezeichnen, daß es mit
Jemanden zu Ende geht.] verkündete am folgenden Tage der
Stadt, daß der Verurtheilte zum hohen weltlichen
Gerichtsgebäude, das an der Südseite des Domes lag, wo jetzt
der Reißboden der Steinmetzhütte erbaut, geführt wurde. Hier
saß auf einer Tribune der Grev unter freiem Himmel, umgeben
von den Schöffen. Der Verbrecher ließ sich vor derselben auf
die Kniee nieder, worauf der Grev ihm sein Urtheil vorlas.
Lautete dasselbe auf den Tod, dann erhob sich der Grev, faßte

mit beiden Händen ein weißes Stäbchen, trat einige Schritte vor, brach das Stäbchen entzwei und warf dem Verurtheilten die Stücke vor die Fuße, mit den Worten: "So wahr diese beiden Theile des Stabes nicht mehr in Eins zu bringen, so wahr hast du nach dem Gesetze die Todesstrafe verwirkt, und ich überantworte dich, im Namen des Kurfürsten, dem Scharfrichter."

Der Nachrichter legte dem Delinquenten die Hand auf die rechte Schulter, mit dieser Berührung war derselbe verfehmt, und führte ihn dann an den blauen Stein, welcher zur Seite der jetzt abgebrochenen neben dem Seminargebäude liegenden Hofpfarrkirche St.-Johann eingemauert war. Mit den Worten: "Wir stüßen dich an den bloe Stein, do küß dingem Vader un Moder nitt mie heim", stieß er den Verurtheilten dreimal mit dem Rücken gegen den blauen Stein, worauf ihn die Stadtknechte auf den Armsünder-Karren brachten, welchen das Hospital zu Melaten zu diesem Zwecke liefern mußte, und dann gings in langsamem Zuge hinaus zur Richtstätte bei Melaten. Bei dem Delinquenten saß der Armsünder-Pater, der Geistliche, welcher ihm den Trost der Religion spendete.

Während der ganzen Fahrt tonte die Armsünderglocke vom Dome. An den Minoriten und auf der Breitstraße am Hospital zum heiligen Kreuze, dem Zoll-Directionsgebude gegenüber, wurde dem Delinquenten noch eine Ermahnung gehalten. In Melaten angekommen, bot man ihm am Lazarethe der Aussätzigen einen Trunk Weins, und führte ihn dann zum Richtplatze. Der Grev zu Pferde, den Stab in der Rechten, zwei Schöffen, ein Schreiber und ein Grevenbote mußten der Execution beiwohnen. Das letzte Urtheil des hohen weltlichen Gerichts in Köln wurde 1797 vollzogen.

Ein sonderbarer Brauch war der, daß der Grev in Person, von einem Schöffen begleitet, beim Rath die zur Execution nöthigen Stadtfoldaten verlangen mußte. Er begab sich an einem Sitzungstage des Rathes mit einem Schöffen nach dem Rathhause in die Prophetenkammer, ließ einen der ältesten Rathsherren zu sich entbieten, theilte demselben mit, daß dann

*und dann ein Urtheil zu vollstrecken, und forderte den Rath
auf, die Wachtmannschaft zu stellen. Der Rathsherr berichtete
dies der Rathsversammlung, worauf der Commandant der
Stadtsoldaten die Ordre erhielt, die Mannschaften zu stellen.*

*Wahrend der Grev sein Begehr den Rathsherren mittheilte,
mußte der Schöffe an eine, in dem Saale hängende schwarze
Tafel, genannt die kleine "Schickung" (Anordnung) die Worte
schreiben: "In causa necessitatis".*

*Das Merkwurdige aber dabei war, daß der Schöffe die dazu
erforderliche Kreide von dem Burggraven, dem Castellan des
Rathhauses nehmen mußte.*

*Noch im Jahre 1705 kam es vor, daß ein Schöffe bei einer
Aufforderung sich eines Stückes Kreide bediente, welches er
mitgebracht hatte. Schon waren die Stadtsoldaten bewilligt, da
erklärte der Burggräv der Rathsversammlung, der Schöffe habe
selbst die Kreide mitgebracht. Dadurch fand sich der Rath
veranlaßt, den Befehl an den Commandanten zurückzunehmen
und sogar das Ehrenthor, durch welches der Weg zur
Richtstätte führte, zu schließen. Vergebens harrte das hohe
weltliche Gericht auf die Stadtsoldaten, fand das Thor
verschlossen, und mußte unverrichteter Sache mit dem
Delinquenten wieder zur Hacht zurückkehren. Da sich am
folgenden Tage dasselbe wiederholte, sah sich das
Schöffengericht genöthigt, das Urtheil in Auspeitschung und
Verweisung zu reformiren, welches nun auch sofort vollzogen
wurde.*

*War ein Verbrecher zur Auspeitschung verurtheilt, so wurde die
Strafe auf dem Domhofe vollzogen. War die Strafe noch durch
das Brandmarken verschärft, wurde der Verbrecher an den
Pranger "Kaeks" (norddeutsch Kaak) Oben-Marspforten
ausgestellt, dort gebrandmarkt, bis an die Gränzscheide der
Altstadt vom Henker ausgepeitscht und dann auf den Schub
gebracht oder nach Bonn ins Spinnhaus. [An der Gränzscheide
der Altstadt an St. Johann lag eine Bäckerei, das Schmitz-*

Backhaus, bis dahin dauerte der Staupenschlag, und daher sagt das kölnische Sprüchwort: "Do bes noch nitt am Schmitzbackes vorbei", d. h. Du bist noch nicht außer Gefahr.]

Fahrende Weiber, liederliche Dirnen wurden auf dem Frankenthurm mit Ruthen gestrichen, oder sie mußten die "Huiek" tragen, d. h. eine Art hölzernen Kufe, in deren Boden ein Loch, durch welches die Delinquentin den Kopf steckte. Der Henker ging hinter ihnen und schlug von Zeit zu Zeit mit einem Hammer auf die Huick. Holländisch heißt "huiek" Frauenmantel, im Norden Deutschlands Heuken Mantelkragen. Beheuken heißt im Kölnischen anführen, betrügen. Nach der Reformation der alten Rechte vom Jahre 1473 wurden Kupplerinnen und Hurenwirthe an den Käcks (Pranger) gestellt, auf die Backen gebrandmarkt und mit Ruthen aus der Stadt gepeitscht. Bigamie, Ehebruch wurde auf dieselbe Weise bestraft, nur mußten die Ehebrecherinnen einen Strohkranz und in beiden Händen gelbe brennende Wachslichter tragen. Vor Vollzug des Urtheils mußten die Verurtheilten Urphede schwören, d. h. sich weder direct noch indirect des Urtheils wegen zu rächen. Liederliche Weibspersonen, die zum Huicktragen verurtheilt, wurden unter Jubel des Straßenpöbels an die Häuser der regierenden Bürgermeister, der beiden Thurmrichter und der beiden Gewaltrichter geführt, und ihnen an diesen Häusern ein Glas Wein gereicht, worauf das Glas zerbrochen wurde. Ehebrecher, wie auch Verleumder, wurden zum Steintragen verurtheilt, sie mußten in publica pompa zwei viereckige, mit einer Kette verbundene Steine vom Frankenthurm, unter Pösten, die Neugasse hinauf zum Dom tragen, hier vor dem Dreikönigen-Chörchen ein Gebet verrichten, und dann durch die Hacht, über den Altenmarkt nach St. Maria im Capitol, wo die Steine in der Vorhalle aufgehängt wurden. Der Angeklagte trug die Kette um den Hals und in jeder Hand einen Stein.

Solcher Schandsteine kommen in einzelnen Gemeinden Frankreichs und Italiens vor, wo sie Fratzenköpfe vorstellten, hier waren sie glatt gehauen. Bei solchen Executionen fehlte das Glas Wein und die Zuckerherzchen für die unschuldigen Kinder nie.

Eine Policeistrafe bestand auch darin, daß die Weiber unter den auf dem Neumarkte für die Funken stehenden hölzernen "Strafesel", auf dem diese ihre Strafe abbüßen mußten, mit dem Kopf in den Block gesperrt wurden. Für Bauern, welche zu leichtes Gewicht führten oder sonst auf dem Markt Betrug übten, bestand am Nordende des Altenmarktes das "Drillhäuschen", ein großer eiserner, in Zapfen gehender Käfig, in den sie gesperrt wurden zum größten Jubel der Straßenjugend, welche den armen Sunder drillte, d. h. bis zum Schwindel herumdrehte, und dabei mit Straßenkoth und faulen Eiern tractirte.

Neben dem hohen weltlichen Gericht bestand das geistliche Hof-Gericht, das Officialat, welches, nach dem 1503 zwischen dem Erzbischofe Hermann Landgraf zu Hessen und der Stadt getroffenem Uebereinkommen, in weltlichen Dingen nicht Recht sprechen durfte. Der Bürger, der sich in solchen Dingen klagend an dasselbe wandte, wurde auf einen Monat mit Wasser und Brod zu Thurm gebracht. Jeder Bürger, der sein Bürgerrecht nicht verwirkt, hatte, wenn er vom Official des Hofes vor Gericht geladen, der "Stait Cöllen Fürwardt, sicherheit und Geleide".

An Gerichten war in der freien Reichsstadt Koöln übrigens kein Mangel, da gab es: ein Appellations-Gericht, ein Bürgermeister-Ge-richt, ein Raths- und Amts-Gericht, ein Thurm-Gericht, ein Gewalt-Gericht, ein Fiscal-Gericht, ein Hacht-Gericht, ein Unterlahn-Gericht, die Weinschule; außer dem Bering der Altstadt, das After-Dechaneyliche-Gericht auf dem Entenpfuhl, das Dilles-Gericht, die Niedericher- und Airsbacher-Gerichte, die Erbvogteilichen-, Gereons-, Eigelstein- und Weyerstraßer-Gerichte, das St.-Gereons-Gericht unter der Houben, das Probsteiliche Severins-Gericht und das Abtei-weltliche Gericht Weyerstraß. Und welch ein Proceß- Verfahren und -Gang nach gemeinem deutschen Rechte und den Statuten der Stadt Köln?

Als Curiosum der peinlichen Halsgerichtsordnung des Kurfürstenthums Köln füge ich ein Reglement für den Nachrichter aus dem Jahre 1757 bei.

"Obwohlen der Erz-Stift: Kölnischer Nachrichter mit einem beständigen Jahrgehalt von achtzig einem Reichsthaler Species, zwanzig Albus, zwölf Malter Korn und vier Klafter Holz bereits versehen ist, sich gleichwohl ergeben hat, daß bei und nach verrichteter Exekutionen, auch sonstigen Vorfallenheiten derselbe unter willlürlich und zumal ausschweifendem Ansatz der Churfürstlichen Hofkammer sowohl, als den Beamten fast und Maaß zu setzen, nachstehender Reglement, gestalten demgemäß mit Einforderung des ob jeder Verrichtung ihnen zuerkannter Gebührniß in allem zu geleben, verfasset, und zum Druck befördert worden.

"Reglement.

	Rthlr.	Alb.
1) Mit 4 Pferden aus einander zu reißen	6	26
2) In 2 Theil zu legen	4	-
3) Zu des Endes erforderliche Stricke 1		-
4) Für diese Theile an 4 Edcken aufzuhenken, darzu erforderliche Strick, Nägel, Ketten, und den Transport mit eingeschlossen	5	26
5) Zu Köpfen und verbrennen insgesamt	5	26
6) Für desfalls nöthige Strick, und den Scheiterhaufen zu legen, und anzuzünden	2	-
7) Zu stranguliren und zu verbrennen	4	-
8) Für Strick, den Scheiterhaufen zu legen, und anzuzünden.	2	-
9) Lebendig zu verbrennen	4	-

10) Für Strick, den Scheiterhaufen zu legen, und anzuzünden.
2 -

11) Lebendig zu rädern *4* -

12) Für Strick und Ketten *2* -

13) Den aufgeflochtenen Körper mit dem Rad in die Höhe zu richten *2 52*

14) Vom Köpfen allein *2* *52*

15) Für des Endes erforderliche Strick, und das Tuch zur Verbindung des Gesichts *1* -

16) Das Loch zu machen, und den hingerichteten Körper einzuscharren *1* *26*

17) Von Köpfen, und den Körper aufs Rad zu flechten insgesamt *4* -

l8) Für Strick und Ketten samt Tuch 2 -

19) Eine Hand oder einige Finger abzuhauen und zu Köpfen
3 *26*

20) Mit einem glühenden Eisen zu brennen
1 *29*

21) Für Strick und Tuch *1* *26*

22) Vom Köpfen, und den Kopf auf eine Stange zu stecken insgesammt *8* *26*

23) Für Strick und Tuch *1* *26*

24) Vom Köpfen, den Kopf aufs Rad zu flechten, und den Kopf auf eine Stange zu stecken insgesamt

        5   -

25) Für Strick und Tuch   2   -

26) Vom Henken   2   52

27) Für des Endes gebrauchter Stricke, Nägel und Kette

        1   26

28) Einen Delinquenten vor sonstiger Execution mit glühenden Zangen zu greifen, von jedem Griff, nebst eben Respecetu supplicii ausgeworfener Gebühr

      -      26

29) Die Zunge ganz, oder ein Stück davon zu schneiden, nachgehend mit einem glühenden Eisen zuzubrennen, insgesamt   5   -

30) Für darzu gebührende Strick, Zang und Messer

      2   -

31) Eine abgeschnittene Zung, oder abgehauene Hand an den Galgen zu nageln   1   26

32) Einen, so sich selbst erhenkt, ertränkt, oder sonsten entleibt, abzuschneiden, wegzubringen, das Loch zu machen und zu verscharren   2   -

33) Eine Person der Stadt oder des Landes zu verweisen

      -      52

34) Im Gefängniß zu streichen, einschließlich der Ruthen

      1   -

35) Abzuschlagen   -   52

36) An den Pranger zu stellen - *52*

37) An den Pranger zu stellen und auszustreichen,
einschließlich der Strick und Ruthen 1 26

38) An den Pranger zu stellen, zu Brandmarken und
auszustreichen, einschließlich der Kohlen, Strick und Ruthen,
auch der Brandsalb 2 -

39) Einen Inhaftirten visitiren, ob er gebrandmarket
- 20

40) Die Leitern an Galgen zu setzen, es möge einer oder
mehrerer auf einen Tag gehenket werden
2 -

Der Tortur belangend.

41) Für Beschröck oder Vorlegung der peinlicher Instrumente
1 -

42) Pro primo gradu Torturae 1 26

43) Für Einrichtung und Schmerzung der Daumen quod istum
gradum - 26

44) Pro secundo gradu, einschließlich der Einrichtung und
hinterlassen der Salb 2 26

45) Wird über eine Person per omnes Gradus torquirt, sollen
dem Nachrichter pro omnibus gradibus simul die Einrichtung
der Glieder und hinterlassende Salbe mit einbegriffen zahlt
werden 6 -

46) Für Reise- und Tag-Geld per jeden Tag, ausschließlich
jedoch Exekutions oder Torturae-Tages, es mögen dann ein

oder mehrere Missethätige justifizirt oder torquirt werden

-   48

47) Für tägliche Verpflegung   1   26

48) Für jeden Knecht   -   39

49) Für eines Pferdes Heuer Fourage und Stallgeld täglich

1   16

50) Wird in Köln die Tortur oder sonstige Exekution verrichtet, solle der Nachrichter bloßhin mit denen des Ends ausgeworfenen Exelutions-Gebührnissen, ohne Aufrechnung einiger neben Kosten, als da seind Reise-Tag-Geld, Verpflegung, Pferds-Heuer und Fourage bloßhin mit denen dißfals ausgeworfenen Exekutions-Gebührnissen sich begnügen lassen.

51) Bei Verrichtung derer Exekutionen zu Melaten und Deuz hat derselbe nebst vorhin ausgeworfenen Gebührnissen für Pferds-Heuer 60 Albus, und weiter nichts zu genießen.

52) Da in gegenwaärtigem Reglement Postae 16, 32, 40 ins Waffenmeisters Verrichtungen einschlagen, also solle auch der Waffenmeister dießfalsige Gebührnissen allein zu empfangen haben.

53) Würden nun vorspecificirte Verrichtungen in denen verpfändeten Aembtern und unter Herrlichkeiten hiesigen Erzstifts, oder wohe derselbe keine Bestallung hat, vorgehen, solle der Nachrichter ein dritter Theil mehr, als vor specifizirt, der Ursachen gegeben werden, weilen derselbe ohne Zuthuen der Unterherrn und Pfandes-Einhaberen aus Churfürstl. Kameral Mitteln seine jährliche Bestallung genießet.

54) Inmittels solle derselb allein, und kein Fremder von
Unterherrn und Pfandes-Inhabern bei allen vorfallendenden
Exekutionen gebraucht werden.

55) Weilen auch mehrmal Beschweer geführt worden, daß bei
vornehmender Exekution, wo ein Beamter zum erstenmal
präsidirt, der Nachrichter, nebst denen ordentlichen
Gebührnissen ein sicheres Pfand, oder anstatt dessen ein Stück
Geld zu prätendiren sich unterstehet, und dann solche
Prätension als ein Mißbrauch anzusehen, als wird selbige
gemeltem Nachrichter ein für allemal hierdurch untersagt.

"Ergehet solchem nach an alle und jede Erzstifttische Beamten
hiermit der Befehl, bei vorstehendem Reglement fest zu halten,
dem Nachrichter die darin ausgeworfenen Gebührnissen und
weiter nichts in Loco Executionis jedesmal zu zahlen, und
sothane Zahlung seiner Zeit bei Churfürstl. Hofkammer mit
hinlänglichem Beleg zu verrechnen.
"Bonn, den 16. Januar 1757. (L. S.)"

Nur eine kleine Strecke des Ufers am Neugassenthore hat Steinwerfte, sonst
ist bis zum Thürmchen nichts für den Uferbau geschehen, das ausgespülte
Ufer, eine wüste Grasfläche, im Sommer immerfort mit Wäsche zum Bleichen
staffirt.

Holländische Beurtschiffe

An der Neugasse selbst liegen weit in den Rhein hinaus, in stattlichen Reihen
die stolzen holländischen Beurtschiffe, große Fahrzeuge mit zwei hohen
schlanken Masten, rundem breitem Vordertheile, gewöhnlich mit zwei roth,
weiß und blau bemalten Rosetten verziert. Holländischer Comfort und dem
damaligen Kölner ungewohnter Luxus zeigen die über Deck gebauten
geräumigen Cajüten, ein redender Beweis, daß damals der holländische
Rheinschifferstand goldenen Boden hatte. Die Baas oder Patrone der Schiffe
machen es sich bei ihrem Geschäfte möglichst gemakkelyek. Vierzehn Tage
war, bei äußerst günstigem Winde, eine sehr, sehr seltene, sechs Wochen von
Rotterdam nach Köln eine rasche Fahrt, zwei oder drittehalb Reisen wurden,

letztere ausnahmsweise, jährlich gemacht. Die Fracht that aber auch noch 3 Franken 50, und jetzt vielleicht 50 Cents. Den Schiffen sieht man bei ihrer einladenden blendenden Reinlichkeit den Wohlstand, die scheinbar unerschütterlich zuversichtliche Behäbigkeit ihrer Eigenthümer an, wenn diese mit ihrer langen holländischen Pfeife selbstvergnügt auf dem Verdecke stehen, und wie ihre Schiffe mit einem selbstgefälligen Stolze auf die weit kleineren, bescheidenen höher liegenden oberländischen Fahrzeuge herabsehen.

Hat sich der Schiffer glücklich und in aller Bequemlichkeit von zwanzig bis dreißig Gäulen - der Hauptbeschäftigung der Bewohner der am Rhein liegenden Dörfer, der so genannten Rheinhalfen - bis nach Köln heraufpferden lassen, kümmert er sich nicht weiter um seine Ladung, dafür hat er seine Knechte und die städtischen Bestätter, welche ihm die Frachtgelder einziehen. Die bedeutendsten Beurtschiffer trieben auch Eigenhandel, sie brachten häufig für eigene Rechnung ganze Ladungen von Colonial-Waaren und so genanntem holländischem oder Vent-Gut: Fische, Käse und Spirituosen herauf.

Rhingroller

Unterhalb des Trankgassen-Thores, auch eine riesige Burgveste, liegen die ruhr'schen Kohlennachen, bilden die Schiffszieher und die Kohlenträger der Werfte stehende Staffage. Unter denselben führt eine, in ganz Köln bekannte Persönlichkeit, der "Schüller's Kobes", ein allgefürchteter Raufbold und Schmuggler, das Regiment, nach welchem neben ihm ein Esser mit der gespaltenen Wange und ein Denz geizen, die Volkstribunen der "Rheinroller", Rhingrolle, wie man den Rheinarbeiter bezeichnet.

Ein Ehrgeiz, der nicht selten zu blutigen Köpfen, zerschnittenen Gesichtern und ähnlichen Verletzungen, und dann ins Arresthaus führt; denn, nach der Sitte der holländischen und ruhr'schen Schiffsknechte, regiert hier das in der Seitentasche der Hosen getragene Messer, auch wohl der zwischen die Finger geklemmte scharfe Stüber, mit dem geschnitten wird. Esser starb durch das Messer seines Neffen. Die uralte Ueberlieferung, selbst der von dem gewöhnlichen kölnischen Dialekte unterschiedene barsche Sprachton und ein gesunder, kerniger, wenn auch derber Mutterwitz, hat sich in dieser Classe erhalten. Einen durchaus originellen Typus, selbst in der Gesichtsbildung, verräth die Race, wenn sie eben nicht schön ist.

Kohlenhandel

Das hier betriebene Kohlengeschäft war früher Monopol in den Händen von vier Familien. Ueberfüllt konnte der Markt nicht werden; denn sie schafften so viel Brandgerieß und Kohlen von der Ruhr herauf, als eben der Bedarf erheischte, und bestimmten die Preise. Das neue Regiment hat mit Einem Schlage allen Monopolen ein Ende gemacht, aber noch lange blieb man bei der alten Gewohnheit. Der urherkömmliche Schlendrian übte in Köln noch lange in vielen Dingen einen magischen Zauber.

Weckschnapp

Nach dem Thürmchen wird das Ufer mit jedem Schritte öder und trauriger. Drohend erhebt sich hier zum Schluß der Stadt der Unterbau des Ryle oder Cunibertsthurmes mit seinen malerischen Umbauten, und dem Vorsprung oder Grundbau der alten "Ark", deren niedergerissener Thurm von der blutigen Sage als die "Weckschnapp" bezeichnet wird, wo, nach ihren Erzählungen, so manches Opfer der heimlichen Gerichte sein Ende im Rheine fand, wenn der Unglückliche, durch Hunger gezwungen, nach einem an der Decke seines Kerkers hängenden Laib Brod sprang, und dann spurlos in die Tiefe versank. Besonders gegen ungerathene Söhne der vornehmen Familien wurde, wie die Sage wissen wollte, diese furchtbare Strafe angewandt, und nur Ein Junker, der bei seinem leichtfertigen, ausschweifenden Leben die Andacht zur Mutter Gottes treu beibehalten, wird gerettet, fällt durch die Messer, mit denen die Sage den, in die Tiefe des hier sich im Wirbel kreisenden Stromes führenden Thurm ausstattet, ohne sich zu verletzen, und rettet sich durch Schwimmen. Als Richtstätte des heimlichen Gerichtes bezeichnet die Sage auch den Klapperhof.

Junkere Kirchhof

Ein ähnlicher Strafort für die Söhne der Patricier war der Junker-Kirchhof am Elend, eine Richtstätte, wo, der Sage nach, die ausgearteten Junker bei nächtlicher Weile hingerichtet wurden. Noch wühlte dort in den Quatertemper-Nächten ein großer, schwarzer, zottiger Hund mit glühenden Augen die Gräber auf. Orte der Schauer und des Grausens für die Jugend und manchen alten ehrsamen Bürger, deren Glauben, trotz aller französischen Philosophie und Freigeisterei, noch ein rein kindlicher; hatten die Franzosen auch schon angefangen, unter den Gespenstern und Spukereien weidlich aufzuräumen. Da der Thurm der Ark verschwunden, deutete man auch das zinnenbekrönte zierliche Thürmchen auf der Bastion als die "Weckschnapp".

Wo jetzt die Kirche zum "Elend", lag früher ein Lazareth für
fremde Pilger, welche den Namen die "Elenden oder Elendigen"
führten, daher der Name der von Groote'schen Familienkirche,
und das Entstehen der Brüderschaft der "Elendsbrüder", deren
Anzug auch der der büßenden Pilger, weiße Bußhemden, mit
der spanischen Capuchon, der spitz zulaufenden Mütze, die den
ganzen Kopf bedeckt und nur Oeffnungen für die Augen hat,
wie man sie noch bei vielen Brüderschaften in Spanien und in
Italien findet, den Pilgerhut auf dem Rücken.

Köln, das thurmreiche

Noch einmal wendest Du den Blick nach der Stadt, und fühlst Dich überrascht durch ihre monumentale Bauherrlichkeit, durch die malerischen Gruppirungen ihrer zahlreichen Thürme: ein Charakter ihres Aeußeren, welcher ihr den Namen "die Thurmreiche" gab, und sie vor allen Städten des deutschen Vaterlandes am Schlusse des Mittelalters auszeichnete. Ruft doch Aeneas Silvius Piccolomini, Friedrich's III. Geheimschreiber, Papst unter dem Namen Pius II. (1458 -1464), mit staunender Bewunderung aus: "Wo findest Du in ganz Europa eine prachtvollere Stadt, als das von Nero's Mutter, Agrippina erbaute und durch die heiligen drei Könige verschönerte Köln, mit seinen glänzenden Kirchen, Rathhäusern, Thürmen und mit Blei gedeckten Häusern, seinen reichen Einwohnern, seinem schönen Strome und seinen fruchtbaren Gefilden!" Man erbaue sich an den Abbildungen der Stadt, die uns am Anfang des 16. Jahrhunderts Antonius von Worms von Köln und später Hollar geliefert hat.

Vergl. "Ueber des Anton von Worms Abbildung der Stadt Köln,
von J. D. F. Sotzmann." Köln, bei DuMont-Schauberg 1819. 8. -
Der Lithograph Levy Elkan hat uns eine diplomatisch genaue
Nachbildung des großen Holzschnittes des Anton von Worms
gegeben, dessen Original äußerst selten; nicht einmal das
städtische Archiv besaß ein Exemplar.

Domainen-Verkäufe

Sind auch mit dem Jahre 1802 sämmtliche geistliche Corporationen aufgelös't, ihre Stifte, Kirchen und Klöster dem Staate zugefallen, so trägt doch die Stadt noch in ihrer Ansicht die malerische, ernst imposante Majestät ihres mittelalterlichen Charakters. Noch hat die Nivellirungswuth erst begonnen, die

Domainen-Verkäufe sind noch nicht recht im Zuge, denn viele Bürger trauten lange nicht dem Zustande der Dinge, oder kauften kein geistliches Gut aus Pietät, aus Gewissensscrupel, während die Wenigen, die kauften, um Spottpreise - Meierhöfe, die jetzt für 150,000 Thaler nicht feil, vielleicht für 18- bis 20,000 Franken, kaufte doch der Kaufmann Laurenz Fürth die Jesuiten-Kirche mit ihrer Ausstattung für 5- oder 6000 Franken, um dieselbe der Stadt als Pfarrkirche zu schenken - und legten so den Grund zu ihrem Reichthume, wurden die Matadoren der Stadt.

Vom majestätischen Bayenthurme bis zum Rylenthurme war der weite Bering der Stadt, mit seinen Thorvesten, seinen Halbthürmen der Ringmauer gefestigt, von 241 Thürmen und Thürmchen überragt, von denen 203 der Kirchen himmelanstrebende Zierde, 34 die Patricier-Wohnungen, die Höfe der auswärtigen Stifte und die Edelsitze schmückten. Welch' einen gewaltigen Eindruck muß es gemacht haben, verkündeten die Hunderte von Glocken in feierlich ernster Harmonie der Stadt und Umgegend einen Festtag?

Vor 1802 zählte Köln mit dem Domstifte eilf Stifter und eilf Stiftstirchen mit 21 Thürmen; 2 Abteikirchen mit 8 Thürmen; 2 Comthureikirchen mit 2; 156 Mannskloster mit 16, 34 Frauenlklöster mit 36; 17 Pfarrkirchen mit 21; 86 Capellen mit 36; 32 kleinere Capellen oder Oratorien mit 32 Thürmchen, im Ganzen, ohne die Privat-Capellen 149 Gotteshauser mit 171 Thürmen.

Münz / Mummis'-Gut

Ausgedehnte Weinberg--Anlagen nehmen noch theilweise am Nordende die ganze Strecke bis zur Eigelsteinpforte ein, sind aber schon abgesteckt und ausgegraben zum Baue des Sicherheitshafens 18). Unterhalb des späteren Hafens sehen wir ein paar Häuser am Ufer, einen wahren Prachtbau für uns, das jetzige "Munim'sche Gut" mit seinem weiten Garten eine Weinschenke, ein Sonntags-Vergnügungsort für die Bürger, die einen Spazirgang nach der "Münz" machten.

Mit dem Bau des Sicherheitshafens ward 1810 der Anfang gemacht, der Grund und Boden, früher nur Weingärten, expropriirt. Zu den Baukosten schoß die französische Regierung 300,000 Franken vor, und die Stadt mußte ebenfalls 126,820 Franken Vorschuß leisten. Unter Leitung eines Capitäns des

Geniecorps, M. Mosse, begann der Bau 1810, am 10. November 1812 ward der erste Stein zur Mündung gelegt, und bereits 1813 konnten sich Schiffe im neuen Sicherheitshafen bergen. Als die Alliirten Köln 1814 im Januar in Besitz genommen, machten sich kölnische Patrioten, nachdem man die französischen Zollwachtstuben, alle Schreibstuben am Rheine vernichtet und geplündert, die französischen Wappen und Schilder heraberissen hatte, ein Vergnügen daraus, auch den Grundstein zum Hafen mit der napoleonischen Inschrift herauszuwühlen, und auf einem Dreckarren nach dem Schindanger zu führen. - Napoleon I. hatte ein großes Bassin in der Stadt projectirt, vom Markmannsgassen-Thor bis zum Kaufhaus Gürzenich als Hauptentrepot. Solch eine Anlage überstieg aber alle Begriffe; schon die Erbauung des Hafens wurde wie ein achtes Wunderwerk der Welt bestaunt!!

II. DAS INNERE DER STADT.

Die Thore - Weyerstraße - Wallgassen - Wingerte - Kappesbauern - Feldbach - Filzengraben - Römerstadt - Kirchen und Kirchhöfe - Dom - Domhof - Umgebung - Altermarkt - Heumarkt und Neumarkt - Straßen im Innern - Umgebung des von Zuydtwich'schen Hauses - Napoleon I. in Köln - Charakter der Häuser - Umbauten.

Die Thore

Aber durch welches Thor wollen wir unseren Einzug halten?

Wir haben die Wahl. Zwölf Thore, von denen aber drei schon vermauert, laden uns von der Landseite, und nicht weniger als sechsunddreißig, deren viele ebenfalls bereits vermauert und verschüttet sind, von der Rheinseite zum Einzuge ein.

Auf der Landseite haben wir noch

1) das Severinsthor,
2) die Ulregassenpforte, zu einer Windmühle umgeschaffen,
3) die Pantaleonspforte, schon 1685 vermauert,
4) Die Bachpforte, jetzt Windmühle,
5) das Weyerthor,
6) die Schafenpforte, vermauert,
7) das Hahnenthor,
8) das Ehrenthor,
9) die Friesenpforte,
10) die Gereonspforte, oder Gereonsloch, wurde seit dem Jahre 1682 nicht mehr benutzt, jetzt wieder geöffnet,
11) das Eigelsteinerthor,
12) die Kalderhaäuserpforte mit dem Juden-Wichhaus, seit dem sechszehnten Jahrhundert zugemauert.

Jede auf den Rhein aus der Stadt auslaufende Straße hatte auch ihren Ausgang, ihre Pforte. In der vom Bayen bis zur Bastion des Rheinthores reichenden, jetzt niedergelegten, Stadtmauer befanden sich:

1) das Bayenthor,

2) die Dreiklönigenpforte, zugemauert,

3) die Bleipforte, der Dränggasse gegenüber,

4) die Rosengassenpforte,

5) die Budegassenpforte,

6) die Sionspforte, alle vier waren verschüttet,

7) das ehemalige Nächelskaulenthor, neben einem im siebenzehnten Jahrhundert gebauten Bollwerk,

8) die Nächelskaulenpforte,

9) die kleine Hytzgasse- oder Witschgassenpforte,

10) die Holzpforte,

11) die große Witschgassenpforte, war vermauert,

12) ein kleines Thörchen als Eingang zu Lyskirchen für die Schiffer,

13) auf der anderen Seite der Bastion ein ähnliches,

14) die Filzengrabenpforte, jetzt neu gebaut,

15) eine kleine zugemauerte Pforte,

16) ein größeres Thor, welches beim hohen Wasser zum Anlanden der Schiffe diente,

17) eine kleinere Pforte,

18) das Rheingassenthor,

19) die neue Mühlenpforte, oder die Wachpforte,

20) die Zollpforte,

21) die Hasenpforte,

22) die Markmannsgassenpforte, seit 1824 bei der Erweiterung der Straße abgebrochen,

28) das Fahrthor,

24) die Wilportz, beide schon lange außer Gebrauch,

25) das Salzgassenthor,

26) die Weinpforte,

27) die kleine Fischpforte,

28) die große Fischpforte, 1804 bei Anlage des Freihafens zugemauert,

29) die Mühlengassenpforte,

30) die Neugassenpforte, jetzt zugemauert,

31) die Pforte im Frankenthurm, die 1828 bis auf die Stadtmauer abgebrochen wurde,

32) der Trankgassenthurm, 1826 in ein offenes Thor umgeschaffen,

33) die Kostgassenpforte, oder Waldmannsgassenpforte,
34) das Erbacherthor,
35) die Bludtgassen- oder Blumengassenpforten, mit der
Erbauung des Stationshofes der Rheinischen Eisenbahn
verschwunden,
36) die kalten Brandspforte und
37) die neu erbaute Cunibertspforte.

Ich schlage das Weyerthor vor. Und aus welchem Grunde?

Weyerstraße

Weil die deutschen Könige, wenn sie in Aachen als solche gekrönt, durch dieses Thor ihren Einzug in die Stadt zu halten pflegten, weil vor demselben ihnen zu Ehren die großen Freudenfeuer, große Holzstöße niedergebrannt wurden.

Ob die Riechorgane der Herrscher des weiland heiligen römischen Reiches anders beschaffen waren, als die unserigen, weiß ich nicht; so viel weiß ich aber, daß nichts weniger als Schiras Rosendüfte uns begrüßen, so wie wir uns dem Thore nähern.

Gerade um den Vorweg sind die aus menschlichen Excrementen bestehenden Misthaufen aufgestapelt, mit den Jauchlachen in heißen Sommertagen und an den Abenden um die Wette die Luft verpestend. An der Schafenpforte haucht außerdem das Schwarzwasser, eine schmutzige Lache im Vorgraben, deren trügerische Eisdecke schon manches junge Leben gefordert, ihre Malaria aus.

Wallgassen

Dieselben mephitischen Dünste empfangen uns, treten wir unter den langen Zwinger durch das Thor in die Stadt. Wie an allen Thoren, thürmen sich hier in der Straße Misthaufen, die in einzelnen Thor-Straßen häuserhoch, selbst manche Giebelspitzen überragen. In die inneren Wallgassen wagt sich nicht leicht Jemand, denn bei den ungepflasterten Wegen, der nachlässigsten Düngerwirthschaft der hier hausenden Kappesbauern, ist der Schmutz nicht zu bewältigen.

Wingerte

Die elendesten Hütten mit verfallenen Ziegel- und altergrauen Strohdächern, umsponnen von den buntscheckigsten Moosarten, bilden die Eingänge zu den weit ausgedehnten, viele, viele Morgen großen Bungerten (Baumgärten) und Wingerten (Weingärten) unserer Gemüsegärtner, welche auch zum großen Theile die Stadt mit Milch versorgen.

Kappesbauern

Mehr als ein Drittel des inneren Berings der Stadt nehmen die Weingärten ein. Sie erstrecken sich vom Bayen bis zum Katharinengraben, zum Perlengraben, zur Fleischmengergasse und Lungengasse, an Mauritius vorbei, wo der Rinkenpfuhl den anwohnenden Kappesbauern zur Pferdeschwemme dient, bis zum Pielenpfuhl, auch eine stehende Lache mit einer Reihe Pappeln, hinauf über die Ehren- und Apernstraße, den Berlich einschließlich, zum Hundsrück hinter St. Ursula, die ganze Nordseite des Eigelsteines entlang bis zur Brandgasse.

Was Wunder, daß hier mehr als 10,000 Ohm Wein gezogen werden konnten! Zwischen den Weinspalieren waren die so genannten Gänge, die Felder zum Gemüsebaue. Am Pielenpfuhl, auf der Hahnenstraße wie auf den Wällen schnurren die Seilerräder. Aus einzelnen Wichhäusern, den Wohnungen von Professionsbettlern, steigt einladender Küchendunst. Wer weiß, treten wir in eines derselben, ob es uns nicht ginge, wie weiland einem unserer ehrsamen Bürgermeister, der sich bei einem Spazirgange in einem Wichhause die Pfeife anzünden wollte, und auf dem Herde eine mit einem fetten Aal gespickte Poularde appetitregend schmoren fand!

Wie in allen Thorstraßen, sperren Karren und Ackergeräthe mit den Dünghaufen um die Wette den Weg; man glaubt sich völlig in einem Dorfe. Selbst die weißen und bunten Kopftücher der Frauen, ihre kurzgeärmelten Jacken und wollene Röcke, der Männer lederne Kniebeinkleider ohne Hosenträger, die Schuhe mit Rinken oder Schnallen, das stammkölnische Kruffes oder Wamms ohne Aermel, wie der blaue Kittel und die blaue Schürze an den Werkeltagen, die langschößigen Bratenröcke, meist in braunrother Farbe mit ihren thalergroßen Knöpfen, welche aber nur an Fest- und Feiertagen aus den Kasten geholt werden, und länger als des Lebens Jahre währen, die Dreitimpen, dreieckige Hüte der Männer, tragen den ländlichen Charakter, beurkunden die "Bauerbänke", wie die Gemeinden unserer Gemüsebauer hießen. Der Kappesbauer verläugnet sich in seinem Aeußern nicht, seine Erscheinung entspricht seiner Beschäftigung, selbst der Typus seiner Gesichtsbildung, der Redeton trägt einen ganz originellen, eigenthümlichen Charakter. Es gab unter den Gemüsebauern Viele, die nicht einmal ihren Familiennamen kannten. Die originellsten Spitznamen führt jede Familie seit undenklichen Zeiten.

Aus diesen Namen des Zufalls haben sich nun durch verschiedene Generationen hindurch die eigenthümlichsten Namen-Zusammenstellungen gebildet. Die Kappesbauern machten eine eigene Kaste aus. Immer lebten die einzelnen Bauerbänke unter einander in einer gewissen Spannung, nicht leicht wagte sich einer aus einer Bauerbank in das Gebiet einer anderen. In früheren Zeiten wurden die Heirathen auch nur unter den Insassen derselben Bauerbänke geschlossen; ein Eigelsteiner oder Gresberger würde keine Weyerstraßerin geehlicht haben, und umgekehrt.

Feldbach

Wir kommen auf den Feldbach. Rechts unabsehbare Weingärten, der "Pantaleons-Wingert", links neben spitzgegiebelten Häusern einzelne stattliche Bauten mit ihren Treppengiebeln bis in das sechzehnte Jahrhundert hinaufreichend, und Häuser, welche das vorige Jahrhundert entstehen sah, durchschnittlich Wohlstand verkündend, denn hier hausen und schaffen die Rothgerber, die "Löhrer", und das kölnische Sprichwort sagt nicht umsonst: "Stinkig Fellche, klinkig Geldche!" Geräthst Du aber zufällig auf den Feldbach, wenn derselbe ausgeschlagen, d. h. gereinigt, sein Schlamm und Schmutz auf die Straße geworfen ist, dann ist die Passage eben nicht angenehm und leicht, denn man überläßt gewöhnlich der Zeit, der Sonne, dem Regen das Geschäft, die Schlammhaufen wegzuschaffen.

Der scharfe Lohgeruch ist aber nicht so angreifend, wie der Verwesungsduft, der uns von dem "Pälengraben", das ist Phalgraben der ältesten Stadteinfriedigung vor Erbauung der großen Stadtmauer, entgegenströmt. Seine Mitte nimmt eine weite stinkende Lache ein, wo die Weißgerber und die berühmten kölnischen Leimsieder die Häute kälken, die animalischen Urstoffe in Fäulniß übergehen lassen.

Folgen wir dem Feldbach, so begleiten uns rechts bis zur Büttgasse Weingärten, zur Linken meist ärmliche Wohnungen, eine Baumreihe mit wenigen ansehnlichen Häusern. Ueber die Hochpforte hinaus sehen wir uns links in das mittelalterliche Köln versetzt, uralte Häuser und Häuschen mit charakteristischen Ueberbauten, in der Mitte der Bach durch eine gemauerte

Rinne geleitet, die Cloake der ganzen Nachbarschaft, auf der rechten Seite aber Wohlstand verkündende Wohnungen, meist Sitze von Kaufherren. An der Malzmühle klappern die Räder einer Mühle, welche der Bach treibt.

Filzengraben

Im Filzengraben begrüßt uns wieder ein malerisches Stück Mittelalter. Hier haben die edlen Geschlechter mit ihren Mundmannen gehaus't. Die linke Seite der ganzen Straße, in deren Mitte am Eingange eine Hufschmiede, bildet eine düstere Laube durch die von hölzernen, in Ziegeln gemauerten und steinernen Pfeilern getragenen Vorbauten der malerisch verfallenen Häuser, welche zu den in der Rheingasse gelegenen Sitzen der Edlen gehörten, unter denen das Haus "Overstolz" mit seinem majestätischen architektur-schönen Giebel, ein Bau des 13. Jahrhunderts, sich noch in seiner zwar verfallenen Bauherrlichkeit erhalten hat.

> *Siehe Ernst Weyden: Das Haus Overstolz zur Rheingasse. Köln, bei DuMont-Schauberg.*

Die übrigen Edelhöfe der engen Rheingasse sind größtentheils umgebaut, die Wohnungen protestantischer Kaufherren.

Unter den stattlichen Bauten der rechten Seite des Filzengrabens erhebt sich bürgerstolz das in seinen Bauverhältnissen schöne, vielstöckige Zunfthaus der Faßbinder, bei denen in reichsstädtischer Zeit die meisten Kaufherren und Weinhändler eingeschrieben waren, weßhalb die Söhne der bei dieser Zunft eingeschriebenen Kaufleute auch den Namen "Prinzen-Lehrlinge" führten und ein silbernes Bandmesser zum Abzeichen trugen. Es mußte jeder Weinhändler seine Lehre als Faßbinder gestanden haben. Eine viereckige Vertiefung, rings ummauert, durch welche der Bach fließt, und in der links Pferdeställe angebracht sind, nimmt hier fast die ganze Breite der Straße ein und macht mit den alten Bauten der Mehlwage an der Stadtmauer ein äußerst malerisches Bild.

Römerstadt

Im Straßenlabyrinthe der eigentlichen Altstadt erzählen die Ueberbleibsel der alten römischen Gußmauern, die achtzehn Jahrhunderten und allen Stürmen der Zeit trotzten, mit ihren Thürmen, mit dem so genannten Pfaffenthore, das stolz den Namen der Gründerin der Römer-Colonie: C.C.A.A. - "Colonia Claudia Augusta Agrippina" - an der Stirne trug und leider 1828 niedergelegt wurde, mit dem Römerthor, den Thürmen auf der Burgmauer, an St. Claren, am Laach und die Griechenpforte von der Römerzeit, an welche auch die runden Gränzsteine auf den Plätzen und vor einzelnen Häusern erinnern, vom späteren Mittelalter römischen Vorbildern nachgeahmt, ohne die Bedeutung des Symbols zu ahnen.

> *Der Bogen dieses Römerthores, der so genannten Pfaffenpforte, befindet sich im Museum. Die letzte Bezeichnung ist keineswegs von Ports Paphia und eben so wenig davon herzuleiten, daß hier Geistliche aufgeknüpft worden, die den Bürgermeister Hermann Gryn von einem Löwen wollten zerreißen lassen, den dieser aber mit starker Faust erlegte, wie die Chronik der hilligen Statt Coellen S. 227, b erzählt, sondern einzig daher abzuleiten, daß die Geistlichen aus der Nachbarschaft und aus dem nah gelegenen St.-Andreasstifte durch dasselbe und das so genannte Domgängelchen ihren Weg nach dem Dom nahmen, da früher auch die Litsch, das ganze Domkloster abgeschlossen war.*

Kirchen und Kirchhöfe

Die majestätisch bauprächtigen Kirchen bieten, zwar verfallen, vernachlässigt und unbeachtet, einen Schatz der monumentalen Architektur vom zwölften bis fünfzehnten Jahrhundert, wie denselben in solchem Reichthume keine Stadt Europa's, selbst Rom nicht, aufzuweisen hat. Sie verkünden das geistliche Ansehen des mittelalterlichen Kölns in ihrem Verfalle, wenn auch noch zum Gottesdienste benutzt, in ihrer mehr als trostlosen Verwahrlosung, die schon seit länger denn zwei Jahrhunderten vernichtend an ihnen gezehrt hat, aber auch den ewigen nothwendigen Wechsel der Dinge. An diesen mahnen auch nicht minder ernst die selbst in den volkreichsten Theilen der Stadt um die Kirchen liegenden und noch benutzten Friedhöfe mit ihren altersgrauen, bemoos'ten, zerfallenen Leichensteinen, ihren halbversunkenen Steinkreuzen, den frischen Grabhügeln und den in den Beinhäusern bleichenden und modernden Gebeinen und Schädeln. Wie allgewaltig auch die Macht der Gewohnheit: schauerlich unheimlich war der Eindruck, besonders für uns Kinder. Leichen- und Moderduft umfängt uns auch betäubend, sinnraubend in den meisten Kirchen, deren Krypten und Gewölbe Todtenkeller. Ohnmachten, das "Flauwerden" einzelner Andächtigen während des Gottesdienstes eine alltägliche Erscheinung.

Der neue Kirchhof in Melaten, wo vordem ein Pesthaus für
Aussätige, wurde erst 1811, am 29. Juni, durch den damaligen
Dompfarrer und Domdechanten Joh. Mich. DuMont J. U. D.
eingeweiht. In den Inschriften, welche den Eingang würdig
schmücken, hat sich unser seliger Wallraf, geboren 20. Juli
1748, gestorben am 18. März 1824, selbst das schönste
Monument gesetzt. Sie lauten:
Have in beatius aevum seposta seges.
Transi non sine votis mox noster.

Hat auch die Speculation schon unter den hundert und neunzig Kirchen und
Capellen der vorfranzösischen Periode mit blindem schonungslosen
Vandalismus aufgeräumt, Wallraf aber mit seinem lebendigen Sinn für das
Schöne, die bauschönsten gerettet; stoßen wir auch an allen Enden auf
Schutthaufen und Ruinen, da die Mehrzahl der Gotteshäuser und Klöster auf
den Abbruch verkauft wurden, und gewöhnlich an Blei und Eisenwerk den
Ankaufspreis aufbrachten: so gab doch es noch kölner Bürger, die zu fromm
gewissenhaft, um Kirchengut zu kaufen. War dieses Zerstören auch für Viele
ein einträgliches, ihren Wohlstand begründendes Geschäft, so haben doch
manche einzelne Stifte und Klöster ihre bauschönen Kreuzgänge, ihre
alterthümlichen, malerischen Umbauten noch erhalten, nur um so malerischer
in ihrem Verfalle. Mit dem Abbruch vieler der Kirchen und Klöster fing die
Stadt an, einmal ein wenig freier zu athmen, Luft zu schöpfen. Unbegreiflich
ist es, wie Alles in einander gebaut und verbaut war; so soll die Augustiner-
Kirche bis weit in die Straße gestanden, dieselbe ganz eingeengt haben. In
der Zeit, von der wir reden, war der Augustinerplatz schon geebnet, eine Art
Gartenanlage mit Oleanderhecken.

Dom

Auch der Dom ist eine Ruine. Die Egalitäts-Männer der Revolutionszeit, die in
Köln toll gespukt hatten, wie uns unsere Eltern erzählten, schleppten
Wappenschilder und ähnliche Zeichen der Feudalzeit aus dem Dome
zusammen und verbrannten sie feierlichst auf dem Neumarkte. Bei dieser
Gelegenheit hatte man auch die Grabstätten der Erzbischöfe und
Kirchenfürsten durchwühlt, die zinnernen Särge in den Schmelztiegel wandern
lassen und weggeschleppt, selbst was niet- und nagelfest war, unter Anderen
die bronzenen Grabbilder, so auch dasjenige des Dom-Gründers, des
Erzbischofs Conrad von Hochstaden, das zu retten unserem Wallraf gelang.

Selbst die Heiligenbilder an den Straßen-Ecken - wobei zu bemerken, daß an der Ecke der großen Budengasse auf der Hochstraße, an der Helf's Apotheke, wie sie jetzt heißt, im dreizehnten Jahrhundert das erste Muttergottesbild errichtet worden -, so wie die Heiligenbilder an einzelnen Häusern waren, zum größten Schmerz der frommen Bürger, durch die Egalitäts-Männer fortgeschafft worden. Sie hatten auch den Abbruch des Domes beantragt. Später machte der Präfect Ladoucette, dessen Residenz Aachen, alles Ernstes den Vorschlag, den Bau mit italienischen Pappeln zu umpflanzen, um diese partie honteuse der Stadt zu verbergen.

Die bauherrliche Chorrundung des Domes wird durch die fast an dieselbe von Süd nach Nord stoßende Kirche St. Maria zu den Staffeln (Iaria ad Gradus) den Blicken entzogen. Hinter dieser Kirche zieht sich um den Dom sein Friedhof, auf demselben trug ein weißer Kirschbaum kostbare Früchte, von denen ich oft in verbotener Weise genascht habe. Schauerlich düster, unheimlich, selbst am Tage, ist die ganze Umgebung der Kirche St. Maria zu den Staffeln. An derselben, nach dem Platze zu, war in einer Nische ein Kreuz angebracht, vor dem allnächtlich eine Lampe brannte, welche eine Familie Titel aus meiner Nachbarschaft versorgte. Von der großen Sporgasse und von der Trankgasse führten mehrere ausgeschlissene Stufen hinan, zum Wege an der Kirche vorbei, eine wahre Cloake, die Lagerstätte von urherkömmlichen Professionsbettlern, daher auch die urkölnische sprüchwörtliche Redensart, wenn Jemand viele Kupfermünze in der Tasche hatte: "Do haess gewess an der Marjriete Trapp jesesse!" Düster rauschen thurmhohe Pappeln auf dem Marjrieten Berg, dem Abhange zum Mariengraden Platze oder Kloster, einem weiten, schmutzigen Grasplatz von verfallenen Häusern, den ehemaligen Wohnungen der Stiftsherren eingeschlossen, an der Ostseite von dem als Criminal-Gefängniß benutzten Frankenthurme schauerlich überdroht.

Domhof

Rings um den weiten Bau des Domes drängen sich Häuser und Häuschen aller Gattungen, selbst an die Südseite ist noch ein Kirchlein, die Hofpfarrkirche St. Johann angeklebt, als hätte man sich der Schmach des hohen Baues in seinem Verfalle geschämt. Gleich Schwalbennestern sind Hütten und Gademen, wo Rosenkränze, Dreikönigen-Briefchen, Hubertus-Riemchen und Heiligenbilder verkauft werden, dem gewaltigen Torso, wie zum Spotte, angeheftet, zwischen seine Grundpfeiler eingezwängt; sogar auf dem Stumpfe des nördlichen Thurmes baut sich eine Wohnung; mit spärlicher Ausnahme aber alle so traurig, schaurig, düster, dem Verfalle preis gegeben, wie der Bau selbst.

Seine, vom scharfen Zahne der Zeit seit Jahrhunderten benagten, von der Wuth der Stürme zerrissenen und zerbröckelten Pfeiler, Phialen und Laubkreuze, das verwitterte Laub- und Maßwerk der Fenster sind mit Gräsern und Schmarotzerpflanzen überzogen, durch bunte Moosdecken gefärbt; auf den Giebeln, zwischen den Klüftungen der Galerieen wiegt die Nelkenviole ihre goldbraunen, süßduftenden Blüthendolden; aus allen Ritzen und Fugen des Thurmes wuchern Sträucher und Büsche, wilde Rosen, Hollunder, selbst stämmige Mispelbäume. Reiches Pflanzenleben schlingt seine lebensfrischen Gewinde um alle Theile des hohen Werkes, dessen Heiligkeit die Menge so wenig achtet, so wenig ehrt, welches sie in seiner nächsten Umgebung dergestalt verunreinigt, daß es an manchen Stellen eine Kunst, ja, eine Unmöglichkeit, sich dem Dome zu nähern.

Das Innere entspricht dem Aeußeren, im traurigsten Verfalle. Das Langhaus ist in der Höhe der Säulen mit durch die Zeit braun gewordenen Brettern verschalt; aber im Vergleiche zu anderen Kirchen ist das Innere immer möglich rein gehalten.

Beim geringsten Regen rauscht das Wasser in Strömen von allen Enden herein. An den Markttagen benutzen die Gemüseweiber mit ihren Korbpyramiden, mit ihren Lasten auf dem Kopfe den Dom zur Durchgangstraße, um sich die Wege abzukürzen.

Umgebung

Und welche Umgebungen umtrauern die herrliche Ruine! Die Häuser, welche das Domkloster umziehen, entsprechen als Wohnungen der ehemaligen Domherren im Aeußeren ihrer Bestimmung, so an der Westseite die Wohnung des Weihbischofes von Merle, an der Südseite die der Domcapitularen von Mylius und von Geyer. Nur in der nordwestlichen Ecke hinter der Rentei liegt das düstere Dom-Backhaus, und der schauerliche Durchgang "et Doom Gängelche" nach der Pfaffenpforte.

Aber wie schildere ich den Domhof selbst? Wellenförmig läuft der Platz von West nach Ost jäh ab, fußhohes Rietgras, Malven, die kölnischen Katzekiescher und Unkraut überwuchern im Sommer die ganze Fläche, von einer Cloake durchzogen, deren ewiger Inhalt nichts weniger, als Weihrauch. In der südwestlichen Ecke droht unheilverkündend das Criminal-Gefängniß, die "Hacht", ein schauerlicher Bau, dessen düsteres grauenhaftes Aeußere von den Gräueln erzählt, welche derselbe in seinen Verließen mit ihren steinernen Fuß- und Handstöcken, ihren Halseisen und schweren Fesseln birgt. Wir Kinder schlugen ein andächtiges Kreuz, wenn wir vorüber gingen, und dies nicht minder bei dem, an die, dem südöstlichen Eingange des Domes vorgebauten Häuser stoßenden unheimlichen Bau, den wir das "hohe Gericht" nannten, wo den armen Sündern ihr Todesurtheil verkündet, wo der Stab über sie gebrochen, wo sie dem Henker zum letzten Gange überantwortet wurden. Den an der Kirche St. Johann früher eingemauerten "blauen Stein", eine zerbrochene Schieferplatte, über der das kurfürstliche Wappen angebracht war, hatten die Revolutionsmänner vernichtet. Wer kannte aber nicht des Nachrichters Spruch, mit welchem dieser den armen Sünder drei Mal mit dem Rücken an den Stein stieß, ehe er den Karren bestieg, ehe die Armsünderglocke von dem Thurme dröhnte: "Ich stüssen dich an der bloe Stein, Do küss dingen Vader un Moder ni mih heim!"

Haarsträubende Erzählungen knüpfen sich an diese schaurigen Stätten, wie an die Geschichte des Domhofes selbst. Ihrer Schauerlichkeit entspricht aber auch die Umgebung des Platzes.

Das neben der Kirche St. Johann gelegene Seminar-Gebäude, auf der anderen Seite, fast neben der Hacht, das Official-Gericht mit der Thomas-Capelle, damals Sous-Préfecture, und neben der Kirche zum heiligen Geist das Ehl'sche, so genannte Ballhaus ausgenommen, umtrauern verfallene Gademen oder Hütten, morsche hölzerne, von Schuhflickern oder Altruyschern bewohnte Baracken, an deren Bedachungen ein Mann mit der Hand reichen kann, die ganze Süd- und Ostseite, in der südlichen Ecke von einem hohen Baue mit einem schweren Satteldache überragt, der "Glaser-Hütte", so genannt, weil hier der Bürgermeister von Beywegh 1697 durch zwei Italiener, Bartolomeo und Ottavio Masari, eine Glasfabrik anlegen ließ. Der Volksüberlieferung gemäß sind aber in der Glaser-Hütte die schönen Glasgemälde des Domes angefertigt worden, und daher der Name.

In einer Stadt, wie Köln, konnte man sich nichts trostlos Vernichtenderes denken, als den Dom in seiner Trauer, nichts Bettelhafteres, als den damaligen Domhof.

Altermarkt

Den reichsten Stoff zu ähnlichen Schilderungen böten mir die meisten anderen Plätze und Klöster (claustra), wie man die ursprünglich abgeschlossenen Umbauten der Stifter nannte, wo die Stiftsherren, nachdem das klösterliche Zusammenleben aufgehoben worden, in einzelnen Häusern wohnten. Werfen wir nur einen Blick auf den "Altenmarkt", der sich in seinem Baucharakter wenig verändert, nur einzelne neue Giebel erhalten, und hier oder da aus mehreren vier- und fünfstöckigen schmalen Häusern ein einziges Local entstehen sah. Jedes Haus hat sein Aushängeschild, seinen bestimmten Namen, wie früher alle Häuser der Stadt, als man noch an kein Numeriren derselben dachte.

Heumarkt und Neumarkt

Im Allgemeinen hat der anstoßende Heumarkt den Charakter der Wohlhäbigkeit, einzelne Prachtgiebel neben bauschönen aber verfallenen alten Facaden aufzuweisen, und seit 1730 in seiner Mitte das Börsengebäude. Eine altherkömmliche Staffage des Heumarktes sind am Nordende die Bänke der "Altruyscher" oder Schuhflicker, aber nur mit altem Leder, von denen man uns erzählte, sie hätten die Stadt einmal vor einem feindlichen Ueberfalle gerettet, und daher genössen sie dieses Rechtes.

Ein Bürgermeister, Johann Balthasar von Mülheim, schuf der Stadt 1740 den jetzigen Neumarkt, vordem ein veröteter Platz, in dessen Mitte eine Lache, eine Pferdeschwemme, neben der eine Windmühle, die erste im fünfzehnten Jahrhundert in der Stadt errichtete. Der Platz war ehedem von den Bürgern zum Vogelschießen benutzt worden.

Die südliche Seite des Neumarktes war mit neuen Häusern bebaut, auf der nördlichen Seite die jetzt niedergerissene Capelle St. Gertrud, dann die Stadt Prag, mit ihrem bauprächtigen Erker, jetzt die Richmodstraße, und das Haus der Familie von Haquenay, uns Kindern ein Ort des Unbegreiflichen, wo der Gott sei bei uns, wie man uns erzählte, seinen Sabbath hielt, denn dort haus'ten die Freimaurer. Dann auf der anderen Ecke, Caseusgasse, das Haus zur Papageien, in welchem die wiedererstandene Frau Richmod von der Aducht gewohnt hatte. Die Ecke des Platzes bildet hier der Blankenheimer-Hof, seit 1811 kaiserliche Tabaks-Manufactur, und daran stoßend das Arresthaus, die "Bleche Boz", früher ein Clarissen-Nonnenkloster.

Dasselbe wurde als Domaine von dem Vater des Architekten Hittorff in Paris gekauft, später von dem Baumeister Butz zu seinem jetzigen Zwecke umgebaut, und daraus machte der kölner Volkswitz den Namen. Der Ankäufer, ein Klempner, führte den Spitznamen "Blechen Alexander". Die Ostseite der Umgebung des Platzes bildet der Gymnicher-Hof, die Westseite an Aposteln stoßend, das Klöckerwäldchen, eine Baumpflanzung zu einsamen Spazirgängen, wo früher die Schaubühne errichtet war. Und hinter demselben der schauerliche Kirchhof von St. Aposteln, das Kloster des Stifts, eine idyllische Gänseweide.

Für uns Kinder war die Abbildung des Platzes mit dem riesigen Ochsen mit den plastischen, vergoldeten Hörnern, welche das Vorhaus des Heimann'schen Hauses, jetzt Mosler's Conditorei schmückte, und aus der alten Goldschmiedzunft herrührte, ein wahres Kunstwunder.

Der Platz selbst kann uns mancherlei von den politischen Schicksalen der Stadt erzählen. Am 4. October 1794 sah er die ersten Franzosen, am 9. wurde der Freiheitsbaum auf demselben errichtet, und er hieß "Place de la République", dann "Place des Victoires" und trug eine Pyramide zur Verherrlichung der Siege Napoleon's, dessen Rame "Place de l'Empereur", auch, "Place d'armes", der Neumarkt später führte, bis die Franzosen am 14. Januar 1814 von demselben aus abzogen.

Straßen im Innern

Wählen wir auch die Hauptader des Stadtverkehrs, die Hochstraße, von St. Paul die Fettenhenne entlang, an der Huhschmitt, unter Goldwagen vorbei, wo uns neben der Ecke der großen Budengasse aus dunkeln Taxusbüschen Sommer und Winter Tausende von Spatzen mit ihrem melodischen Gezwitscher erfreuen, gehen dann an den vier Winden entlang, unter Wappenstecker, an den Augustinern unter Pfannenschläger, wo von früh am Tage bis spät in den Abend das weittönende Gehämmer der Pfannenschmiede schallte: freundlich, geschäftig, lebendig ist das Bild der Straßenreihe keineswegs. Wir Knaben machten uns im Vorbeigehen den Spaß, die Schmiede zu fragen, wie viel Uhr es sei? und ließen uns durch die uns nachgeworfenen Hämmer nicht abschrecken, so oft als möglich den Schabernack zu wiederholen.

Der allgemeine Eindruck der engen, unregelmäßigen, von vielen verfallenen Häusern eingerahmten Straßen ist eben kein freundlicher. Selten verlief sich Jemand über den Bering der Altstadt hinaus, es sei denn zum Besuche einzelner Kirchen. Aber um so düsterer, um so trostloser, je mehr wir uns von den belebteren Stadttheilen entfernen, jedoch malerisch über alle Beschreibung. Welch' ein Wechsel der Bauformen, welche romantische Mannigfaltigkeit in der Färbung! jeder Giebel eine Maler-Studie.

Umgebung des von Zuydtwich'schen Hauses

Die bauschönen, romanischen, bis ins dreizehnte Jahrhundert hinaufreichenden Bogenfacaden aus Tuff, mit Säuleneinstellungen aus schwarzem Marmorschiefer, die Wohnungen der edlen kölnischen Geschlechter, jetzt Privathäuser, die Burgvesten ähnlichen Edelsitze und Höfe der benachbarten Abteien und adligen Familien mit ihren Zinnen, Erkern und schlanken Lugthürmen - jeder Bau ein Blatt Geschichte -, an welche sich einzelne vier- und fünfstöckige Treppengiebel des sechszehnten und siebenzehnten Jahrhunderts reihen, in deren Schatten wieder kleine, oft nur einstöckige, spitzgegiebelte, nicht selten zu zweien unter ein Dach gezwängte Häuschen gleichsam Schutz suchen, während selbst in den Hauptstraßen viele Häuser mit ihren Ueberbauten den Bewohnern Licht und Luft nehmen. Hohläugig, spukhaft blicken manche derselben in die engen, grasbewachsenen Straßen, auf die verödeten Plätze, die, mit Bäumen staffirt, meist, wie manche außerhalb des eigentlichen Berings der Altstadt gelegenen Straßen in ihrem Verfalle malerische Brunnenhäuschen aufzuweisen haben, indem man in jenen Stadttheilen noch keine Pumpen kennt.

Manche Gebäude, über alle Beschreibung verkommen und verwittert, dienen den einzelnen, im gefälligen Mansarden-Style des achtzehnten Jahrhunderts erbauten Häusern, die wir Knaben als wahrhafte Paläste anstaunten, zu einer mehr als malerischen Folie. Und sind diese stattlichen Wohnungen einzelner Patricier und Bürgermeister-Familien, weniger Kaufherren, keine Paläste im Vergleich ihrer ärmlichen Umgebung? Die Worte fehlen mir, wollte ich, um nur ein Beispiel anzuführen, die damalige Umgebung des von Zuydtwick'schen Hofes, welchen der oben genannte Bürgermeister von Mülheim für sich baute, des jetzigen erzbischöflichen Palastes schildern, die alle Gräuel des Verfalles aufzuweisen hatte.

Napoleon I. in Köln

Als Napoleon I. bei seiner letzten Anwesenheit in Köln im von Zuydtwick'schen Hofe abgestiegen, hatte man die mehr als trostlose Nachbarschaft mit Bäumen und Maien zu maskiren gesucht, und dem Hause gegenüber das Elend hinter mit allegorischen Figuren bemalten Theater-Versetzstücken, in denen man es damals stark that, versteckt. Bei dieser Gelegenheit hörte ich einen Bürger, vom Kaiser und seiner Gemahlin sprechend, sagen: "Hae es ald he, un Idt kutt disse Nommendag!"

Charakter der Häuser

Auf den meisten stattlichen Treppengiebeln, und selbst auf den niederen Spitzfronten, knarren die alten, rostigen Wetterfahnen, die "Wimpeln". Drohend ragen unter den Giebelschlüssen die phantastischen Greinköpfe in die Straße hinaus, zum Hinaufziehen von Lasten bestimmt, und auch wohl zum Aufhängen der geschlachteten Ochsen und Schweine benutzt. Geschäftig umflattern die heimlichen, für heilig gehaltenen Schwalben die langgewohnten Nester in den über vielen Thüren angebrachten Fratzenköpfen, welche die Sage bis ins eilfte Jahrhundert, in die Zeiten des Erzbischofes Anno I. versetzt, als Erinnerung an die Bürger, denen der streng zürnende Bischof, nach einer Empörung der Bürgerschaft, die Augen ausstechen ließ. Sie sind aber zur Aufnahme der Schrotbäume angebracht, denn die däftigen Bürger legen sich ihren Wein ein, sei es nun Propre ersi von ihren Weingütern, oder beim Producenten selbst gekaufter Ahrbleichart.

Jedes ordentliche Haus hat seinen Schrot, auch wohl eine besondere Schrotthür.

An Stangen befestigt, schaukeln sich noch hier und da, besonders in den Vorstädten, die uralten, eisernen Aushängeschilder, flattern die zum Trocknen ausgehängten Tücher, das wollene Garn der Blaufärber. Wie gemüthlich gießen bei der geringsten Regenschauer die mit reichem, phantastischen Laub- und Schnörkelwerk aus Blei verzierten, weit hinausstarrenden Dachrinnen ihre Wasserströme in die Straßen, während zu allen Tageszeiten die Küchencascaden, vulgo Spülsteine, in allen Höhen vom Boden ihre Brühe auf das Plafter plätschern, und zwar ganz schonungslos gegen die Vorübergehenden.

Die mit starken Eisengittern oder oft kunstvoll geschmiedeten Eisenkörben verwahrten Fenster der Erdgeschosse, ihre schweren äußeren Holzblenden, die mit Eisen oder doch mit dreiköpfigen Nägeln beschlagenen Thüren, mit ihren, von durchlöcherten Eisenplatten geschützten Lugschaltern, den schweren eisernen oder messingenen Kumpen zur Aufnahme der Hausschlüssel, geben manchen Häusern das düstere Ansehen von Gefängnissen, und uns einen eigenen Begriff von der früheren Sicherheit der Bürger.

Einen wahrhaft unheimlichen, spukhaften Eindruck machen auch viele der alten, schauerlich düsteren himmelhohen Giebel mit ihren halbverfallenen, an einem Angelhaken hängenden Laden, ihren hohlen Fensteröffnungen, den kleinen grünen, runden, meist tauben Scheiben, die in allen Farben des Prisma's spielen, und nicht selten in ihren papiernen Sternen, mit welchen sie zusammengeklebt, ein ganzes Firmament zeigen. Fast ein jedes dieser unheimlichen Häuser war der Schauplatz einer grauenvollen Sage.

Was erzählten sie uns Kindern nicht Alles, was wußten sie nicht zu erzählen? Selbst von den, in den mannigfaltigsten Gestalten geformten messingenen und eisernen Thürklopfern, wie Drachen, Löwen, Seeweibchen, Engel und Teufel, Schlangen, alte Männer und Frauen, in sonderbaren Trachten und sonstigen phantastischen Ungethümen gestaltet, erzählt sich die Phantasie die buntesten Märlein. Die schauerlichsten Sagen und Spukgeschichten machen der lieben Jugend viele Plätze und Häuser unheimlich, so daß sich ein Knabe im Tage nur mit Grausen, aber nicht leicht bei Nacht und Unzeit in ihre Nähe wagte.

Düster ist das Aussehen vieler Straßen auch dadurch, daß die Mehrzahl der Häuser noch den natürlichen Ton des Tuffs, der Ziegel und des Mörtels haben in allen nur möglichen Nüancen der so malerischen Färbung der Zeit, zerfressen und zerbröckelt.

In den entlegenen Stadttheilen putzt der Tünchquast zur Kirchweihzeit die kleinen Giebel jährlich auf. Oelanstrich der Giebel war eine solche Seltenheit, daß ich mich noch erinnere von einem Bürger, der seinen Giebel in Oel anstreichen ließ, sagen gehört zu haben, er müsse nicht wissen, wie er's aufkriegen sollte. Als an Lyskirchen ein Bürger sein Haus hatte anstreichen lassen, und die wüste Schuljugend ihm die Marktafel des Wasserstandes von 1784 beschmutzte, ließ er dieselbe so hoch am Giebel anbringen, daß die Knaben sie nicht mehr erreichen konnten.

Noch lebt der furchtbare Eisgang und die dadurch entstandene Ueberschwemmung des Jahres 1784 in der Erinnerung mancher Kölner. Das Wasser erreichte die unglaubliche Höhe von 39 1/2 Fuß, als am 28. Februar, Vormittags, die an einzelnen Stellen 14 bis 16 Fuß dicke Eisdecke durchbrach. Eine Menge Häuser in der Stadt wurden durch die Fluten vernichtet, 2700 mehr oder minder beschädigt und an der Kehlmauer verschiedene Rondelle, Thürme und Mauerstrecken von der Gewalt des Wassers und Eises fortgerissen. So weit die historischen Nachrichten gehen, wurde die Stadt zu verschiedenen Malen von ungeheuren Ueberschwemmungen heimgesucht.

Am 4. Januar 1374 stieg der Rhein so furchtbar, daß man, wie die Chronik berichtet, über die Stadtmauer, die aber nicht so hoch, wie jetzt, fahren konnte, und zwar bis zum Quattermarkte und zu den Treppen an Mariengraden. Das Wasser verlief sich erst nach Ostern. Im Jahre 1432 wurde die Stadt von sechs Eisfahrten heimgesucht, die viele Schiffe zerstörten und eine Menge Häuser an der Rheinseite vernichteten. Der Rhein brach 1496 bei Wesselingen, Godorf und Rodenkirchen durch, und überschwemmte das Land bis Melaten. Alle Dörfer und Ortschaften standen Wochen lang unter Wasser, und Köln litt unsäglichen Schaden. Drei Eisgänge richteten 1670 bedeutenden Schaden an, und 1740 brach der Rhein bei einer Höhe von 28 Fuß unterhalb Cunibert durch, und setzte die ganze Niederung unter Wasser, weßhalb denn vom Jahre 1741 bis 1745 der Nieler Damm erbaut wurde. Eine ausführliche Schilderung der furchtbaren Katastrophe von 1784 findet man im 4. Bande, Seite 73 fflg. von Dr. von Mering's Werk: "Zur Geschichte der Stadt Koln am Rhein."

Umbauten

Hier und da wurden Spitzgiebel gekappt und mit flachem Sims versehen; uns Knaben Wunderwerke der Baukunst. An verschiedenen Enden der Stadt baute man einzelne neue Häuser, aber als Seltenheit; und unter diesen ward als ein Non plus ultra bewundert das Haus in der Schilderergasse auf der Ecke der Kreuzgasse, dessen Facade der jetzige Präsident der pariser Académie des Beaux-Arts, der Kölner Hittorff, als Steinmetz-Lehrling beim Baumeister Leisten, entworfen hatte. Sonst begnügte man sich damit, hier und da einzelnen Häusern einen ganz neuen Giebel zu geben mit größeren Fenstern und der nüchternsten Formen-Monotonie, ließ aber die alten Dispositionen des Inneren ungestört mit allen Kämmerchen und Hängstübchen, man baute bloß, wie der Kölner sagte, - einen Flabes.

Flabes, die Maske, das Gesicht. Süddeutsch: die Flabbe, das Hängemaul, Geifermaul; das italienische fiaba, die Lüge.

III. STRAßEN-LEBEN.

Straßen-Phosiognomie - Pflaster - Equipagen - Das alte Dom-Capitel - Bettler - Straßen-Reinigung - Hahnenkämpfe - Läuffersche - Aepfelweiber - Schürger - Usstievel - Ladengeschäfte - Marktleben - Ausrufen in den Straßen - Straßen-Unterhaltungen - Stadt-Originale - Kinderspiele in den Straßen - Spitzenklöppeln in den Wirkschulen.

Straßen-Phosiognomie

Der alttestamentarische Fluch: "Es soll Dir Gras vor der Thür wachsen!" ist der Mehrzahl der Häuser, wenigstens in den dem Verkehr fern liegenden Gassen und Straßen in Erfüllung gegangen. Und diesen Fluch, der verderbendrohend auf der Stadt lastete, konnte Napoleon dadurch nicht bannen, daß er Köln unter die 49 , "bonnes villes de l'Empire" aufnahm.

Wo es die Breite der Straße nur einiger Maßen zuläßt, sind vor einzelnen Häusern ein paar Linden- oder Kastanienbäume gepflanzt, hat man die Enge des Weges durch eine Reihe von Gränzsteinen, an den Häusern der Vornehmern mitunter durch Ketten verbunden, noch mehr verengt. An einzelnen Häusern sind steinerne Sitzbänke angebracht, schwere Basaltblöcke fast an allen Thüren und auf den Häuserscheiden eingelassen. Sie haben, wer weiß, wie vielen Geschlechtern zu Sitzen gedient, sind durch die Zeit ordentlich polirt, und wurden theilweise beim Neubau des Sicherheitshafens weggeschafft, als Baumaterial benutzt.

Pflaster

Gepflastert sind die Hauptstraßen; aber wie? Ich hörte noch unseren seligen Herrn Erzbischof, den Grafen Ferdinand August von Spiegel, auf die Frage, wie ihm die Stadt gefalle, sich dahin äußern, "die Stadt sei sehr interessant, aber nur schade, daß man in den Straßen weder gehen, noch reiten, noch fahren könne." Und welche Thierquälerei in den Straßen! Gestürzte, unter den Lastfuhren zusammengebrochene Karrengäule sind ein gewohntes, tagtägliches Straßenschauspiel, um das wir an allen Enden Haufen von Gaffern gruppirt finden, so glatt rund sind die großen, abgeschliffenen Basaltsteine, so lückenhaft ist die unregelmäßige Pflasterung, zu der man zuweilen, so unter sechszehn Häusern, viele Fuß breite Blöcke, halbe Mühlensteine und dergleichen verwandt hatte. Daß uns Knaben das regelmäßige Pflaster auf dem "Platz", wie man, nach mittelalterlichem Herkommen, den in seinen drei Eingängen durch schwere Gitterthore geschützten Raum vor dem Rathhause und das Rathhaus selbst, den eigentlichen Bürgerplatz, hieß, als wahre Mosaik-Arbeit erschien, wird niemanden wundern.

Equipagen

Die wenigen Equipagen, die in der Stadt gehalten wurden, - nur Herstadt, Mumm und Schaaffhausen hielten Luxuspferde und fuhren auch wohl vierspännig -, waren auf das Pflaster gebaut. Die gewichtigen Kasten hingen in schwerem Riemenwerk an massiven Federn oder Schwanenhälsen, hatten schwerbeschlagene Räder, und wirkten Nieren, Herz und Nerven erschütternd.

Fahren gehörte übrigens zu den seltenen Vorkommnissen des Lebens. Die Bürger bedienten sich bei festlichen Gelegenheiten der ungeheuren Kasten der Lohn- oder Heuerkutscher, deren die Stadt siebenzehn zählt. Selbst Kaufherren, die eigene Wagen besaßen, hielten keine Pferde, denn nur "keine fressenden Möbel"! war ein Grundsatz der alten Kölner. Hielt ein Kaufmann Pferde, so bediente er sich derselben auch zum Gütertransport; doch war dies noch eine Seltenheit, denn der echte Kölner hätte sich ein Gewissen daraus gemacht, weil dadurch die "Rihführer", oder Fuhrleute am Rhein in ihrem Verdienste beeinträchtigt. "Leven, un leve lösse"! war der Haupt-Lebensgrundsatz unserer Väter.

Welch' ein Jubel für die liebe Jugend, wenn bei vornehmen Hochzeiten oder Kindtaufen der "Engelches- oder Himmelches"- Wagen zum Vorschein kam, mit diesen Namen bezeichnet, weil das Panelwerk mit Amouretten à la Boucher staffirt. Wahrscheinlich, wie die meisten Stadtwagen, noch eine Reliquie aus der Zeit der Domgrafen und Domherren, die gerade in prachtvolle Equipagen, kostbare Pferde-Geschirre, Vorläufer, Haiducken und Lakaien ihren Stolz setzten. Mit welchem Staunen horchte ich meiner Großmutter, schilderte sie mir die Pracht der Equipagen des Domprobstes Grafen von Oettingen, mit der er der letzten Kaiserkrönung in Frankfurt beigewohnt hatte. Stand die alte Frau am Fenster und hörte in der Ferne einen Wagen schwerfällig heranrasseln, trat sie gewöhnlich von demselben zurück, und gab mir einmal, als ich sie nach der Ursache fragte, die Antwort: "Ich mag da Beddelskrohm nitt an sinn"! Und nun schilderte sie eine Auffahrt des alten Dom-Capitels am Drei-Königenfeste, wobei kein Pferd, kein Beschlag eines Geschirrs, kein Läufer, kein Kutscher und Bedienter, keine Livree irgend eines Grafen oder Domherren vergessen wurde und welche Pracht!? Die weit wallenden rothsammtnen, reich mit Gold gestickten und mit Hermelin verbrämten Talare der Prälaten. Man muß nämlich wissen, mein Großvater war Stadtsattler und Volkstribun, ein Vierundvierziger seiner Zunft gewesen, auf seiner Boutique, wie man die Sattler-Werkstätte nannte, waren diese Herrlichkeiten zum großen Theil geschaffen worden.

Das alte Dom-Capitel

Die Dom-Capitulare waren alle reich, und dabei sei nur beiläufig gesagt, unser altes Dom-Capitel hatte täglich 3000 Goldgulden zu verzehren. Herkömmliche Sitte war es auch, bei den Festmahlen der Domgrafen, Geld unter das Volk werfen zu lassen.

Aufsehen machte in meiner Kindheit schon die Erscheinung einzelner Portechaisen, weil man in denselben die Kranken ins Hospital abholte; doch waren sie noch in vornehmen Familien für die Frauen in Gebrauch. Vor französischer Zeit standen die "Pottechaisen" auf einzelnen Plätzen, namentlich auf dem Rathhausplatze, mit den sie als Träger bedienenden Stadtsoldaten, den Funken, wie jetzt die Droschken aufgestellt sind. Die als Raritäten in den Straßen sich zeigenden sind oft reich vergoldet, mit Schnitzwerk ausgestattet, und mochten wohl Bürgermeister- und Rathsherren-Frauen gedient haben, wenn diese sich in den Straßen herumtragen ließen, um mit guten Worten, freundlichen Blicken und klingender Sprache Stimmen für die Wahl des Herrn Gemahls zu sammeln.

Bettler

Unabsehbar sind die Reihen der Dreck- und Aschenhaufen in den Straßen, denn wurde auch die Asche und der Kehricht in den belebteren Straßen zum Abholen für den "Dreckmann" in Körben hingestellt, so war es aber eine Lieblings-Beschäftigung der Knaben, diese Körbe umzuwerfen, und zudem wurde aller nur denkbare und undenkbare Abfall und Unrath ungescheut vor den Häusern ausgeschüttet, der an manchen Stellen, selbst mitten in der Stadt oft hügelhoch angewachsen. Menschlichkeiten findet man aller Orte, und namentlich um die Kirchen und öffentlichen Gebäude, wie dies eine Menge Sprüchwörter und sprüchwörtlicher Redensarten bekundet. Die Natürlichkeit thut sich dabei eben so wenig Zwang an, wie noch heutigen Tages in den Städten Italiens und Spaniens. An diese Länder erinnern uns auch die vor allen Kirchthüren, besonders an Festtagen, haufenweise lungernden Bettler und Bettlerweiber, die von Geschlecht zu Geschlecht das Bettlergewerbe trieben, denn selbst die Plätze der Bettler an den Kirchen waren erblich, wie auch die der "Kähzemöhne", welche den frommen Seelen die kleinen Unschlitt- und Wachs-Lichter zu ihren frommen Opfern verkaufen.

Scharenweise ziehen, besonders an Freitagen und Sonnabenden, die Bettelweiber, die Röcke über den Kopf geschlagen, durch die Straßen zu ihren Kunden, wo sie der Gabe gewiß sind. An den Thüren schnarren sie ihre Gebete monoton herunter, und auf "Tods Amen" folgt wohl zuweilen ein eben nicht erbauliches Schimpfwort, werden sie mit dem altherkömmlichen: "Joht e God's Name" abgewiesen, was übrigens eine Seltenheit. Jeder ordentliche Bürger hatte seine Anzahl "Aerm Lück", wodurch die Bettlerclasse stereotyp, so daß die meisten der Professionsbettler eine wahre Meisterschaft im Betteln oder "Kötten" besaßen, in der Italiens Bettler ihnen den Preis nicht streitig machen konnten.

> *Kötte, fragen, betteln, von dem französischen: quéter, Almosen sammeln.*

Straßen-Reinigung

Streng durchgeführte, regelmäßige Straßen-Reinigung hielt man für Ueberfluß. Noch vor Tagesanbruch rasseln die Schürres- oder Handkarren der so genannten "Mistschröfler" polternd durch die Straßen, um den Unrath fortzuschaffen; sie nehmen aber bloß, was sie als Dung benutzen können. Am Morgen sieht man allenthalben Weiber in Thätigkeit, die neu entstandenen Aschenhaufen aus einander zu wühlen, um die Kohlen zu suchen, die vielleicht durch den Rost gefallen, wenn auch in einer echten Bürgerhaushaltung selbst die Asche noch zum zweiten Male durch den Ofen muß. Eine stehende Beschäftigung der Bettlerclasse ist dieses Aschedurchwühlen, umsonst hieß es da nicht: "Dae Drickes deit ene goden Heroth." - "Wae kritt hae dann?" - "Et Sting, datt haett ene Stuver Geld, ene neue Korf, un auch en god Hand zom raafen." Hieran reiht sich das "Sodensehrappen", das Durchsuchen der unbeschreiblichen Straßenrinnen nach altem Eisen, Nadeln und dergleichen, die gewöhnliche Beschäftigung des Bettler-Nachwuchses beiderlei Geschlechts.

Hahnenkämpfe

Die Mistsultane mit ihren Harems scharren im Laufe des Tages die Kothhaufen völlig aus einander, denn Hühner werden in allen Straßen gehalten. Meist sind die Keller ihr Obdach für die Nacht; die Straßen im Tage ihr Reich. Nach dem Mittagessen liegen die Eigenthümer auf der "Gader", so heißen die halben Thüren an den Häusern der Handwerker und Krämer, und weiden sich mit genüglichem Selbstgefallen an ihren stolzen Gockeln. Hahnenkämpfe sind an der Tagesordnung. Die Herren der befiederten Gladiatoren nehmen Partei, und gewöhnlich endigt in einer Nachbarschaft der Kampf mit einer Schimpferei der Hahnenkönige, gegen welche die Helden Homer's wahre Schulbuben sind.

Läuffersche

Oede, menschenleer sind die meisten Straßen. Nur wer muß, geht bei Tage aus; an Werkeltagen ist Spazirengehen etwas Abnormes. Ich habe noch alte Leute gekannt, die nie vor die Stadtthore gekommen, nicht wußten, ob das Korn am Halme oder auf den Bäumen wuchs. Besonders auf Frauenzimmer, die sich viel auf der Straße sehen ließen, wurde mit Fingern gezeigt, sie erhielten den bezeichnenden Namen "Laeufersche", und waren sie in ihrer Toilette etwas modisch auffallend, noch andere.

Gar oft beizt Dir in den gangbarsten Straßen scharfer Holzdampf die Augen; es sind die Faßbinder, welche auf der Straße ihre Fässer ausbrennen, wie sie denn überhaupt ihr Geschäft meist mit betäubendem Gehämmer auf offener Straße treiben. Dichter Kaffee- aber noch häufiger Cichorien-Dampf qualmt uns an manchen Orten erstickend entgegen, da man auch die Straße zum Kaffee- und Cichorien-Brennen benutzt, besonders des letzteren - es war die Blüthezeit des "Zuckereis", welcher eben nebst so manchen Surrogaten, mit denen uns die französische Zeit beglückte, aufkam.

Aepfelweiber

An den gangbareren Straßenecken und Plätzen hatten die Freundinnen der Kinder, die "Appeltiffen" ihre Stände, ihre urherkömmlichen Sitze, oft Familien-Privilegien. Ich werde nie "et dauv Griet" an der Bechergasse vergessen, nie die Frau Ködtjes, ein wahres "Roß Bayard" , "mieh als en Rihpäht", wie der Kölner ein die gewöhnlichen Formen-Verhältnisse überschreitendes Frauenzimmer nannte, der kolossale Dictator der Fladdergaß auf dem Markte. Welche Freuden, wenn die ersten "Kesche-Steckelcher" an de "Kröhm", dann de "Katömmelcher, de fresch geleute Nöß, de Melacatungse (3), de gekochte Kruschteien (Kastanien), die Kruschteien-Kränzcher, de gebacke Birren" kamen. Die "Huschpöttcher" der Apfelweiber und Kappesbäurinnen im Winter, die Feuerkielen, die holländischen Stoofjes, in die mitunter eine mit Schießpulver gefüllte Holzkohle praktisirt wurde, oft mehr als komisch in ihrer Wirkung, zum Jubel der den Schelmenstreich verübenden Knaben. Die Apfelkräme waren der grüne Tisch der Knabenwelt, von den hier gepflegten Spielen werden wir uns später noch unterhalten.

Das Roß, welches die vier Haimonskinder trägt, heißt "Bayard".

Schürger

In der Nähe der Kräme, an den Ecken der Hauptstraßen lungern nach urherkömmlichen Gebrauche unsere Ecksteher, die "Schürger", die Help en bandoulière, und die aufgesteckte blaue Schürze fehlt nie, die Factota der gesammten Nachbarschaft, da sie nicht selten mehr als ein Menschenalter eine Stelle behaupten, die Stammbäume ganzer Straßen kennen und selbst in die Mysterien zarter Natur eingeweiht sind, denn die besaß Köln auch vor fünfzig Jahren, wie ich mir erzählen ließ.

Melacatungs, Pfirsiche, von dem Spanischen Melocotones.

Der alte Kölner setzte einen Stolz darin, eine "Zo Döhr" zu haben, d. h. kein Geschäft zu betreiben, nur machte hierin eine Ausnahme alten Herkommens, daß einzelne Familien den Wein, den sie selbst gezogen, aus dem Hause verzapften. Man hielt es sogar für afgruntierlich, Zimmer zu vermiethen, und hatte man des Raumes noch so viel. Zimmer-Bewohner wurden mit einer Art Geringschätzung als "Kammerhäre" bezeichnet.

Afgruntierlich, beschimpflich, afgrunteren, beschimpfen, von dem Französischen affront, affronter, das Spanische afrenta, afrentar.

Die Geschäfttreibenden haben meist halbe Thüren, so genannte Gader mit einer Schelle, und, was der Mann zu verkaufen hat, selbst Brod, Fleisch und Fisch, und wie sonst die Handelsartikel heißen, sie müssen auf irgend eine Weise, auf Stellagen, an Krampen auf die Straße gehängt werden; an Straßensperre konnte da nicht gedacht werden, es war kein Straßenverkehr.

Usstievel

Höchst originell sind die Inschriften der Aushängeschilder der kleinen Herbergen in den Thorstraßen. Bei den Branntweinbrennern "Brandewingstöcher", wo ein "Dröpche" gezapft wird, fehlt nie über oder neben der Thür der Wachholderstrauch, den unsere Väter "Hand Gottes" nannten. Die größeren Laden in Manufactur-Waaren, Laken, wie der Kölner das Wollentuch nennt, Zitz, Kattun u. dergl., haben den größten Theil des Vorrathes berghoch auf Stühlen vor den Thüren ausgekramt, nach dem Erfahrungssatze: "Wat der Boor nitt süht, dat en kaeuf hae nitt"! Auf dem Altenmarkte, dem "jolde Bödemchem", wie seine Umwohner den Platz mit selbstgefälligem Stolze nannten, in der Bechergasse, alten Styls: "Gürtler-Gäßchen", dem Centralpuncte des Detailhandels, lag die größte Kunst im "Usstievel" und in der Suade, mit welcher die, Voerstaendesche" oder die Ladenjungfern die Vorübergehenden zum Kaufen von der Thürschwelle einzuladen suchten. Eine Kunst, in der sie den Damen des ehemaligen pariser Temple nicht nachstanden und selbst mit russischen Ladenbesitzern wetteifern konnten. Echt patriarchalisch war aber noch damals die Sitte, daß jeder einzelne Laden sich auf bestimmte Waaren beschränkte, es für eine Sünde gehalten wurde, zu führen, was der Nachbar führte.

Ladengeschäfte

Das Ladengeschäft war sehr häufig die Aufgabe der Hausfrau, wenn der Mann noch ein Amt oder einen Dienst hatte.

So finde ich noch in einem Adreßbuche des Jahres 1797: "Filzengraben 61, Jacob Bender, Advocat, und thut in allen Gattungen von Ehlenwaaren", oder, um wenigstens einige Proben zu geben: "Holzmarkt 230, Joh. Jos. Ortmann, Rathsverwandter, Kammer-Assessor und schwarzer Seife Fabrikant", auf der Hochpforte 6613: "Wilh. Jos. Wecus, Rathsverwandter, Stimmmmeister, Rathsrichter und Kriegs-Commissarius, Pulver-Fabriquant, Spediteur und handelt auch mit Wechseln", oder Heumarkt 1074: "J. P. Kramer, Rathsverwandter, Kammer-Assessor, und thut in Specerey."

Damals gab es auch noch Kaufleute und Fabrikanten, die ihr Journal, Memorial, Cassen- und Hauptbuch im Kopfe hatten, da sie Schreibens unerfahren. Ihr Comptoir bestand in Notizstrichen hinter der Thür, oder in dem uralten Kerbholze, dem Hauptbuche der Bäcker meiner Kindheit. Außerordentlich reell müssen aber die Geschäfte gewesen sein, denn noch steht es lebendig vor meiner Seele, daß wir Knaben die Kinder eines Kaufmannes unserer Nachbarschaft, welcher fallirte, mit einer Art Abscheu betrachteten, mieden, als ob sie den Aussatz gehabt hätten. Mord und Todschlag hätte schwerlich unter der Bürgerschaft keine größere Wirkung hervorrufen können, als ein Bankerott in damaliger Zeit. Jahre lang war ein solcher Fall Gegenstand der Unterhaltung! In dem Schimpfworte:

"Bankrötter", oder "Bankröttisch Pack" lag für uns Kinder der Inbegriff alles Schlechten. Und nun erzählte man uns, wie in alten Zeiten in Köln die Bankerottirer Jahr und Tag, das heißt ein Jahr und sechs Wochen mit einem Strohhut umhergehen, und an den Festtagen an der Domthür sitzen mußten, die Vorübergehenden um Almosen anflehend, damit sie ihre Schulden bezahlen konnten.

Marktleben

Welch' ein Leben auf dem Markte an den Markttagen, besonders am Freitage, dem Hauptmarkttage. Das Anrufen der Gemüsehändlerinnen, der Marktweiber, welche über dem allgemeinen Kopftuch, gegen Sonnenschein und Regen, noch den eigen geformten schweren vlaemischen Strohhut tragen, das Anpreisen ihrer Waaren und das laute Handeln. Keine Bürgerfrau ließ sich den Marktgang nehmen. Mitunter wird der Markt an einem Tage ein paar Mal besucht, um zu sehen, ob ein "Rämschge" zu machen, d. h. zufällig irgend etwas vortheilhafter einzukaufen. Haushälterisch waren unsere Mütter.

Was drängt sich dort das Volk zusammen? Weßhalb eilt Alt und Jung an die Thüren. Wildes Geschimpfe; in den Ausdrücken nicht weniger originell und kräftig und saftig, wie die berühmten Sachsenhäuser bei Frankfurt, sind die kölnischen Dames de la Halle, unsere Poissarden. Von Worten sind sie zu Thaten gekommen, zuerst wird der Kampf mit Körben und Bleivchen gekämpft, dann gerathen sich die Markt-Mänaden in die Haare, zerkratzen und zerzausen sich, wie die Furien, reißen sich die Kleider vom Leibe zum Jubel der Umstehenden. Wer schildert das Wuthkreischen der Rasenden? Wer ist im Stande, die Schimpfreden und Einladungen wiederzugeben? Selbst Shakespeare hätte bei den Vorkäuferschen und Marktträgerinnen Kölns noch Manches lernen können. Ein Markttag ohne ein ähnliches Schauspiel war nicht denkbar.

Jeder Marktag bringt seine neuen Bänkelsänger, stets von hellen Haufen umlagert, besonders von Landleuten, die bei den gräßlichen Mordgeschichten, den überschwänglichen Ungeheuerlichkeiten, von der heiseren Stimme eines Weibes mit dem größten Pathos erzählt und gesungen, gar oft, von ihren Gefühlen überwältigt, in Thränen zerfließen. An Charlatanen auch kein Mangel; hier flickt einer Porzellan, versilbert Kupfer und Messing, macht Flecken aus und preis't der Himmel weiß, welche Mittel an, bis zu der englischen Wichse, deren Wunder wir als eine neue Erfindung bestaunten, denn außer Thran, kannten wir nur Eierwichse; beim gewöhnlichen Bürger aber auch nur ein Sonntags-Luxus, zu welchem die sparsamen Hausmütter selbst die faulen Eier aufbewahrten. Und dann in der Kirche als Knabe auf den Steinplatten neben Jemanden knieen, dessen Schuhzeug also parfumirt.

Die Monotonie einzelner Straßen wird von Zeit zu Zeit unterbrochen durch Trommelfell zerschmetterndes Peitschenknallen, in denen es die Fuhrknechte zu einer gewissen Virtuosität gebracht haben, durch das Jammergeschrei der Schweine, das Stöhnen der Schafe und Kälber, die man alle auf offener Straße schlachtet und zurecht macht.

Ausrufen in den Straßen

Von Morgens bis Abends tönt in den Hauptstraßen das stereotype Rufen der Verkäufer und Einkäufer: Gein Milch?! Haht er gein Lumpe?! Hat er nix zo binge?! Und nun die Gemüseweiber: Haht er gei Foder? worauf wir Kinder antworteten: Bröck di Moder! - Hofschlöt, Schnickschlöt! Piterzilje un Zellerie! worauf die Antwort: Haet mi Moder om Maht feil, Röben en der Kuhle, wann de Männer suffe gonn, machen de Wiver Muhlen! - Laduck un Andive! worauf geantwortet: Werf se en de Soht, datt se drive! - Schere schlif! Schere schlif! und wir Kinder: Watt der Mann verdeent, versüff datt Vif! - Fresche Böckem! - Drei Eier ene Stüver, we de Boore F-t esn deck! - Fing Besseme gaele! - Frechemer Aehde-Gescher! - Trippel un Knick! - Schwaegelspihn gaele! - Um die Zeit der Gottestracht: Landweck! Landweck! und wir Kinder sangen: Un der Boor es janz jeck! Eine stehende Litanei in allen Tonarten durch einander schreiend, ein babylonisches Sprachgewirr, mit obligatem Esel-Naen der Sandbauern, die mit dem Rufe: "Gaehlt er geine Sand!" mit ihren sandbeladenen Langohren durch die Straßen trieben.

Straßen-Unterhaltungen

Dazwischen das Jammern einer verstimmten Drehorgel, deren Inhaber mit einer sentimentalen Stentorstimme: "Guter Mond, du gehst so stille", oder "Ist denn Liebe ein Verbrechen"? oder "Heinrich schlief bei seiner Neuvermählten", oder "Unser alter Staats-Verwalter trägt eine graue Mütze" singt, sich mit der Baskentrommel, der kölnischen Lavumm von einer Dulcinea begleiten läßt, deren Geschäft außerdem das Einsammeln der Spenden und der Verkauf der "Drei neuen schönen Lieder".

Lavumm, Baskentrommel oder Tambourin, ist eine Klangnachahmung, eine Onomatopöe.

Savoyarden- und Auvergnaten-Knaben mit ihren Leierkasten herumspringend, mit ihren Marmotten: Habedemi, Habedema! Habedimi Marmotta! mit ihren tanzenden Puppen, mit ihren Dintenfäßchen - dem "Tinte koop! Tinte koop!" geben dem Straßen-Leben mitunter eine neue Färbung. Ein holländischer Pulischinellen-Kasten war ein Stadt-Ereigniß. Das Dumm! dum-dumm!, welches die Pfeife eines Bärenführers, eines Kameeltreibers mit seinen Affen oder gar eine Hunde-Komödie begleitete, konnte eine ganze Straße in Alarm setzen, waren die von der Jugend heißersehnten Schauspiele.

Ein Stadtjubel, wenn so genannte englische Reiter in den buntesten Costumes, unter hellem Trompetenklang, hoch zu Roß durch die Straßen ziehen, die weiblichen Pferdebändiger auch wohl beritten, oder im Schmucke der blendendsten Theaterpracht, leuchtend vor Schminke auf hohen Triumphwagen, um die Schaulustigen zu locken, in den hochtrabendsten Tiraden zu ihren Vorstellungen einzuladen. Der Jugendwelt unvergeßliche Momente.

Zu diesen zählten auch die Menagerie-Buden auf dem Heumarkte, mit ihren schauerlich gemalten Ungethümen und der lebendigen Naturgeschichte, den Ausrufern vor denselben.

Auf mich machte immer einen unheimlichen Eindruck die fremde Erscheinung der ungarischen "Triakelkrämer" (theriaca), die gelben Gesichter mit den kleinen, scharfen, pechschwarzen Augen, den aufgewichsten, weitabstehenden, schwarzen Schnauzbärten, den blauen oder grauen Schanzläufern, den hellblauen, reich mit Metallknöpfen besetzten Jacken, den anliegenden Hosen und den bespornten Stiefeln. In viereckigen Kistchen trugen sie ihre Medicamente, ihre Panaceen feil, kannten Mittel für jede Krankheit und jedes Gebrechen bei Menschen und Vieh - und hatten stets große Kundschaft, besonders unter den Frauen. Man schilderte sie zudem uns Kindern als Seelenverkäufer, welche besonders in Deutz haus'ten, wie man uns vormalte, um uns nur jedes Gelüste zu nehmen, uns jemals über den Rhein zu wagen.

Einen eben so ängstlichen Respect, wie vor den Triakelkrämern, hatte ich vor den Häusern, auf deren Thüren oder Fensterladen ein weißes Kreuz auf schwarzem Schilde angebracht war.

Dem vorwitzigen Knaben hatte man gesagt, dort wohnten Kartenschlägerinnen, selbstredend Hexen. Es waren, wie ich später erfuhr, die Wohnungen der Hebammen.

Stadt-Originale

Jedes Stadtviertel hat seine komische Persönlichkeit, irgend ein männliches oder weibliches Original, einen Spielball der harmlosen Spötterei der Knaben und selbst älterer Leute. Die "Alles ist vergänglich"! der "Bombom", das "Hungsmadämche" waren an allen Enden der Stadt bei Jung und Alt eben so bekannt, wie der "Hat er jet zo binge"?! das "Melcherche", das "Schötzengelche", der "gecke Habilius", "Herr Pax ä Papierche"? der "Krumme Siebenundsiebenzig", "Et Elsteraugen Evche" und wie die sonstigen komischen Straßentypen alle hießen. Zu den Straßenstaffagen gehören auch die immer im Trabe daherschlänkernden Barbiere, die Perückenmacher mit den aufgemachten Perücken daherrennend, oder mit den Schachteln, in denen sich die zurechtgemachten Haartouren der Damen befanden, und zu gewissen Tageszeiten die Bäckerburschen in den blauen Schürzen, welche Brod zu ihren Kunden trugen, oder mit den Hefenbüttchen bei den Brauern Jagd auf Hefe machten.

Kinderspiele in den Straßen

Auf den meisten öffentlichen Plätzen nach den Schulstunden oder an den Spieltagen immer munteres Kindertoben. Jede Jahreszeit, jeder Monat brachte sein Spiel, seine Unterhaltung, wie wir später hören werden, und mit der größten Gewissenhaftigkeit wurden diese Fristen von der lauten Knabenwelt, die ungestört an allen Orten nach Herzenslust spielen durfte und spielte, inne gehalten. Damals gab es noch keine Protocolle wegen "Plätsch und Roß" spielen, wegen eines unschuldigen Kreisels oder Fangballes, der vielleicht einmal den Unrechten getroffen, oder unglücklicher Weise seinen Weg in eine Scheibe oder Straßenlaterne genommen hatte. Muthwillig, voller Schelmenstreiche, "Leckspönerei", sagt der Kölner, spieltoll war die Jugend, aber nicht so gemein frech, so raffinirt, so zerstörungssüchtig, wie es unsere Straßenjugend jetzt ist, trotz allen Schulzwangs, trotz aller Policei-Agenten und aller Constabler.

Die Stadtpolicei stand damals unter dem Bürgermeister. Die Stadt hatte einen Policei-Inspector, vier Policei-Commissare, deren jeder zwei Policei-Diener, nach kölnischer Bezeichnung "Sergeanten" oder "Zübelchesmänner", zur Verfügung standen. Des öffentlichen Straßenspiels schämten sich selbst Jünglinge nicht, denen die Conscription mit allem ihrem bitteren Herzleid vor der Thür stand.

Oft sehen wir auf den Plätzen, in den Straßen die Jugend heiße Schlachten fechten; denn feindselig standen sich die einzelnen Plätze, wie der Domhof, der Altenmarkt, der Heumarkt und der Augustinerplatz und die verschiedenen Schulen entgegen, und gar oft bricht dieser Haß unter den Knaben in wilde Treffen aus, bei denen Fenster und Straßenlaternen eben nicht verschont blieben, und welche häufig das Einschreiten der Policei nothwendig machten. Ein ewiger, unversöhnlicher Krieg bestand zwischen den Zöglingen der Secundär-Schule - früher Jesuiten-Gymnasium - der Boosch, wie die Kölner sagten, und den Schülern der umgränzenden Pfarrschulen, ein Haß, der sich bis in die freireichsstädtischen Zeiten verfolgen läßt, wo sich außerdem die so genannten Studenten der drei damals bestehenden Gymnasien stets in den Haaren lagen und die Zipfel ihrer Mäntel, in die selbst Steine geknüpft wurden, mit der größten Hartnäckigkeit gegen einander gebrauchten. Diese im Sommer sich oft wiederholende Knaben-Krawalle hatten die Folge, daß sich ein Knabe nicht ohne Begleitung aus seinem Bezirke in einen anderen wagte, weßhalb uns, außer unserer Nachbarschaft, dem Kirchspiel, das übrige Köln eine wahre Terra incognita war.

Bösch, herzuleiten vom mittellateinischen "Bursa", Studentenpfrunde, Stipendium, auch die Gemeinschaft an solchen Stipendien, mehrere Stipendiarien, die gemeinschaftlich von ihren Bursen lebten, daher "Bursarii", aus welchem Worte sich der Name "Bursche" für Student gebildet hat. - In Köln wurden die in vorfranzösischer Zeit bestehenden drei gelehrten Schulen oder Gymnasien "Bursae" genannt, das dreigekrönte Gymnasium hieß "Kronenbursch".

Einen allgemeinen Straßenaufruhr gibt es, wenn zuweilen ein armer Hund, dem böse Buben ein altes Blechgeschirr an den Schwanz gebunden haben, wie rasend durch die Straßen rennt, und durch das Geschrei der Straßenjugend: "Geis do heim! Geis do heim!" aufs Aeußerste verwirrt in einen Leichenzug geräth, der unter herkömmlichem Choralgesang langsamen Schrittes dahinzieht. Unter großem Geleite von Geistlichen und Verwandten wurden die Leichen aller nur etwas wohlhabenden Bürger von Alexianer-Brüdern durch die ganze Pfarre, in der sie gestorben, getragen. Die Protestanten hatten schon einen Todtenwagen, immer für uns Kinder im Geleite der Schreibrüder eine auffallende Erscheinung. Straßenauflauf veranlaßte das Begräbniß eines Juden.

Nicht geringeren Lärm setzte es ab, wenn im Sommer die Schinder durch die Straßen zogen, um die frei laufenden Hunde todt zu schlagen, immer gefolgt von einer Rudel Knaben, welche es darauf anlegten, mit dem Rufe: "Geis do heim! Geis do beim!" die Hunde zu verscheuchen, und nun die Hundejäger verhöhnten, hatten sie, zum Jubel der Bürger, denselben einen armen Hund abgejagt.

In einigen entlegenen Straßen, wie Diepengasse, Griechenmarkt, Löhrgasse, Entenpfuhl und Altengraben, wohin sich jedoch selten Jemand ohne Nothwendigkeit verlief, finden wir im Sommer ein Stück Italien, italienisches Straßenleben, den reichsten halb nackt, oder ganz adamitisch sich herumtummelnden Kindersegen. Vor den Thüren der niederen, hüttenähnlichen Häuser, in langen Reihen im zwanglosesten Negligé, die Spitzenklöppelerinnen, die "Wirkeschen". Derber Scherz und Witz, die originellsten Lieder begleiten die künstliche Arbeit. Da singt die Eine: "Dausend Seufzer schecken ich zo Der

Durch einen kalten Wind vun mer,
Wann ich an Dich denke,
Wann ieh denk' an Dich."

Unerschöpflich ist der Reichthum an ähnlichen Liedern, welche die kunstgeübten Finger der Wirkerinnen beflügeln.

Die Erscheinung eines Fremden erregt Aufmerksamkeit. Er wird verspottet, verhöhnt, und weh' ihm, läßt er sich mit diesen Weibern in Wortstreit ein, tritt er Einer zu nahe. "Dae kraeg si Fett", wie der Kölner sagt.

Der Ausdruck ist aus einer französischen Redensart entstanden: Dire à quelqu'un son fait; donner à quelqu'un son fait, Einem die Wahrheit sagen, ihn derb zurecht weisen, sei es mit Worten oder Handgreiflichkeiten. Der Köolner sagt: "Hae kritt si Fett", "einem si Fett jeven".

Unerschöpflich ist die Sturmflut der Schimpfreden, besonders aber, wenn sie unter sich in Wortkampf gerathen; hier kann die zungenfertigste Sachsenhauserin in die Schule gehen, an schlagendem Wortwitze wird sie übertroffen. In diesen Straßen kommt es auch noch vor, daß den Zimmerbewohnern Thür und Fenster ausgehoben werden, wenn sie die Miethe, den Zins nicht bezahlen können, um so der Freigäste ohn zu werden.

Spitzenklöppeln in den Wirkschulen

Ein trauriges Bild "weißen Sclaventhums" waren die so genannten Wirkschulen, etwa fünfzig an der Zahl, in denen vielleicht 800 bis 1000 Mädchen, die für gewisse Jahre an die Vorsteherinnen dieser Schulen völlig verkauft waren, im Spitzenklöppeln unterrichtet wurden, der unverschämtesten, schnödesten Gewinnsucht ihre Jugend und ihre Gesundheit zum Opfer bringen mußten.

IV. DAS INNERE DER HÄUSER.

Bevölkerung - Millionär - Werth des Grundeigenthums - Zo Döhr/Innere Disposition der Häuser - Heilige Lampe - Vorhaus - Ausstattung der Zimmer - Möbel der Staats-Gemächer - Reinlichkeit - Freier - Rumpelkammer - Leinwandschrank - Küche - Beschreibung - Der Saal - Haus-Conditorei/Festgelage - Kölsche Pefferlecker - Wohnstuben der Handwerker - Singvögel - Pützvögelchen - Eichhörnchen - Wachtel oder Böckteröck! - Kinderzucht - Prügelexecutionen - Gärten - Höfe.

Bevölkerung

Köln mochte vor fünfzig Jahren in vielleicht 7000 Häusern einige vierzigtausend Menschen beherbergen.

Ueber die Bevölkerung des mittelalterlichen Kölns ist gar viel gefabelt worden. Man spricht von weit mehr als 100,000 Seelen. Wo sollen sie aber gewohnt haben? Denn keinenfalls hat die Stadt je mehr, als 10,000 Häuser gehabt - wenn sie so viele hatte. Die Stadt zählte 1781 nach dem Material zur geistlichen und weltlichen Statistik des Erzstiftes 8000 Häuser und 40,000 Einwohner, von denen aber nur 6000 Bürger und 2600 Geistliche beiderlei Geschlechts. Minola gibt in seinen Beiträgen für das Jahr 1800 nur 7404 Häuser an, mit 38,844 Bewohnern, dieselbe Häuserzahl hatte die Stadt auch 1795. Im Jahre 1802 werden 42,000 Seelen angegeben, und 1804 schon allein an katholischen Pfarrgenossen 48,300, wobei aber zu bemerken, daß die Zahl der Unterstützungsbedürftigen stets auf ein Viertel der Einwohner veranschlagt wird. Die Bevölkerung betrug Ende 1826 aber schon 66,073 Seelen in 7000 und einigen zwanzig Häusern; 1827 war sie gestiegen auf 57,022 in 7193 Häusern; Katholiken waren 54 210. Evangelische 2886, und Israeliten 425. Die Bevölkerung zählte 1840 schon 67,000 Seelen, von denen 62,000 katholisch, 4000 evangelisch und die übrigen mosaischen Bekenntnisses, und ist bis jetzt in immer steigender Progression gewachsen. Jetzt hat Köln 110,000 Einwohner in vielleicht 10,000 Häusern.

Millionär

Herr von ein paar Millionen Thalern - ein Begriff, welcher in der Zeit, von der ich rede, die Vorstellung der Mehrzahl der Bürger Kölns überstieg, denn ein Millionär, mit ehrfurchtsvoller Scheu wurde das Wort ausgesprochen, war uns Kindern ein unbegreifliches Wesen, dem alle Schätze der Welt zu Gebote standen; hatten wir nicht gehört, daß Napoleon, erkundigte er sich nach dem Wohlstande einer Stadt, in seiner lakonischen Weise fragte: "Combien de millionaires?" - Herr von ein paar Millionen, sage ich, geneigter Leser, hättest Du ganz Köln sammt seinen Kirchen kaufen können.

Werth des Grundeigenthums

Höre nur, um welche Preise damals Häuser auf den gangbarsten Straßen verkauft wurden, verschaffe Dir einige Kaufbriefe aus der Zeit, von der wir reden, nicht trauen wirst Du Deinen Augen, vergleichst Du den damaligen Preis des Grundeigenthums mit dem heutigen. Ich kenne Häuser und Grundstücke in der Mitte der Stadt, die damals mit 1800 bis 2000 Reichsthalern, zu 60 Stüber oder 23 Neugroschen angekauft wurden und jetzt nicht für 20- bis 30,000 Thalern feil sind. In demselben Verhältnisse stand der Zins, die Miethe.

Bei 200 Reichsthalern für das größte Haus schlug man die Hände über dem Kopf zusammen. Es mußte schon ein hochstehender Beamter sein, der 1200 Francs Gehalt bezog. Von den Wingerten und Gärten will ich gar nicht reden - was konnte man da nicht für ein paar hundert Reichsthaler kaufen?

Wer dachte aber auch an Kaufen? Die wenigen Speculanten in Domainen-Gütern, darüber schüttelte die Mehrzahl der Bürger den Kopf, das konnten sie mit ihren Grundsätzen nicht vereinbaren. Auch warnte das alte kölnische Sprüchwort nicht umsonst:

"Wer wellt verderve un weiss nitt we,
Dae keauf ahl Hüser un baut de!"

Zo Döhr/Innere Disposition der Häuser

Die innere Einrichtung der Häuser, selbst derer, die eine "Zo Döhr" hatten, in denen kein Geschäft betrieben wurde, ist möglichst einfach, fern von allem Schein-Luxus, aber durch und durch däftig. Comfort und bequeme Wohnlichkeit in der Disposition des Innern, vernünftige Benutzung des Raumes, das waren Dinge, von welchen die damalige Baumeister keinen

Begriff hatten. Wie sich die Familie vermehrte, mehr Räume nöthig machte, hatte man in den meisten Häusern Kammern und Hangstübchen hineingeflickt. Selbst auf die beiden Haupt-Lebensbedingungen: Licht und Luft, achtete man nicht.

Charakteristisch war es in allen gewöhnlichen Bürgerhäusern, daß der Eingang zum Keller im Vorhause unmittelbar an die Hausthür stieß, weil diese auch als Schrotthür benutzt wurde.

Purzelbäume in den Keller von Jung und Alt waren an der Tagesordnung. Wer war da nicht einmal in den Keller gefallen? Die Vertheilung des Raumes in den kleinen Häusern hatte man rein dem Zufall überlassen, die Zimmer wahre Kauen.

Heilige Lampe

In größeren Häusern waren die Hausfluren, die Dielen, mit großer Raumverschwendung angelegt, was sich in den dem Rheinviertel zu gelegenen erklären läßt, denn hier dienten die Dielen als Waarenlager; dann fehlte auch nie der Wagenbalken von der Decke hängend. Wenige oder gar keine Häuser von Katholiken gibt es aber, wo das Vorhaus nicht ein Kruzifix, ein Muttergottesbild ziert, gewöhnlich über der Stubenthür, vor welchem an gewissen Tagen, Freitag oder Samstag, und bei gewissen Festen ein Licht brennt. Auch der geringste Bürger spart sich am eigenen Munde vielleicht die Kosten des Oels ab.

Vorhaus

Im Vorhause des däftigen Bürgers ist die "Pähsch", die Leinwandpresse, ein unentbehrliches Möbel. Das Tischleinen wurde nach dem Gebrauch in derselben gepreßt und das kleine Tischgeräthe aufbewahrt. Zierde des Vorhauses war die stattliche Hausuhr mit dem kunstvoll geschreinerten Kasten, oft Meisterstücke der Marqueterie, mit dem in Messing oder Zinn reichgravirten Zifferblatte, künstlich gezeichnet, zeigt die Uhr auch noch die Daten und die Mondviertel an. Für uns Kinder unbegreiflich, selbst übernatürlich, wenn sich auf dem Zifferblatte ein Thürchen öffnete, ein Vogel heraussprang und mit heller Stimme sein: Kuckuck! Kuckuck! Kuckuck! zu rufen schien.

Die Wohnzimmer eng; aus der Wohnstube führt immer ein Fenster, das sich öffnen läßt, in das Vorhaus. Dunkle düstere hölzerne Wendeltreppen findet man in der Mehrzahl der Häuser; ein Seil, das charakteristisch kölnische Treppenseil, ersetzt das Treppengeländer; doch ist mitunter der Stiegenbaum so gegliedert, daß man ihn als Rampe benutzen kann. Außerordentlich bauschön sind aber in vielen der ehemaligen Patricier- und Bürgermeister-Wohnungen die stattlichen steinernen Wendeltreppen, oft wahre Meisterstücke der Construction.

Ausstattung der Zimmer

Die Ausstattung der Zimmer in den Bürgerwohnungen möglichst einfach. Eine über die gewöhnliche Dimension hinaus gehende Fensterscheibe war uns Kindern ein Gegenstand der Bewunderung, und noch steht es lebendig in meiner Seele, mit welchem Staunen ich in einem Bürgerhause von der Straße aus ein tapezirtes Zimmer bewunderte. Beim ordentlichen Bürger ersetzte der Weißquast um Ostern oder Pfingsten alle Tapeten und Malerei, und hatte das Zimmer keine Fußbekleidung aus Strohmatten, kein hölzernes Getäfel, keine Lamperie, wie wir Kölner sagten, wurde der Fuß, nach urherkömmlicher Weise, mit Schwärze oder Lackmuß angemalt. Meisterwerke der Kunst waren für mich einzelne, in Wasserfarbe angestrichene, mit einer durch Chablonen gemalte Draperie oder Blumen-Guirlande als Simsverzierung geschmückte Zimmer. Ausgaben, die gewiß in den Augen mancher Kölner für Verschwendung galten, und welche sich nur der bemittelte Bürger erlaubte und erlauben konnte.

Möbel der Staats-Gemächer

In den Staats-Gemächern der Häuser der Vornehmen sieht man nur Lurxus entfaltet in mächtigen formenreichen Kaminen, in der reichen Stukatur-Arbeit der Decken, deren Manche bis ins sechzehnte Jahrhundert hinaufreichen und mitunter polychromirt sind, in den Tapeten von antwerpener Leder in Gold und Farben gedruckt, oder von Tuch mit Dessins in Gold; seltener kommen Hautelisse Tapeten vor. Gewöhnlich sind die Prachtmöbel, die schweren Tische schön eingelegt mit kunstvoll gearbeiteten Stollen, Sessel und Stühle den Teppichen der Wänden entsprechend, entweder mit antwerpener Leder, oder mit Hautelisse überzogen. Zimmer mit Wald-Landschaften der Gebrüder Manskirsch geschmückt, gehörten zu den Seltenheiten; moderner Luxus waren in gar wenigen vornehmen Häusern pariser Tapeten mit Landschaften und bunt knallender Figuren-Staffage.

Reinlichkeit

Fußteppiche bilden die seltensten Ausnahmen, nur hier und da findet man Strohmatten als Fußwischer, das Scheuertuch, "Opnemmensdohg", mußte deren Stelle ersetzen, war gerade am Samstag gescheuert. Bei dem wohlhabenden Bürger sind die Zimmerböden, auch wohl die Kellerdiele, mit weißem Streusande bestreut, und auf diesem, nach holländischer Sitte, mit dem Kehrbesen allerlei Figuren gezogen. Reinlichkeit ist eine Tugend der kölner Hausfrauen.

Freier

Die Haupt-Scheuertage fallen vor den Haupt Feiertagen des Jahres, besonders um Ostern, dann wird der "Judas gefegt"; um Fastnacht und Pfingsten sonst aber fleißig Jagd auf die von der Decke hängenden "Freier" gemacht, wie die Kölnerinnen das Spinngewebe nennen.

> *Freier heißt eigentlich der Bewerber, der einem Mädchen den Hof machende. Hat die Magd nun viele Liebhaber, denkt sie wenig an die Hausarbeit, das Putzen und Fegen, und das Spinngewebe, die Freier stellen sich ein. Hängt sich einem Mädchen Spinngewebe ans Kleid, denkt ihr Freier an sie. Daher das Sprüchwort: "Vill Freier an der Hand, vill Preier an der Wand".*

Macht sich auch das Wort "altfränkisch" schon geltend, und drängen sich auch schon Möbel in dem ungelenken französirten griechischen Geschmacke, oder à l'Egyptienne in einzelne Häuser im Allgemeinen aber hält man noch treu an dem altväterlicher Hausrath. Vielsagend sind allenthalben die mächtigen eichener Tische mit ihren gewundenen und Knauf-Stollen, die gewichtiger Stühle und lederüberzogenen Sessel mit ihren hohen Rücken, phantastisch mit geschnitztem Laubwerk und Fratzenköpfen verziert, und mit breiten kupfernen Nägeln beschlagen, die gewaltigen reichgeschnitzten Schränke, selbst Laden aus Ebenholz, die gar oft bis ins fünfzehnte Jahrhundert hinaufreichen, die altehrwürdigen Himmelbettstellen - wahre Familien-Chroniken. Nur bei vornehmen Familien findet man Prachtmöbel à la Louis XV.

Rumpelkammer

Diese Familienstücke, sind sie selbst invalide, werden mit einer rührenden Pietät aufbewahrt, und eben darum ist in jedem echtkölnischen Bürgerhause die "Rumpelkammer" ein wahres Heiligthum, uns Kindern eine neue Welt, wenn wir da einmal mausen konnten, eine reiche Fundgrube der Wunder und Märchen, denn was wurde da nicht alles in schwerbeschlagenen Kisten und Kasten, in Truhen und Pappschachteln aufbewahrt? Auch das Kleinste, das je der Familie gedient, an das sich nur irgend eine Familien-Erinnerung knüpfte, wird gewissenhaft aufgehoben, ein Bunterlei, das selbst die lebendigste Phantasie nicht zu schaffen im Stande ist. Im bunten Durcheinander sind hier Erzeugnisse der letzten Jahrhunderte aufgestapelt, defect gewordene Möbel, Kleidungsstücke aller Arten, Hüte, Hauben, Perücken, hochabsätzige Mulen oder Pantoffel, wenn auch mottenzerfressen, bis zu den "Reihlievern" aus Fischbein zusammengesteppte, oft kostbar in Gold und Silber gestickte Cuiraffen oder Leibchen, die Poschen oder vertugades, die aus Stuhlrieth geformten Gestelle der Reifröcke, der vertugadins, in welchen die Großmama oder Urgroßmama einst einherstolzirt. Alles, selbst Gläser und Porzellangeschirr, wenn auch defect, außer Gebrauch gekommenes Kupfer- und Zinngeschirr findet sein Plätzchen - eine kölner Hausfrau ließ nicht das Mindeste verkommen, "zo Schande waede", wie sie sagt. Selbst der Moderduft, welcher die Luft der Rumpelkammer schwängert, hat etwas Ehrfurcht Athmendes.

Leinwandschrank

Der damaligen kölner Hausfrauen Stolz war der Leinwandschrank und die Küche. Den ersteren bezeichnete man treffend als heimlichen Reichthum und heimliche Armuth. Der aus schwerem Eichen- oder Nußbaumholz, ja, selbst massiv aus Ebenholz gearbeitete Schrank mußte strotzen von blendend weißem Linnen und künstlich gewebtem "Gebild", wie der Kölner das Tischleinen nennt. Mit Wohlgefallen sah die Hausfrau auf die Rollen der selbstgesponnenen Leinwand, welche die Bekrönung des Schrankes zierten.

Küche

Von einer kölnischen Küche gibt uns Wallraf folgende Schilderung:

> Die gegebene Schilderung ist eine Reliquie unseres seligen Wallraf, einer kölnischen Idylle entnommen, deren Inhalt das "Wursten" in einem vornehmen Bürgerhause, zu welchem nach altem Herkommen, die Frauen der Nachbarschaft geladen sind, wie dies bei allen im Jahr epochemachenden Haushaltsgeschäften der Fall war.

Noh gienk't (1) vun der Anriech (2) schnak (3) en de Staats-Köch (4)
Alt va feens (5) schung (6) doh Alles geschoot (7) un gelöch (8),
Un selvs alt em Vörbuhs, wa'mr quoom (9) vun der Strohssen,
Doh sooch mer den Teesch met de zinnene Moossen (10),
De blenkigte (11) Hevver (12), dat grosse Geweech,
Un de Lamp vör dem Krutz met dem ihwige Leechs (13);
Un boven der Saalsthör doh blezzte (14) va wikkem (15)
Op'r schwatze Stellasch (16) met Hoek (17) an der Sikken (18),
De grosse Credenskump op altfränksche Wijhs,
Met Adam un Eva em Paradijs,
Zwei Schinkekesslen, zehn, drückzehn Castrollen (19),
Veer koffere(20) Büssen met Taaterollen,
Drei Kruckstein (21), zwei Stöllpen (22)'t sehung Alles wie Gold,
Funf Lööehten (23) wommett mer dee Heeren heim hollt,
Met Maentelcher drömm vun ahlem Kattung (24),
Hiengen drungen an Kraemp noh der Oodenung,
Die meddelste wohr e suh'n griesselich (25) Dink,
Die brouchten sei, wam mer beriechten (26) en gink.
Ich'n sall et ming Siel! (27) üch 't nitt üvverdrieven,
Deh Glanz un deh Richthom es nit zo beschrieven.
Am Dürpel (28) der Staatsköch, do loog'n Strüh-Matt,
För denn, deh die Schon noch nitt rein genoog hat.
Vorhaeufs (29) stund der Heed (30) metzwei deceke Brandreechter (31)
Met griessliche Klauen un Lievegesechter (32),
Un för op dem Klozz stund't Woopen (33) vam Huhs:
Zwei Köpp an der Sikken, en der Mezzen en Ruhs (34),
Schöpp (35), Stäuver (36) un Klooch (37) met geschwänzelte Stillen
Un der Hehlhook (38) met dreimohl gekrezzelte Spilen (39),
Woor Alles va Koffer, woud met Lappen van Joucht (40)
D'Woch dreimohl geschoot, un Keimohl gebroucht.
Der Schorrestein (41) stund op vier Marmel Pilaren,
Boven öm versoff Faro met singen Husaren.
De Lies (42) woor met dubbler Falbla (43) garneet,
Un Mohr huh met hollaendsche Plaetger gezeeht.
De Plaat op der Aehden, do Kunt mer van essen,
Op dem Teeseh un am Schaaf (44) sich speeglen un messen,
Do sogh (45) mer kei Waentgen (46) Stöp (47) oder Dreck:
De Tellere van Blockzinn anenander om Reck(48),
De Kumpen, de Schotteln (49) för Zinter Cloos (50)

De glinzten (51) durch't Finster bes üver de Strohs.
För'n Frau, de wie ich, jet op Nettigkeit haelt,
Woer, docht (52) mer, kein staatzere Köch en d'r Welt.

1) Es ging;
2) die Anricht, der Küchentisch, wo die Speisen angerichtet
werden;
3) gerade aus, von schnak, gerade;
4) die Pracht-Küche, englisch: state-kitehen, der Staat, der
Luxus, Put, staaz, adj. geputzt;
5) von ferne;
6) schien;
7) gescheuert;
8) zum Glänzen geputzt, von löchden, schimmern, glänzen, wie
das hochdeutsche leuchten, auch in der Bedeutung von sehen:
"ich kann in nitt löchden, noch sinn; aber ebenfalls in der
Bedeutung Gemüse durch Wasser frischen, so auch in der
Küche "dat Löchbrett", wo die Teller nach dem Spülen
aufgestellt werden;
9) Kann;
10) die Meßkanne, Maße;
11) blinkend;
12) der Weinheber;
13) das ewige Licht;
14) blitzte;
15) von Weitem;
16) Gestell, franz. étalage;
17) Haken;
18) an der Seite;
19) das französische casserole;
20) kupferne;
21) Krautstein, Mörser, Kruek, Kraut, für Specerei, Gewürz,
holländisch: kruit, kruidenier, Specereihändler;
22) ein flaches Gefäß, Stülpe, Botterstölp, holländ. stolp, stulp;
23) Laterne, Leuchte;
24) Kattun;
25) gräßlich;
26) berichten, einem Kranken die Sterbe-Sacramente bringen;
27) Auf meine Seele! auch im englischen: upon my soul!; die

italienische Interjection: in anima mial;
28) Thürschwelle, holländisch: Dorpel, mittellateinisch:
durpilus;
29) Gerade aus, Vorhaupt;
30) Heerd;
31) Brandböcke - resehten, in gerader Linie halten;
32) Löwengesichter;
33) Wappen;
34) Rose;
35) Schaufel, Schüppe, Schippe;
36) Stäuber, norddeutsch: Stöver, Stöber;
37) Feuerzange, Kluft, Kluppe, Zange;
38) Heerdhaken;
39) Spille, Spillen;
40) Juchten, oder Juchtenleder;
41) gescheuert;
42) Leiste, Schlußleiste, Sims;
43) das franzosische salbala, die Valbel;
44) Schrant, norddeutsch: Schopp, Schaff;
45) sah, sinn, sogh, gesinn;
46) das mindeste, geringste, von dem englischen: want;
47) Staub;
48) Gestell, Gerüst für Küchengeräthe;
49) Schüsseln;
50) heiliger zinter Niklas;
51) glänzte;
52) däuchte mir.

Beschreibung

Neben dem herkömmlichen Küchenschmuck, dem Kupfer und Zinn, fehlten in keiner Küche die frechemer irdenen Schüsseln und Kumpen, recht bunt bemalt, mit Sprüchen auf den Rändern in wahrer Runenschrift, für den Knaben paläographische Studien. Noch erinnere ich mich mehrerer, die ich nach langer Mühe entziffert:

Uns Magd die Ann,
Hat e Kind un geine Mann.

Uns Magd die Ann,
Haett esu gaehn 'ne Mann.

Lieben und nicht haben,
Ist haerter als Stein graben.

Ich bin ein Vöglein fein
Und hab mein Nest allein.

Alle Tage neue Plage.

Alles was wir haben,
Sind lauter Gottes Gaben.

War ein solches Geschirr gesprungen, wurde es nicht fortgeworfen, kostete es auch nur ein paar Stüber, es mußte, wo möglich, mit Draht zusammengeflickt, "gebungen" werden, was der von früh Morgens bis zum späten Abend durch die Straße ziehende "zo Binge-Mann besorgte.

Der Saal

Das Allerheiligste des Hauses ist das Staats-Zimmer oder, wie es bei den Vornehmen hieß, der "Saal". Gewöhnlich verschlossen, daß kein ungeweihter Fuß ihn betrat, selbst die Hausfrau zog gar die Pantoffeln oder Mulen aus, wenn sie auf dem Saal etwas zu holen, oder zu "stiveln", zu ordnen hatte. Der Saal umschloß uns Kindern alle Wunder der Märchenwelt. Wie geizten wir nach einem Blicke in das Heiligthum, wie glücklich waren wir, war uns einmal vergönnt, hinein zu gucken. Hier hingen die alten Schildereien, denn einige Kunstsachen fehlten in keinem ordentlichen Bürgerhause; hier stand der Silberschrank, mit der Reihe aufgehängter Löffel, den Bannerköpfen und ähn-Familienkleinodien, dem chinesischen Porzellan, und wie die Wunder alle hießen. Und welch' ein Schmerz, welch' Herzeleid, wenn die Bedrängnisse der Umstände, der Zeiten Noth eine Familie zwangen, irgend ein werthvolles Familienstück zu versilbern! Ohne förmlich gehaltenen Familienrath geschah es gewiß nicht, und ohne Thränen schied man nicht von dem theuren Erbstück. Der echte Kölner hielt es sogar für einen Schimpf, zwang ihn die Noth zu solchem Schritt, sagte ihm doch ein altes Sprüchwort:

"Faengk mer än an de Waeng,
Dan haett et bahl en Eng."

Diese Familienkleinode, der Kunstschmuck der Häuser in Gemälden, Schnitzarbeiten und Möbeln wurden erst zu Gelde gemacht, als die Kunstjuden schnüffelnd und forschend durch's Land zogen, und man anfing, dem äußeren Scheine in Mobilien und Hausrath die alte gediegene Däftigkeit zu opfern.

Bestanden auch einige privilegirte Pfandhäuser, kölnisch Lumbards, so war das auf Pfänder leihen doch auch ein Geschäft alter Frauen, woher der kölnische Ausdruck: "Jett no der Bess" tragen. Bess heißt eigentlich die beste Mutter, die Großmutter und so auch alte Frau. Als Kind hörte ich Manchen als ,"Aach un veeziger" bezeichnen, wie man die Geldwucherer nannte.

Nur bei Hochzeiten, Kindtaufen, Namenstagen, Kirchweihfesten, Fastelabend und bei so genannten Reu-Essen wird der Saal zu den altherkömmlichen Schmausereien geöffnet, bei denen es, wenn auch die Lebensweise sonst noch so einfach, an nichts fehlen darf, Alles aufgeboten wird, was Küche und Keller vermag.

Haus-Conditorei/Festgelage

Bei solchen festlichen Gelegenheiten hatte ein Koch oder eine Kochfrau das Regiment in der Küche, was sich sonst die Hausfrau unter keiner Bedingung nehmen ließ. In jeder däftigen Familie befand sich auch ein geschriebenes Kochbuch, denn selbst die Conditorwaare ist hausbacken, in keiner ordentlichen Haushaltung fehlt die Tortenpfanne, die Bunteform, das Waffeleisen, Muhzeroll, Muhzeröllche und Mändelchesform. Die Kunst unserer Conditoren beschränkte sich auf Mürbbäckerei, in Botterbretzel, Botterstüttchen, so genannten Blätterteig, Hefen-Bund, Biskuit, Makronen, Speculatius, Demmerjöhncher (5), gebrannte Mandeln, Zuckerstängelcher (überzuckerte Calmus-Wurzel), Caramellen und Gerstenzucker. Ein eigener Geschäftszweig war die Kuchenbäckerei.

Speculatius, eine Art Zuckerbackwerk in den verschiedenartigsten Formen und Figuren. Vielleicht von dem lateinischen speculor, engl. to speculate, weil man nachgrübeln muß, um die Figuren zu erkennen.

Oemmerjöhncher, die italienischen Consetti di Coriandolo, nämlich ein Koriander-Korn, rund mit Zucker in allen Farben überzogen, daher auch das Wort, von "heroemjohn", herumgehen. Die Koriander-Körner werden in einen runden

Kessel mit Zucker gebracht, und die Masse immer gedreht, wodurch sich der Zucker an das Korn hängt und die runde Form entsteht. Wie man in Italien mit den Consetti um Fastnacht wirft, so wurden in Köln Oemmerjöhncher bei dem alten Doctorritte der Universität geworfen. Oemmorjöhncher sind die kölnischen dragées.

Kölsche Pefferlecker

Gilt es nun ein Festgelage, einen Gelegenheitsschmaus, dann geht es hoch her, - berühmt ist die kölnische Köchin, die kölnische Küche, schmackhaft und däftig, und eines guten Trunkes befleißigt man sich nicht minder. Nennen doch die Bauern der Umgegend die Kölner nicht umsonst: "Kölsche Pefferlecker", was anders nichts heißt, als - Feinschmecker, Leckermaul.

Pefferlecker bezeichnet im Kölnischen ein Leckermaul. Unter Pfeffer, als das Vorzüglichste der Gewürze, wurden früher alle Gewürze verstanden, der Gewürzhändler hieß "Piperarius", und daher auch die Ausdrücke Pefferkuchen, engl. peper-cake, Peffernoess, Hasepeffer, Birrepeffer u.s.w.

Aus dem Mittelalter sind die Pfefferzölle bekannt; so schickte auch Nürnberg der Stadt Köln jährlich einen hölzernen Pocal voller Pfeffer und ein paar Handschuhe. Auch bei Geschenken an Fürsten kommt der Pfeffer häufig vor. Der Ausdruck: "Et es gepeffert", es ist sehr theuer, hat seinen Grund darin, daß der Pfeffer im Mittelalter sehr theuer bezahlt wurde, im Alterthume, zu Plinius Zeiten, sogar mit Gold und Silber in gleichem Werthe stand. - Die Kölner hatten den Spitznamen Pfefferlecker, weil sie eine gute Küche liebten und lieben, ohne gerade Phaeaken zu sein.

Wohnstuben der Handwerker

Die Wohnstube des geringeren Bürgers, des Handwerkers ist meist, wenigstens im Winter, auch Küche und Werkstätte, wenn das Handwerk nicht größeren Raum erheischt. Er hat sonst nur die "Stuff" und die Kammer, wo die Familie schläft. Stühle und Sessel gehören zu den Seltenheiten, Truhen, in denen Alles aufbewahrt wird, bilden die Sitze. Es mochte aber eine Seltenheit sein, eine Wohnstube, ob reicher, oder armer Leute, ohne den herkömmlichen Vogelbauer mit einem Singvogel zu finden.

Singvögel

Bei den meisten Bürgern war der Zimmer-Musiker ein Canarienvogel, und dann fehlte auch fast nirgend das Vogel-Oergelchen, mit dem der gelbe Sänger eingeübt wurde, und zwar täglich zur bestimmten Stunde.

Pützvögelchen

Ein Wunderthier war für uns Kinder ein so genanntes "Pötzvügelchen", ein Hänfling, der sich selbst sein Futter mit einem Kärrchen heraufzog, sein Wasser pützte. Sonst gab es Nachtigallen, Zeisige, Buchfinken, Lerchen, mit deren Käfigen manch Zimmer ausgestattet war.

Eichhörnchen

Ein in einem Rade laufendes Eichhörnchen kam auch vor.

Wachtel oder Böckteröck!

Bei Bäckern und Brauern hing am Giebel häufig eine Amsel, die so genannte Merle, mit Tagesanbruch bis zum Sinken der Sonne an einem fort dasselbe Lied pfeifend, oder eine Wachtel, kölnisch "Böckteröck", welche mit ihrem Schlage die ganze Nachbarschaft weckte.

Hinter der Thür des Wohnzimmers hängt das allgemeine Handtuch, der Twiel. Ein Möbel des Winters ist der hinter dem Ofen stehende Deckelstrog; Deckels nennt man das mit Lehm angemachte Brandgeriß, das aber auch noch in "Klütten" geformt wird, wie noch in Aachen und in Belgien.

Kinderzucht

In keiner "Stuff" (Stube) fehlt unter oder über dem Spiegel das Crucifix, unter demselben das Kammfutter, der große oder kleine "hinkende Bote" mit dem Aderlaß-Täfelchen, und hinter dem Spiegel, sind Kinder im Hause, die birke Juffer, die Ruthe für die Mädchen, und für die Knaben der Ohsepisel oder das Engkge Tau's.

Prügelexecutionen

Die altkölnische Erziehung hielt es mit Jesus Sirach, der da spricht: "Wer seine Kinder liebt, schonet der Ruthe nicht!" Förmliche Prügel-Executionen ließ man durch die Alexianer-Brüder vornehmen, wenn irgend ein schon herangewachsener Sohn nicht ganz nach der elterlichen Pfeife tanzen wollte. Mit Grausen schlichen wir an einem Hause "unter Kästen" vorbei, wo, wie man erzählte, bei einer solchen exemplarischen Execution ein junger Mensch todt geprügelt worden, - und jetzt als Spuk umging.

Einer meiner Onkel, schon Student in der Rhetorica des Montaner-Gymnasiums, hatte auf dem Altenmarkte sein Schätzchen, zu dem er wohl zuweilen Abends freien ging. Da Vorstellungen nicht geholfen, schritt man zu dem gewöhnlichen Mittel, man bezahlte ein paar Sackträger, die in Begleitung seines ältesten Bruders dem jungen Manne auflauerten, und ihn, als er eben bei der Geliebten an der Thür stand, tüchtig durchgerbten, mit dem Bemerken, sie wollten ihm das Caressiren vertreiben. Der junge Mann konnte diese Zurechtweisung Angesichts der Geliebten nicht verschmerzen, zu tief war sein Ehrgefühl gekränkt, er ging noch denselben Abend auf und davon und ließ sich bei den Oesterreichern anwerben.

Gärten

Wenige Häuser gab es, die keinen Garten oder doch ein Gärtchen hatten. Hier war bei Vornehm und Gering die Hauptsache die Bleiche, da, mit sehr seltener Ausnahme, die Hausfrau im Hause die Wäsche besorgen ließ. Sonst waren der Gärten Hauptzierde die Spaliere mit den Reben und den an denselben gezogenen Obstbäumen, besonders Birnen und Pfirsiche, Melacatungse, wie der Kölner sagt. In den größeren Gärten der Vornehmen waren die anderen Obstbäume steif zugestutzt, zu Kronen und Pyramiden, auch fand man wohl Taxushecken, die à la bollandaise, in allen nur denkbaren Figuren verschnitten waren, und weiß angestrichene oder bunt bemalte Statuetten heidnischer Gottheiten und allegorische Gestalten der vier Jahreszeiten im baroksten Style. In keinem Garten fehlte das Sommerhaus, der spanische Flieder, die kölnischen Maiblumen, und bei geringen Leuten die Sonnenblumen, deren reifer Samen, "Pimpernüsse" genannt, den Kindern ein Naschwerk, und mit welchen bei festlichen Gelegenheiten die Hausfacade geschmückt wurde.

Höfe

Hatte das Haus keinen Garten, so hatte es doch wenigstens ein Höfchen oder einen Hof mit dem "Saerk", dem Regensarg.

Auf dem Hofe fehlte selten beim ordentlichen Bürger "et Höndersch", der Hühnerstall, oder die "Hönderkau".

V. KINDER-ZEIT.

Geburt - Spenden des Ankömmlings - Gevatter - Taufe - Krohmkoche - Kinder Stillen - Weckelditzche - Bejofung - Hexen - Butzekop - Kinder-Leiche - Gebetchen - Kinder-Kleider - Die erste Hose - Schulbesuch - Schulstrafen - Täfelchen und Fibel - Unterhaltungen in der Schule - Schulbücher - Schulfeste - Studien - Firmbengel - Namenstage - Spazirgänge - Sanct Nikolas - Bescheerung - Krippchen in den Kirchen - Fahrt der Glocken nach Rom - Elementar-Studien der Mädchen - Zeichenstahl und Stoppstahl - Kölnische Sprache.

Geburt

Jubel über Jubel im Hause! Die Mutter hat aus dem "Cuniberts-Pütz" ein neues Brudermännche oder Schwestermädchen geholt, sich aber im Düsteren das Bein an den Pütz, den Brunnen, gestoßen, und muß krank das Bett hüten. Auch bei dem geringsten Bürger ist der Kindersegen ein Glück, jede Vermehrung desselben eine Freude, umsonst sagt der Kölner nicht: "Vill Kinder, vill Schnedde Brud, evver och vill Vater unser"!

Der Verwandtschaft und Bekanntschaft wird die Ankunft des neuen Kölners förmlich durch die Wartefrau angesagt. In den ersten Tagen wird sich nach dem Befinden der Wöchnerin und des Kindes erkundigt. Dann fangen die Besuche an, und mit denselben das Bewundern des Kindes, wie schwer es ist, wie stark. Ist es ein Knabe, ist er dem Vater, ist es ein Mädchen, ist es der Mutter "we us den Augen gesehnedden".

Spenden des Ankömmlings

Der neue Weltbürger bringt immer den Geschwistern etwas mit: "Zuckerjods", Biskuit, Speculatius und ähnliche Kinderseligkeiten. Bei der Niederkunft wohlhabender Frauen werden auch die Kinder der nächsten Nachbarschaft erfreut mit den Herrlichkeiten, welche der Ankömmling in den Windeln mitgebracht hat.

Zuckerjods, Zuckergut, Zuckerzeug.

Gevatter

Ein wichtiges Geschäft war die Wahl des Pathen und der Pathin, "Patt un Jot". Selbst bei den besseren Classen das Ergebniß eines Familienrathes, blieb man hier auch gewöhnlich im Kreise der Familie. Die geringeren Classen betrachten die Pathenwahl als ein Speculations-Geschäft, sprachen reichere Bürger darum an, die Pathenstelle zu übernehmen. Der echte Kölner hielt es für eine Sünde, diese Bitte abzuschlagen, ließ man sich auch bei der Taufe durch einen Anderen, einen so genannten "Aaschjevatter" vertreten, das Pathengeschenk fehlt aber nie, und erheischen es die Umstände, vergißt der Pathe nie seine Pflicht, der Eltern Stellvertreter zu sein. Der allgemeinen Ansicht nach, nahm das Kind den Charalter seines Pathen an: "Hae schlaech singem Patt", oder "Idt singer Jot", sind stehende Redensarten.

Schlaech, dritte Person Präs., gleicht, ähnlich sein in moralischer Beziehung. Das holl. slachten, Hptw. geslacht - Geschlecht derselben Art.

Taufe

Beim wohlhabenden Bürger wurde die Taufe im Hause vollzogen, bei den geringeren Classen nach herkömmlichem Ritus in der Kirche. Die ersteren halten viel auf eine lange Reihe von Namen, fünf, sechs an der Zahl, unter denen, nach den Pfarren, einer stereotyp, so in der Dompfarre "Hubert" und "Hubertina". Der kindliche Glaube ist der Ueberzeugung, daß derjenige, der diesen Namen führe, von keinem rasenden Hunde gebissen werden könne. Die ganze Sippe und die Frauen der Nachbarschaft waren zum Tauffeste gebeten, wo der Kaffee mit frischer "Raum" nie fehlen durfte, und als Kaffeekuchen noch viel weniger der "türkische Bund", der hausbacken, die Bretzeln und die Anisschnittchen.

Raum, kurz ausgesprochen, die Sahne, das holl. room, nordd. Rohm. - "Hae schept do Raum dervun", sprüchwörtlicher Ausdruck: Er nimmt sich das Beste davon. Wird übrigens in allen romanischen und germanischen Sprachen in dieser Bedeutung gebraucht. Raum - abzuleiten von raeumen, abraumen, abschöpfen.

Die Frauen der Nachbarschaft sorgten auch aufs gewissenhafteste dafür, daß armen "Kromfrauen" nichts abging und richteten bei ihnen auch die Taufe ein.

Wöchnerin, Kindbetterin, nordd. kramen, niederkommen, Krömfrau, holl. kromen, kraam, das Wochenbett.

Krohmkoche

Ein zweites Fest folgte dem ersten Ausgang der Wöchnerin, wenn sie sich nach sechs Wochen hatte in der Kirche ausweihen oder aussegnen lassen. Die sie zu Hause beglückwünschenden Nachbarn wurden tractirt, beim mittleren Bürger mit Anis-Branntwein, wobei natürlich der "Kromkochen" nie fehlte, von dem auch Etwas für die Kinder abfiel.

Kinder Stillen

Die kölner Mütter setzten einen Stolz darin, selbst zu stillen, zu "schenken", ein in dieser Bedeutung gar vielsagendes Wort.

Eine Amme ist eine Seltenheit; man hat sogar eine gewisse Scheu davor, und entschließt sich dazu nur, wo es die dringendste Nothwendigkeit erheischt. Die Amme ist selbst bei den Vornehmen noch kein Modemöbel. Wie gesagt, stolz ist die Mutter auf die Ausübung ihrer seligsten Pflicht, ihr Kind mit ihrem Leben selbst zu nähren. Nicht ohne Wahrheit ist die allgemeine Meinung, daß sich der Kinder Charakter, Neigungen bilden nach der Muttermilch, die sie getrunken haben. Wie mancher mag sich nicht zum Lügner, Spitzbuben u.s.w. an fremder Brust getrunken haben? In wie viele Familien mögen die Ammen nicht das Herzeleid, das jene an ihren Kindern erlebt, gebracht haben?

Weckelditzche

Im ersten Jahre seines Erdendaseins wird der kölner Mensch nicht als ein nach Gottes Ebenbild geschaffenes Wesen behandelt. Das erste halbe Jahr, und nicht selten noch länger, hat er Tag und Nacht die Arme fest am Leibe eingewickelt, im zweiten gönnt man ihm wenigstens am Tage die freie Bewegung der Arme. Ein werdender junger Kölner in seiner Original-Verpackung hatte als "Weckelditzehe" etwas Originelles, glich einer Reihe Semmel.

Vor Allem wurde der Säugling vor Luft und Wind gehütet, nur immer recht warm gehalten, besonders der Kopf, auf dem Tag und Nacht die eng anschließende Barchent- oder Cattun-Mütze, de "Ging" nicht fehlte, über die am Tage noch ein Zierhäubchen getragen wird. Grind, böse Augen waren die Folgen dieses Verpackungs-Systems. Viel, viel bedeutender war auch die Sterblichkeit unter den Kindern, als jetzt.

Ging, eine enganschließende Kopfbekleidung der Frauen, später
allein der Nonnen. Daher Beging - die Nonne, mit der Ging
versehen. Das franz. béguin, das engl. biggin.

So lange das Kind noch von der Mutter gestillt wird, muß in den Intervallen das so genannte "Föppchen" die Brust ersetzen, ein Mundvoll in Milch aufgeweichtes Weißbrod mit Zucker in ein Stück Leinwand geschlagen und zu einem Pfropf zusammen gebunden, welcher dem Kinde in den Mund gesteckt und zur Vorsorge wohl mit einem Bändel an der Wiege befestigt wird, auf daß der werdende Kölner nicht erstickte. So wie das Kind gespänt, fängt das Breipappen an, wobei man, was die Grööße der Löffel angeht, eben nicht sehr wählig.

Föppjen, herzuleiten von foppen, südd. foeppeln, Jemanden
zum Besten halten, in den April schicken. Die Kinder werden
durch das Föppjen gleichsam zum Besten gehalten, indem es
ihnen die Mutterbrust vertreten soll.

Die Wiege steht, so lange das Kind nicht schläft, nie still, geht Tag und Nacht. Wie reich sind wir an Wiegenliedern:

Heijo popaeche,
Koch dem Kind en Aeche,
Dun im oech jett Zuckerehen dren,
Kritt dat Kingehen en andre Sen.

Schlöf Kingche schlöf,
Di Vatter höt de Schöf,
Di Mutter höt de Laemelein,
Sechlöf Hetzens-Kind allein.

Bejofung

Gegen das Impfen der Schutzblattern haben viele Kölner noch ein Vorurtheil, weßhalb auch noch immer blatternarbige Gesichter, "usjestoche Bildcher", aus jener Periode, von der wir reden, vorkommen. Bei gewöhnlichen Krankheiten müssen Hausmittel helfen, Simpeln, wie der Kölner sagt. Der geringere Bürger nimmt nur im äußersten Nothfalle seine Zuflucht zum Arzte und besonders bei Kindern. Bei Kinderkrämpfen, der "Bejofung", sucht man sich wohl noch durch Ueberlesen, d. h. kirchliches Einsegnen der Kinder zu helfen.

155

Bejofung, Convulsionen der Kinder, in Aachen Begosgut,
Bejohung.

Hexen

Der Aberglaube war, trotz der Franzosen, noch lange nicht gebannt. Wie viel wurde uns vom Behexen der Kinder erzählt, wie sich die Federn in den Bettchen zu Kränzchen bildeten durch der Hexen Gewalt, was die Bejofung der Kinder zur Folge hatte. Wie streng wurde es uns Kindern anempfohlen, uns nur ja nicht von fremden Frauen berühren zu lassen, nichts von denselben anzunehmen, das Kreuz zu schlagen, wenn uns eine Alte anredete oder freundlich zulächelte.

Butzekop

Mit dem Augenblicke, wo der Kölner anfing, von den eigenen Füßen Gebrauch machen zu wollen, wurde er in den Laufkorb gesteckt, in das Gängelband geschnürt, und sein Kopf mit einem mächtigen, pfundschweren Fallhute, dem kölnischen, "Butzekop" aus Sammt oder Plüsch bewaffnet, welcher in manchen Familien schon, wer weiß, wie vielen Generationen, zum Schutz und Schirm der Köpfe gedient hatte.

Butzekop, der Fallhut. Von buzen, mit dumpfem Laut stoßen
oder fallen und kop der Kopf.

Und nun der Mutter Seligkeit, wagte das Kind "Alleine, leine Baeumche" die ersten Schritte, Schutz in den Armen, im Schooße der Mutter suchend! "Wie gross es et Kind? - Su gross"! Welche Seelenfreuden, wenn der Sprößling dann die Aermchen über den Kopf hob!

Kinder-Leiche

Starb ein Kind, wurde es, das Köpfchen mit dem Todtenkränzlein geschmückt, das Todtenhemdchen mit bunten Papier- und Klappergold-Schnitzeln bestreut, den Kleinen zur Schau ausgestellt. Ein Fest für die Kinder der Nachbarschaft, denn bei einer solchen Todtenschau fehlte nie das Stück Lebkuchen oder das Zuckerherzchen, uns Kindern noch wahre Leckerbissen. War die Leiche abgeholt, wurde Palm, d. h. die Blätter des Sinngrün, vor die Thür gestreut, wie dies auch noch geschieht, wird eine Jungfrau, ein Jüngling, ein Priester begraben, und, in symbolischer Bedeutung, ebenfalls, heirathet ein Paar, von dem weder Braut noch Bräutigam im Witwenstande lebte.

Auch die Leichen von vornehmen Personen, besonders von den Pfarrgeistlichen, wurden ein paar Tage auf dem Paradebett ausgestellt, ein vielbesuchtes Schauspiel für Jung und Alt, dabei eine reiche Aernte für die Bettler.

Gebetchen

Das Erste, welches ein Kind gelehrt wurde, konnte es einige Worte lallen, war das Kreuz machen. Dann folgte das Vater unser, das Glaubensbekenntniß und die gemüthvollen Kindergebete, wie:

"Lev Haer, dis Gebet schenk' ich der,
Mach ae frumm Kind us mer,
Sollt' ieh dat uit waehden,
Holl mich vun diser bedrövten Aehden. Amen!"

"Heilige Schötzengel mein
Loss mich der anbefohle sein,
Driv mich an zo Goddes Ehr,
Wend ab vu mer all böse Lehr!"

Hieher gehören auch die allbeliebten Kinderreime und Kindersprüchlein, mit welchen man die Kinder unterhielt und beschwichtigte, wie:

"Kenne, Kenne Wengehe,
Mungche Brüd,
Backelecher rüt,
Naesche pif,
Aeugelcher sif
Stenche platt,
Hoercher zipzap!"

"Do haes d'nen Daler,
Jang op der Maht,
Kauf der eKöhche,
E Kaelvche dozö,
E Stöckelche vum Schwaenzche,
Dilen, dilen Daenzche."

Bei jedem Vers wird dem Kinde in die Hand geschlagen.

Dann beim Bezeichnen der Finger:
"Dae haeut Holz,
Dae hölt bei,
Dae koch Brei,
Dae schepp üs,
Un klei stubben Ditzehe is alles üs!"

Kinder-Kleider

Wurde auch in dem Kleinkinderzeug, das sich übrigens mehrere Geschlechter hindurch forterbte, in den reicheren Classen ein gewisser däftiger Luxus getrieben, so aber nicht in der Kinderkleidung der ersten Jahre. Die gewöhnliche Tracht für Knaben und Mädchen war bis zum fünften, sechsten Jahre der so genannte wollen gestrickte "Jussep", der auch wohl jedes Jahr um ein Stück länger gestrickt ward. Im Hause trugen wir Kinder den "Pungl", der, da er vor Schlafengehen angezogen wurde, uns gar oft ein wahrer Gräuel war, denn selbst im Sommer mußten wir mit den Hühnern schlafen gehen.

Jussep, Unterrock, Wamms von Jupe, Juppe, ital. giubba, span. jubon, adjuba, vom arabischen alhjubbah, baumwollenes Unterkleid.

Punjel, der Schlafrock, auch wohl Japung, Japungel, holl. Japong. Die Holländer ahmten, der Bequemlichkeit wegen, die langen Röcke der Japaneser als Hauskleid nach, und daher der Name.

Und auf diese Gesetze wurde mit exemtorischer Strenge geachtet. Unbeschreiblich ist die Freude, durfte man bei festlichen Gelegenheiten länger aufbleiben, auch wohl eine Belohnung für gute Führung. Eine solche Ausnahme wird mit einem gewissen Stolze den Cameraden erzählt, erregt nicht selten Neid und Mißgunst unter den Gespielen.

Die erste Hose

Ein wichtiger Lebensmoment war für den Knaben die erste Hose, kölnisch ‚Boz".

Boz, Hose, holl. bokse, bokzen. Im Kölnischen heißt Hoß, Hosse Strumpf, Strümpfe.

Hose und Wamms an einem Stück, von hinten zugeknöpft, dabei Schuhe mit Riemen auf dem Fuße zusammengebunden oder festgeknöpft. Da Taschentücher bei den Knaben ein seltener Luxusartikel, war der rechte Aermel des Wamms gewöhnlich lackirt, weil er die Stelle des Taschentuches vertrat. Wurde ein Taschentuch gegeben, nähte es die vorsichtige Mutter fest an die Tasche, oder es wurde an dieselbe festgeknüpft. An der Hose des Knaben fehlt nie das Hubertus-Riemchen, welches der Volksglaube als Schutzmittel gegen wüthende Hunde betrachtet. Amulette als Scapuliere, unter dem Namen "Teufelsgeistcher", kamen auch noch vor, besonders wenn eine Nonne in der Familie oder in der Freundschaft.

Schulbesuch

Schulzwang kannte man nicht. Bei den geringeren Bürgerclassen war von Schulbesuch keine Rede; der Mittelstand schickte seine Kinder zur Schule. Der Schreck der Kinder. Die meisten Elementar-Schullocale waren düstere, dumpfe Höhlen, in die nicht Sonne noch Mond schienen. Die älteste Domschule z. B. war an der Nordwestseite des Domes zwischen die Pfeiler des Baues eingezwängt.

Schulstrafen

Die Schulen durfte man als wahre Folterkammern der Jugend bezeichnen, in denen vom Morgen bis zum Abende die Haselruthe, das Lineal, das Engkge Tau's, der Ochsenziemer regiert, oder im Schulzimmer herumfliegt, um die Lässigen und Plauderer zu mahnen oder aufzufordern, herauszutreten, um sich systematisch durchbläuen zu lassen. Und wie erfinderisch waren manche der Schultyrannen in ihren Strafen, so unter den zahllosen Strafweisen, das Schlagen auf die Fingerspitzen, "Pütjer halden", oder auf die flache Hand, das "auf Erbsen knieen" und ähnliche pädagogische Erfindungen, wie Eselsohren, rothe Zungen u.s.w. Das spärliche Wissen wurde regelrecht eingebläut. Nichts natürlicher, als daß die Kinder mit Schreck und Graus an die Schule denken, besonders die Knaben jede Gelegenheit wahrnehmen, an der Schule vorbei, "blänke" zu gehen.

Selten geht ein Morgen vorbei, ohne daß ihr in den zu den Schulen führenden Straßen nicht auf aus Leibeskräften brüllende Knaben stoßt, welche von einem Dienstboten oder selbst vom Vater oder der Mutter mit Gewalt nach der Schule spedirt werden, auch wohl mit umgehängten Betttuche, wenn dem Kleinen in der Nacht ein Unglück widerfahren war.

Täfelchen und Fibel

Des Wissens erste Quelle ist das "Täfelchen", auf welches das große und kleine A B C gedruckt aufgeklebt, und das der hoffnungsvolle Kölner an einer Kordel am Halse trägt. Hat er es in Jahresfrist dahin gebracht, die Buchstaben zu kennen und "Ba, be, bi, bo, bu" buchstabiren zu können, bekommt er die Fibel. Welch' ein Stolz, war dieselbe in recht buntes, oder gar golden Papier gebunden. Die einzelnen Buchstaben sind durch Bildchen und Knittelreime dargestellt und den Schluß macht ein Holzschnitt, den ich oft bewundert, das Jesukindlein mit einem Kreuz, auf einem großen Hahne reitend, hinter welchen ein Nest mit Eiern zu schauen, und der im Munde die Legende führt: "Lernt fleißig!" Wie weit die Naivetät jener Zeit, ihre Unschuld ging, mag man daraus ersehen, daß bei dem Buchstaben X zu lesen:

"Xantippe war 'ne arge Hur,
X mal X maecht hundert nur."

Unterhaltungen in der Schule

Mit ihrem ganzen Gewicht lastete die Langeweile in der Schule auf uns; es war ein Herzensgaudium, wenn wir unisono unsere Lungenkraft classenweise am Buchstabiren üben können. Sonst sucht man sich zu zerstreuen durch plastische Arbeiten aus Papier, das zu Hähnchen, Schiffchen, Salzfässern und Aehnlichem geformt wurde.

Schulbücher

In der Blumenzeit sind die Fibeln oder sonstigen Schulbücher mit Tulpenblättern und dergleichen ausgestattet, auch wohl mit Lotterie-Bildchen, nach denen um eine Nadel oder ein Stück Griffel gestochen wird. Zu den größten Seltenheiten gehört ein Buch, das nicht die Farbspuren einer solchen Benutzung trägt. Hat man es bis zum "Lei", der Schiefertafel, gebracht, dann wurde auf Mord "Nüllchen" gespielt, oder "Kis, Bodter, Brüd, schleit alle Heide, Türken düd". Wie oft bin ich durch das mir um den Kopf sausende Seil des Magisters oder Präceptors, wie wir die Lehrer nannten, auch wohl "Domminus", aus solchen Augenblicken des seligen Vergessens aufgeschreckt worden. "Paar oder Unpaar" um Schüsser, die kölnischen "Oemmer", und wenn's anders nicht ging, um Aprikosenkerne und dergleichen, war eine gewöhnliche Unterhaltung, selbst in der Kirche.

Oemmer (Oemmerjöhnche), die Schüsser, die bekanntlich auf
Mühlen gemahlen werden.

Aber wehe den Frevlern, wenn der Lehrer sie erwischte, denn die gehörige
Tracht Prügel fehlte nie, aber das Schlimmste, die Schätze an Oemmern
wurden schonungslos confiscirt, wie auch Obst und ähnliche Lecerbissen, die
wir "mitkriegten", ertappte uns der Lehrer, daß sie in der Schule verzehrt
wurden.

Schulfeste

Die äußerst selten gespendeten "Fuss" und "Fettmaennchen" fanden ihren
Weg oft, besonders bei den Mädchen, zum Zuckerbäcker für "Geschraeppels"
und "Zucker Papeer", dies die Namen der Brosamen der Zuckerbäckereien
und des Löschpapiers, auf denen Macronen und Biscuitchen gebacken.

Mit welcher Wollust wird es gekaut, ein Leckerbissen! Wie genügsam war die
Kindheit. Selbst der Abfall der Hostienbäcker, das so genannte "Schrot", war
eine Delicatesse. Zuweilen wird auch Süßholz beim Materialisten geholt zum
Kauen, oder Lakritze, "Kuletsch", um in den heißen Tagen "Kuletsch-Wasser"
zu machen; welch ein kostbares Labsal!

Studien

Hochgelehrt ist man, zerbricht man sich den Kopf am Einmaleins, dem kleinen
und dem großen, hat man den kleinen Katechismus und die biblische
Geschichte in der Mache und, wenn man zum ersten Male zur Beicht
gegangen, gar in der Kinderlehr ein Hauptstück aufgesagt, das aus
gegenseitigen Fragen und Antworten aus dem Katechismus bestand, welche
in der Kirche ganz mechanisch auswendig hergeleiert wurden. Dann führt
man schon, gleich einem orientalischen Schriftgelehrten, neben der
Schiefertafel den "Unkkocher" mit der "Federscheide", nach uralter, echt
mittelalterlicher Form mit einander durch Schnüre in Verbindung gebracht,
auch bei vorgerückteren Studien am Schulsacke hängend.

Unkkocher, Dintenfaß. Engl. ink, holl. inkt, köln. Unk, die Dinte.
Kocher, Köcher.

Der große Katechismus kam dann an die Reihe, in dem man dem Kaiser
Napoleon I. den Vorrang vor dem lieben Gotte gegeben hatte. Sogar die

Schulbücher tragen den kaiserlichen Stempel, den auf Blitzen drohenden Adler.

Man erzählte uns Kindern, ein Secretär der Municipalität, Faber, sei bei der ersten Anwesenheit Napoleon's als Consul in Köln, auf den Gedanken gekommen, die Fahnen der damals errichteten Ehrengarde mit dem römischen Legions-Adler zu schmücken.

Dies habe den ersten Consul so angesprochen, daß er diesen Adler zum Wappenzeichen seines neugeschaffenen Kaiserreiches gewählt, wie er seinen Purpur mit den goldenen Bienen, der Amtszierde der ersten fränkischen Könige, schmückte.

In den Schulen ging es den gemüthlichsten Schlendrian, weder Lehrer noch Schüler überarbeiteten sich, wie auch weder der Eine noch der Andere an häusliche Arbeiten dachten. Von außerordentlichster Wechselwirkung zwischen den Lehrern und den Eleven war das "Neujöhrchen" und der "Bindband" zum Namenstage, welche fein säuberlich in ein Papier gewickelt mit heiliger Scheu überreicht wurden; es feierten an solchen wichtigen Tagen auch Ossepisel und Engkge Tau's ihren Sabbath. Am Namenstage gab es sogar "e Köpje" Kaffee mit einer Bretzel oder ein Gläschen Wein.

Köppje, Tasse, der Kopf. Engl. eup, coop, holl. Kop, kopje, das Trinkgefäß, die Tasse, daher kölnisch Bannerkop, der Pocal eines Bannerherrn. Franz. la coupe, latein. cupa, kommt in der Bedeutung von Gefäß in allen germanischen Sprachen vor.

Auch wurde dem Lehrer wohl ein förmlicher Thron gebaut, und Sprüche "Spröch" hergesagt und mit Schlüsselbüchsen kanonirt. Am Namenstage der Eltern mußte auch eine "Spröch" zum Hersagen auswendig gelernt werden - eine Hercules-Arbeit! Wir wußten stets genau, wer am liberalsten in seinen Spenden gewesen, denn darüber stellten unsere Rücken und Posteriora oft ganz eigenthümliche Betrachtungen an.

Gar häufig wurden Nachmittags, nach dem Schulschlusse, die Bücher hinter einen Stein versteckt, um nicht am Spielen zu hindern, auch wohl auf dem Eise als Schlitten benutzt. Keine Seltenheit war es, junge Leute erst mit dem siebenzehnten oder achtzehnten Jahre die Elementarschule verlassen zu sehen, wenn sie ausstudirt, das Titelbuch oder gar die Zeitung lesen konnten. Eine rühmliche Ausnahme von diesem Treiben machte die evangelische Elementarschule unter der Leitung des würdigen Lehrers Almenräder.

Firmbengel

Welche Noth und Angst die erste Beichte. Aber welche Freude, wurde in Deutz gefirmt. Mit welchem Stolze habe ich meinen "Firmbengel" getragen, ein buntes, handbreites Seidenband, das man an dem Tage der Firmung, wie ein Diadem, um die Stirn trug, und welches in langen Schleifen über den Rücken fiel. Die Kinder aus den Bauerbänken und vom Lande trugen halbe Fuß hohe Stirnbinden, die schreiend bunt mit Glasperlen, Papierblumen und Klappergold gestickt waren.

Namenstage

Am Namenstage band man uns wohl das Bild unseres Patronen, selbst in Begleitung von ein paar Bretzeln um den rechten Arm, ein Brauch, der aber schon in der mittleren Bürgerclasse in Abnahme gekommen war. Also aufgeputzt, einen Apfel in der Hand, zog der Knabe zuerst zu Pathe und Pathin, zu Verwandten und Bekannten, und Jeder steckte als Angebinde einen Stüber, ein Fettmännchen oder Fuß in den Apfel. Der Kaiser des weiland heiligen römischen Reichs konnte sich mit dem Reichsapfel nicht reicher wähnen, als der Knabe mit seinem Apfel.

Genügsamkeit war noch die Zierde, der Grund des Lebensglücks bei Alt und Jung. O schwere Zeit der schweren Noth, mußten die Kinder "in die Lehr", das heißt, in die Vorbereitung zur ersten heiligen Communion. Die zwei Tage nach dem Confirmationstage waren unvergeßliche Festtage, die nicht selten den Apotheker in Nahrung setzten.

Spazirgänge

Rothe Tage im Lebenskalender der Kinder waren im Sommer die Ausflüge nach den Kappesbauern-Gärten, um sich krank an Weck und Milch zu essen, oder, wurde sonst ein Spazirgang mit den Eltern gemacht, wir gar nach Melaten, Kalk oder Wendelinus mitgenommen, wo uns der "Böreplatz" ein wahres Manna in der einförmigen Wüste des Schullebens.

Sanct Nikolas

Und welche Freude voller Poesie des Kindes Herzen, der "Zinter Klohs!".

Zinter Klohs, heiliger Nicolaus, holl. Sinterklaas, holl. sint,
heilig; so heißt in Köln Zint Albohn, Sanct Alban, Zinter Vring,

Sanct Severin, Zimmergen, Sanct Maria. In Aachen sagt man
statt zint, sint zent, zentor.

Bescheerung

Ein wirkliches Kinderfest. Mit welcher Innigkeit beteten wir um die
Bescheerung, welche der "heilig Mann" brachte, in dessen Geleit der "Hans
Muff", der unartigen Kinder Schreck.

> *Hans Muff, Knecht Ruprecht. Muffen bezeichnet im Südd.*
> *knurren, brummen, keifen, und daher Muffer und Muff. Die*
> *Holländer geben den Westphalen und Deutschen den*
> *Ehrentitel: Mof.*

Hoch klopfend vor Angst war jedes Kinderherz, besuchte am Vorabende des
verhängnißvollen Tages der Bescheerung, des 6. Decembers, der heilige
Mann, in Begleitung seiner Magd, der heiligen Barbara, und des Hans Muff die
Häuser mit seinen Spenden und ernsten Mahnungen, oder wurden von
unsichtbarer Hand die Aepfel, Nüsse und ähnliche Kostbarkeiten unter die
knieend betende Kinderschaar geworfen. Wie andächtig aus tiefstem Herzen
klangen die Vater unser der Kleinen, tönte von der Straße oder auf der Diele
die Klingel.

Was war es für einen Familien-Jubel, stellten wir am Tage vorher, unsere
Schüssel und auch wohl unsere Schuhe auf, wie es noch in Frankreich
geschieht! Die Eltern wurden selbst mit uns wieder Kinder! Wie oft habe ich
die Haferkiste bestohlen um die Thürschwelle mit Hafer zu bestreuen, damit
der heilige Mann mit seinem Schimmel nur ja nicht vorbeiritt; wie oft bin ich
im Dome mit Halsgefahr an den Beichtstühlen in der südlichen Vorhalle
hinaufgeklettert, um dem heiligen Bischof Nicolaus, dort, eine ehrwürdige
Figur, aufgestellt, meine Bitten schriftlich in den neben ihm stehenden Kübel
mit den Kindern zu legen!

Und nun am frühen Morgen des Tages selbst das Suchen nach den
Bescheerungen! Wer kann die Erwartung, wer den Kinder-Jubel schildern bei
jedem Funde, jeder Entdeckung? Und mit so Wenigem war das reiche
Kinderherz überglücklich, hatte der heilige Mann nur etwas mitgebracht von
den Wundern, die wir auf dem St. Nicolaus-Markte, und hier besonders in der
Bude des "Vingt-einq sous" bestaunt - der Inhaber rief nämlich alle seine
Herrlichkeiten für fünfundzwanzig Stüber das Stück aus. Wer könnte je die

plastischen Kunstwerke unserer Stammbäcker vergessen, die Männer, Frauen, Reiter und Thiere aus Weißbrodteig in einer, jeder Phantasie spottenden Weise geformt und mit Wachholderkörner oder Korinthen, statt der Augen, versehen? Welche Freude, wenn diese Unaussprechlichen die Schaufenster unserer Mehlteig-Phidias schmückten, um später unseren "Heljemanns-Schotteln" zur Zierde zu dienen. Der Hauptreichthum bestand jedoch herkömmlich aus Speculatius, Aepfeln und Nüssen.

Es war ein wahres Kinderfest, reich an der Poesie des Glaubens. Und wie lange, lange suchte man den Schein von sich zu halten, daß man wisse, wer der heilige Mann sei, weil dann die Bescheerungen aufhörten. Und in diesen Kinder-Bescheerungen machte sich noch keine Ostentation geltend. Ein Bild, oder gar ein bunter nürnberger Bilderbogen, welche Freude!

Wurde auch das Eine oder Andere der Spielsachen, besonders die Puppen der Schwestern, aus forschender Neugierde untersucht und zerstört, die Hauptsachen schloß die Mutter aber sorgsam fort und beglückte uns nur damit an hohen Tagen; - immer neu blieben die Spielsachen und erbten in den reicheren Familien auch wohl von Geschlecht zu Geschlecht. Das Haushalten in allen Dingen verstanden unsere Väter, unsere Mütter.

Merkwürdig, daß sich das uralte Kinderfest des heiligen Mannes noch über dem Meere in den Vereinigten Staaten erhalten hat, denn dort feiert die Kindheit noch den "Sint Clos", wie ihn die ersten holländischen Ansiedler dort eingeführt haben.

Krippchen in den Kirchen

Um die Weihnachtszeit wurden in verschiedenen Kirchen, zur Freude von Jung und Alt, die "Krippchen" gebaut. Der Stall mit dem Oechslein und dem Eselein, das Christkind in der Krippe mit Maria und Joseph, die Hirten auf dem Felde, denen der Engel die Geburt des Heilandes verkündet, dann die drei Weisen aus Morgenland mit dem Stern, und wie die Hauptmomente aus der Geburtsgeschichte des Heilandes heißen, die in figurenreichen Gruppen dargestellt waren. Noch hat ja Rom und jede Stadt Italiens ihren "Bambino", zu dem Stadt- und Landvolk wallfahrtet. In unseren reicheren Familien baute man selbst in den Häusern solche Krippchen, und zwar mitunter, in Bezug auf die Figuren und Ausstattung, reich und kürnstlerisch schön, der Kinderwelt wahre Wunderschöpfungen. Aus Speculation wurden aber auch wohl in einzelnen Nachbarschaften solche Krippchen errichtet und für Geld gezeigt. Hierin der Anfang des Marionettenspiels, Verkleinerungswort von Maria, kölnisch noch Krippchen genannt, wie man daher sprüchwörtlich eine unordentliche tolle Wirthschaft "ae raech Kreppje" nennt.

Fahrt der Glocken nach Rom

Wenn am grünen Donnerstage die Glocken nach Rom zogen, um dort "Weck und Milch zu essen", und wir Knaben mit den Schnarren, "Raspeln" und Klappern durch die Straßen ras'ten, um die Glocken für den Charfreitag zu ersetzen, war der Abend des Freitags voll der Erwartung. Wir Kinder lagen Stunden lang auf den Grasplätzen und schauten sehnsuchtsvoll in den Himmel, um die Glocken heimkehren zu sehen, denn, wie wir meinten, brachten sie uns etwas von Rom mit, und selbst die Täuschungen, die wir jahrelang erlebten, knickten nicht des Kindes Hoffnungen - darin blüht der Glückes-Frühling der Kindheit, sie hat Glauben und Vertrauen.

Elementar-Studien der Mädchen

Die Elementarstudien der Mädchen wurden in den katholischen Schulen nicht so weit getrieben. In den mittleren Bürgerclassen ist es eine Seltenheit, wenn eine Schöne "in der Feder erfahren", das heißt etwas mehr, als ihren Namen schreiben und geläufig lesen kann. Die "Jungfern", der ehrwürdige Name der Lehrerinnen, sahen mehr auf praktische Bildung für die Häuslichkeit.

Zeichenstahl und Stoppstahl

Besonders gepflegt wird die Strickkunst. In der "Planche", dem Schulkasten der Mädchen, fehlt neben der "Hòs", so nennt der Kölner altdeutsch den Strumpf, nie der Zeichenstahle (17), ein Stück Wirktuch, auf dem mit bunter Baumwolle Buchstaben, Ziffern und als bewunderte Kunstwerke der Name Jesus, Blumentöpfe, Monstranzen und dergl. gestickt werden, und eben so wenig der Stopfstahle.

Stahl, Zeugstreifen, daher auch Muster von Tuch oder sonstigen Zeugen; Stählchenbuch, Musterkarte.

Unsere Mütter hielten viel, sehr viel aufs Stopfen. Fing die Leinwand an irgend einer Stelle an, dünn zu werden, sofort mußte gestopft werden, in echt kölnischen Familien, und zwar wohlhabenden, stopfte man sogar den Schüsselwisch, den kölnischen "Spölsplagge". Die Mädchen erhielten gewöhnlich eine häusliche Arbeit, einen "Feier", das hieß so oder viele Näthchen zu stricken, und daß diese Feier sorgfältig gemacht wurde, darauf achteten die strengen Mütter. Für die höhere Bildung der Mädchen sorgten einige so genannte französische Schulen.

Kölnische Sprache

Wir Kinder sprachen natürlich nur kölnisch, denn mit einem gewissen Stolze bewahren die echt kölnischen Familien die kölnische Mundart, die man von Arm und Reich in ihren verschiedenen Nüancen nach den verschiedenen Stadtvierteln reden hört.

Heißt es im Herzen der Stadt z. B. "Vatter", "Mutter", so hört man nach den Gränzen der Altstadt schon "Vader" und "Moder" und unter den Kappesbauern "Va" und "Mo". In Umbildungen und Contractionen der Vornamen überbietet der Kölner selbst den Engländer, doch geschieht dies auch in den einzelnen Stadtvierteln in verschiedener Weise. Heißt Theodor auf dem Altenmarkt "Dores", Peter Joseph "Pitter Jusep", Heinrich "Hen", so am Nord- oder Südende der Stadt "Dei", "Pitt-Jupp" und "Drickes", und "Kölschen Drickes" ist der allbekannte Spitzname des Kölners, der damals noch stolz auf sein Driekesthum.

In den vornehmen Familien ist das "Mafrau", "Mijuffer" und das "Masöhr", "Mungfraehr" gäng und gebe. Eltern und Geschwister, deren Söhne und Brüder geistlich geworden, sprechen von denselben nie anders, als von dem "Hähr Son", dem "Hähr Broder". Es gab übrigens wenige kölnische Familien der höheren Stände und besonders der däftigen Mittelclasse, in denen kein geistlicher Hähr Uehm, keine geistliche Juffer Tant, überhaupt nicht irgend ein Geistlicher zu finden war. Die Pfründen wurden den Kindern schon in der Wiege gegeben, und so kannte ich Canonici, welche den Titel führten, auch die Pensionen bezogen, aber nie die Priesterweihe empfangen hatten.

Noch schämte sich Keiner der kölnischen Mundart, Niemand verbastardete dieselbe durch Einschmuggeln des Hochdeutschen. Die Sprache war der Spiegel des kölnischen Lebens, der Ausdruck naiver inniger Gemüthlichkeit. Ich habe noch in kölnischer Mundart predigen, selbst vor Gericht plaidiren hören, und hier gerieth auch wohl noch später bei einigen Advocaten das Kölnische zuweilen mit dem Schriftdeutschen in Conflict. Selbst der Präsident der von den Franzosen errichteten Handelskammer und des Handels-Tribunals, einer unserer ehrenwerthesten Bürger, schlecht und recht, dessen Herz warm fürs Gute und fürs Schöne schlug, der Banquier und Kaufherr Abraham Schaaffhausen, sprach gewöhnlich nur Kölnisch. Der Dialect des Kölners trug das Gepräge seines Charakters; ernst gemüthlich, weich, herzlich, die niederdeutsche Ruhe und Behäbigkeit erhält einen klar hervortretenden Anstrich rheinischer Lebendigkeit. Witz und Humor hatte der Kölner von seinen Vätern geerbt, und dem paßte seine Sprache sich oft recht drastisch an, doch hat derselbe, wie schlagend derb er auch sein mag, nie etwas Kaustisches, Zersetzendes, ihm fehlt nie das - Gemüth.

Hörten wir Knaben einen unserer Spielgenossen, die Söhne aus dem Bergischen eingewanderter Familien gutes Deutsch reden, dann hieß es: "Dae welt sich jett mache, - dat es ene Calviner!"

VI. KINDER-SPIELE.

Kindheit - Sonst und jetzt - Volkslied - Mairegen - Maikäfer - Oemmer -
Verschiedene Oemmerspiele - Die Litsch am Kaufhaus (Gürzenich) - Alle
Juchte - Höppe Mötzchen - Springspiele - Stuppe, stuppe Steinche - Verstecke
Steinche - Stom Handwerk - Plumpsack - Piepiep! - Altarspiel - Blinje
Mömmesche - Isermännchen - Zählreime - Puppen - Pekele - Pel oder Pohl
öm en Nohl - Avhevven - Plätsch un Roß - Krünchen oder Letterche -
Conscription - Ballspiele: Ecken, Verjagen, stippe Fötje - Huche Parum / Kette
Parum Baum / Käntche, Käntche! - Gepatte Vüjel - Döpp - Ringelreihen -
Schneebälle - Schlittbahnen - Müsche fangen - Vögel- und Taubenhandel -
Taubenkönige - Schifen-Brüdje - Klävleder / Schlippschlapp / Castagnetten.

Kindheit

Des Lebens höchste Poesie blüht in den Jahren der Kindheit, des
Erdendaseins seligster Traum, den wir leider! nur einmal träumen, um den
uns aber selbst das erste Elternpaar in seiner Glückseligkeit beneidet, hätte es
ihn ahnen können - er fehlte seiner Glückseligkeit.

Leider verwischt der kaltberechnende Verstand unserer Tage diese Poesie
immer mehr und mehr, sie muß im Gemüthe des Kindes der gemüthlosen
Altklugheit weichen. Mit fünfzehn, sechszehn Jahren soll der Knabe schon
gesetzt sein, wie ein Mann, sind die Mädchen schon häufig vollständige
Coquetten. Alles frühreift in unseren Tagen. Betrogen sind die Kinder um ihre
Kinderzeit, wo des Lebens Schmetterling noch in der vollsten schillernden
Pracht seines Flügelstaubes prangen sollte. Ach! mit ungeschlachter Hand
streift das Leben denselben schon so frühe, so frühe ab, kalt, erbarmungslos.
Indem man der Kindheit ihre Poesie nimmt, knickt man auch für die Folge des
Lebens deren beglückende Blüthen; sie sterben hin vor dem eisigen Hauche
des crassesten Materialismus, der sich spreizt unter der Scheinlarve des
Fortschrittes und der Aufklärung, sich in seinem herzlosen Dünkel nicht
entblödet, den Menschen um des Lebens höchste Güter zu betrügen, um Herz
und Gemüth.

Bei der Treibhaus-Erziehung, dieser formellen Drillerei der Kinder, müssen sie
frühreif, frühalt werden, sind schon blasirt, ehe sie die Kinderschuhe
abgetreten haben. So recht aus vollem Herzen, ganzer Seele spielen, läßt man
die Kinder nicht mehr; sie dürfen in der tollen Lust des Spiels nicht mehr sich
selbst, Himmel und Erde vergessen, sie dürfen nicht mehr ganz Kind sein.

Das ist unschicklich, ungezogen, roh, und wie die beliebten Epitheta der so genannten feinen Welt sonst heißen. Man bedenkt aber nicht, daß man die Kinder, indem man ihr Spielen beschränkt, sie nicht ihre Spielwuth austoben läßt, auf Dinge sinnen macht, die nichts weniger, als kindlich, und oft für Gegenwart und Zukunft die schrecklichsten Folgen haben, Körper und Seele verderben. Seht Euch unter den Knaben der Stadt einmal um, von wie wenigen Gesichtern leuchtet Euch noch der der volle reine Himmel der Kindheit entgegen? Durch das Vorbild unseres Alltagslebens wird den Kindern schon die Genußsucht anerzogen, und in ihr der Keim zu vielem, vielem Bösen in die Seele des Kindes gelegt, die Grundursache der stets wachsenden Zahl jugendlicher Verbrecher.

Sonst und jetzt

Wie ganz anders war es da in Köln vor fünfzig Jahren?

Zu allen Jahreszeiten nach der Schulzeit, an den freien Nachmittagen, den Sonn- und Feiertagen, an denen damals kein Mangel, hatten die Franzosen auch schon ziemlich aufgeräumt, auf allen Plätzen und Plätzchen der lauteste Kinderjubel, die spieltollste Kinderfreude, in den engen Straßen selbst das heiterste Kinderleben mit seiner reichen Poesie. Welch' ein Schatz von Kinderliedern!

Volkslied

Ueberhaupt fand das Volkslied noch, wie früher in allen deutschen Städten, in Köln die lebendigste Pflege. Des öffentlichen Lebens Lust und Leid sprach sich im Liede aus, und der Schalksnarr des derbsten Bürgerwitzes geißelte scharf auffallende Lächerlichleiten und Schwachheiten. Welchen Reichthum an Spottliedern über die Franzosen, ihre Ankunft, ihre Neuerungen, die von ihnen eingeführten Steuern besitzen wir nicht?

Gleich den Blüthen des Frühlings entstehen diese Lieder über Nacht, sind bald im Munde von Jung und Alt, erhalten ihre Singweisen; aber Niemand kennt den Dichter, Niemand den Componisten.

Fängt es an zu frühlingen, steckt das Jahr seine ersten Maien aus, beginnt auch der Lerchenjubel der Kinderfreude.

Mairegen

Wir Kinder wurden hinausgetrieben in die ersten Maischauern, denn ein Mairegen macht groß. Und nun die Kindergruppen in den Straßen, besonders der Mädchen mit übergeschlagenen Röckchen und aus Papier improvisirten Regenschirmen singend durch die Straßen laufend:

"Raene, Raenen Dröpjen
Fall nitt op mi Köpjen,
Fall nitt op mi Fodervähs
Sonz waeden ich janz nähs!"

*Fodervähs ließ sich übersetzen "Futterfaß", doch heißt
mittelhochdeutsch "vähs" Haupthaar.*

Maikäfer

Welch ein Schatz der erste Maikäfer? Den glücklichen Inhaber beneidete die gesammte Knaben-Nachbarschaft. Was wurde da gehandelt, geschachert, besonders wenn es ein Königs-Männchen, d. h. einen Käfer mit rothem Kopfschilde galt.

Boten die Bäume in den Straßen, Hecken und Sträuche in den Gärten keine Beute mehr, zogen wir Knaben in hellen Haufen vors Thor auf die Maikäfer-Jagd. Was nur an Schachteln und Kisten, selbst an großen Butternäpfen aufgebracht werden kann, wird beigeschleppt, um den Segen der Jagd aufzunehmen.

Suchte man uns auch abzuschrecken durch die Drohung, man könne von den Maikäfern die Krätze fangen, nichts konnte die Sammelwuth bewältigen. Wie selten ist der Mensch genügsam, und eben deßhalb so oft unglücklich!

Wir Knaben hatten keine Vorstellung von Thierquälerei, steckten wir die armen Käfer zum Herumfliegen an einen Kartenstreifen, der mit einer Nadel auf ein Stöckchen befestigt wurde, machten wir ein so genanntes "Mühlchen", oder banden wir einen oder zwei, oder mehrere an einen Faden, sie zum Fliegen auffordernd, mit dem Liede:

"Maikefer flég,
Di Vatter es em Krég,
Die Mutter es en Pommerland,
Pommerland es avjebrannt!"

Während der Maikäferzeit kannten die Knaben keine andere Unterhaltung. In den Federbüchsen wurden die Maikäfer in die Schule geschmuggelt, und wer schildert die Erwartung der Schelme, welche, da sie dieselben zum Schabernack mitgebracht, auf ihr Auffliegen harrten, wer den Jubel der lieben Schuljugend, summten plötzlich einige Käfer im Schulzimmer umher zum größten Aerger des Magisters oder Präceptors. Solch' eine Freude wog immer eine Tracht Prügel reichlichst auf. Außerdem gaben die Maikäfer in der Schule Stoff zu allerlei Kurzweil, wenn sie mit Wachs zu phantastischen Ungeheuern umgeformt, oder als Duellanten gegen einander gestellt, Anlaß auch zu den tollsten Schelmenstreichen, wurden sie Jemanden in die Tasche, in den Hut, oder gar ins Bett, und den Mädchen, so wie die Kletten, in die Haare praktisirt.

Fanden Mädchen oder Knaben im Frühjahre in den Gärten Schneckenhäuser, trugen sie dieselben herum und sangen:

"Schleck, Schleck kumm herus
Et sitz en Deer en dingem Hus,
Dat suff der all de Mileh ühs!
De Mileh ühs! de Mileh sihsl"

Schleck, die Schnecke, holl. slak, slek.

Oemmer

Sobald sich die Maikäfer empfohlen, werden von den Knaben die "Oemmer" hervorgesucht, die Klicker, Knicker, Schüsser, Marmeln, wie man die Schnellkügelchen im übrigen Deutschland nennt. Ein Spiel, das so alt, wie die Stadt Köln, denn die Jugend ihrer Gründer, der alten Römer, hatten schon in ihren Straßen, auf ihren Plätzen das "lapillorum ludus" gespielt.

Kein Wunder, daß sich im Laufe der Jahrhunderte die Spiele mit den "Oemmern" in den mannigfaltigsten Formen vervielfältigt haben. Wo sich um die Oemmer-Zeit ein paar Knaben begegnen, sofort wird "gepackt", d. h. Paar oder Unpaar gespielt.

Vom frühen Morgen bis zum späten Abende aller Orte, wo nur ein Plätzchen zu finden, die rührigste Spielthätigkeit mit den allbeliebten Oemmern. Da wird "Kühlchen, Ahne Kuühlche", "Detsche Kühlchen" gespielt; es kommt darauf an, unter gewissen Regeln eine bestimmte Anzahl Schnellkügelchen, welche die Mitspielenden zusammenlegen, in eine Kuhle, eine in den Boden gemachte

Höhlung zu werfen, und stets ist gewonnen, wenn Unpaar aus der Vertiefung zurückbleibt.

Kühlche, das Diminut. von Kuhle, die Grube, holl. kuil, schwed.
Kula, aachener Mundart Kull.

Verschiedene Oemmerspiele

Hier spielt eine Partie "Gaenschen", "Kreitzchen", dort eine andere "Knutzenbückelche" oder "Ausschiessen" mit den größeren Knicker, den so genannten "Kletschere". Die Kunst besteht darin, den Knicker des Anderen zu treffen. Mit welchen neidischen Augen wurden die Inhaber eines oder mehrerer Achat-Klicker betrachtet?

Kletscher, Onomatopee, Klatscher. So die Interjection Klitseh!,
das Ztw. klitschen.

Das allgemeinste Spiel war aber das "Hauen" oder "Paengehen". In gewissen Entfernungen von einander werden Linien in den Boden gezogen, und Schnellkügelchen auf denselben aufgestellt, und nun kommt es darauf an, dieselben von einem bestimmten Puncte aus mit einem anderen Knicker fortzuschnellen. Die Reihenfolge der Spielenden wird durch "Paar" oder "Unpaar" bestimmt. Der Erstspielende heißt "Ahn", der Letzte "Leck".

Leck, der Letzte. Das engl. lack.

Unzählig sind die Kunstausdrücke des Spiels, wie: "Allester", "Zweiester", "Nixter, wo do küss", "Schrubbester", "Moenjester", "Moendjester derdurch" u.s.w. Mit einem solchen unermüdlichen Eifer wird dies Spiel getrieben, daß Haut und Fleisch von den Knöcheln geht, sind auch die Knöchel wohl mit einem Schutzleder versehen, daß die Mütter den Knieen der Hosen nur dadurch zu Hülfe kommen können, daß sie dieselben mit ledernen Herzen besetzen lassen, welche auch wohl zuweilen zum Schutze des Gesäßes angewandt werden.

Die Litsch am Kaufhaus (Gürzenich)

Der Hosen ärgster Feind, aller Mütter Schreck, die in der Nachbarschaft des Kaufhauses wohnten, war die "Litsch" auf der Haupttreppe desselben, auf welcher man die Ballen herabließ, und die von den Knaben als Rutschbahn benutzt wurde.

Alle Juchte

Von schon Erwachsenen wurde "Alle Juchte" gespielt mit acht größeren Knickern, die von einem festgestellten Puncte aus in eine Kuhle geschoben werden, wobei der Gewinn nach der Zahl der Schnellkugeln, welche die Vertiefung erreichen, bestimmt wird. Da dies Spiel gewöhnlich um Geld gespielt ward, fahndete die Policei auf die Spieler. Schwarze Janitscharen eines französischen Infanterie-Regiments sollen das Spiel nach Köln gebracht haben.

> *[Anmerkung aus dem Jahr 2022: Hier wurde das N.-Wort durch "Schwarze" ersetzt.]*

Höppe Mötzchen

Während die Knaben sich mit den Oemmern ergötzen, spielen die Mädchen, Höppe Mözchen" (6).

> *Höpe Mözchen, zusammengesetzt aus hoepe, hüpfen und Mözchen, Mützchen. In Aachen heißt das Spiel "Henkschul", welches Müller in seinem Idiotikon der aachener Mundart von den ehemaligen neun Schulen der Jesuiten-Collegien herleitet.*

Mit Kreide wird ein längliches Viereck auf dem Boden gezogen, auch wohl bloß in den Grund geritzt, und mit quer durchgehenden Strichen in neun Felder geteilt, am oberen Ende wird das Viereck mit einem Halbkreis geschlossen, in dem sich zwei Linien durchschneiden.

Springspiele

Auf einem Beine hüpfend, muß die Spielende eine Scherbe oder ein Stück Schiefer mit dem anderen Fuß durch die einzelnen Felder fortschieben, ohne daß die Scherbe an den Langseiten herausfährt, oder sie selbst auf eine der Linien tritt. Im Halbkreise, dem so genannten Himmel angekommen, muß mit gespreizten Beinen gesprungen und dann die Scherbe, auf einer Fußspitze liegend, hüpfend aus der Langecke gebracht werden. Der Verlierende muß eine gewisse Anzahl Mal um das Langeck hüpfen oder die Anderen "Hackepeuzje", Huckepack tragen.

Hackepeuzje, Huckpack, von Hacke, Hocke, der Rücken und peuze, tragen. In Aachen Hackelepack.

Stuppe, stuppe Steinche

"Stuppe, stuppe Steinche!" war auch ein Mädchenspiel.

Die Spielenden sitzen in einer Reihe oder im Kreise, und Eine verbirgt einer Anderen ein Steinchen im Schooße; es kommt nun darauf an, zu errathen, welche von den Mitspielenden wirklich den Stein hat.

Verstecke Steinche

Ein ähnliches Spiel ist das "Versteche Steinche", wo ein Stein, ohne daß die Anderen es sehen, irgendwo versteckt wird und nun gesucht werden muß. Ist der Suchende in der Nähe des Verstecks, so heißt es: er ist heiß, er brennt.

Stom Handwerk

Von Mädchen und Knaben wird das allbeliebte "Stumm Handwerk" gespielt. Jeder der im Kreise sitzenden, muß durch Pantomime irgend ein Handwerk angeben, welches andere errathen müssen.

Sind sie so glücklich, dies zu können, nehmen sie die Stelle derer ein, deren Handwerk sie errathen haben. Kann man die Pantomime nicht errathen, gibt man sich gefangen, und dann heißt die Bedingung, unter der sie erklärt wird: "Hatt ov höhsch?" "Salz oder Pfeffer?"

Eine gewöhnliche Unterhaltung bildet das Erzählen der Kinder unter einander, wobei die Thierfabel, die Verzellchen vom Wölfchen und vom Füssjen, die Mährlein vom Daeumeling, vom Schmittchen von Bielefeld, von Johannes Unverzag, sibben en einem Schlag und wie der Mährchenschatz heißt, den Stoff bieten. Hochgeachtet von den Kinder sind die Knechte und Mägde, die reich an solchen Erzählchen, wo es des Spukes und der Hexengeschichten so viele gab und so grausliche, daß die Kleinen ohne Gänsehaut und böse Träume nicht davon kamen die Furcht uns aber auch eingeimpft ward.

Plumpsack

Bei gemischten Kinderkreisen wird auch "Plumpsack" aufgeführt.

Piepiep!

Bannt schlechtes Wetter die Kinder ins Haus, oder sind sie bei einander auf Besuch, dann ist das gewöhnlichste Spiel "Piepiep!", wie das Versteckenspiel im Kölnischen heißt. In den Häusern der Reicheren entzückt zuweilen eine Optik oder eine Laterna magica die Kleinen mit ihren Wundern.

Piepiep! Interj. der Piep, der Pfiff, engl. pip, to peep - woher auch das kölnische Ztw. piepe. Die Kinder, welche sich versteckt hatten, gaben mit dem Ausruf "Piepiep!" den Suchenden ein Zeichen.

Altarspiel

Wenige Häuser, wo Knaben waren, mochte es geben, wo nicht "Altar" gespielt wurde. Mit welchem Eifer baute man den Altar, stifelte, d. h. schmückte man denselben, und mit welchem Ernste wurde Messe gelesen, die Vesper und Complet gesungen, gepredigt und durch Haus und Hof, Trepp auf Trepp ab Procession gegangen. Das Gegenstück zu diesem friedlichen Spiel war das Soldatenspiel, welches gerade vor fünfzig Jahren, wo alles den französischen, militärischen Anstrich trug, allbeliebt unter den Knaben. Bei festlichen Gelegenheiten schossen sie auch wohl, vollständig in Schützen-Vereine organisirt, mit dem Pfeilbogen nach dem Vogel.

Blinje Mömmesche

Allgemein ist auch das "Blinge Mömmesje", so nennt der Kölner das Blinde-Kuh-Spiel, und das "Isermaennchen", das "Bäumchen haschen".

Isermännchen

In den engen Straßen ersetzen die herabhangenden eisernen Balken der hölzernen Fensterblenden die Bäume, daher auch die Benennung des Spiels, und der zwischen den Reihen gehende singt:

"Isermaenchen, ich han kein Iser,
Ich muss noch Iser kaufe!"

Zählreime

Gar mannigfaltiger Art sind die Zähl-Reime, mit welchen die Kinder bei ihren Spielen die Reihenfolge der Mitspielenden bezeichnen, doch seien hier nur ein Paar der originellsten angeführt:

"Egel, Degel, Hopmans Spegel,
Selver Sand, Krane Puff,
Welle mer wedden oem en Blatt
Ditt oder datt!"

"Ein, zwei, drei, vér,
Woer péss en datt Ber,
Datt dun ich nitt,
Datt deit datt freche Dér!"

Als Zählreim, doch auch als Kinderlied hört man:

"Schaelewipp, schaelewapp,
Mach mer en Kapp
Vun weisse Maehl,
De Frau es schaehl,
Der Mann es blink,
De Koh, de hink,
Dat Ferke stink,
De Mabht, de draeht
Dat hölze Kind
Wahl en der Bösch,
Do höp de Möseh,
Do jaeg der Wind,
Do kriesch dat Kind:
Och Grietje loss mer heim jonn,
Noh der jlasere Trappe,
Wo se Jöbbelcher backe;
Wer de Jöbbelcher nit en mag,
Dae mag Fasten der janzen Dag."

Moesch, Spatz, Sperling, holl. Mosch, musch, vielleicht verwandt mit dem franz. la mouche, lat. musca. Sprüchwörtlich heißt es: "Hae haett vill Moesche" - viel Geld.

Jöbbelcher, eine Art Semmel in der Form eines zusammengeschlungenen Strickes; sie wurden hauptsächlich auf der Severinstraße gebacken und hatten ein Pfeifchen oder ein Muttergottesbildchen aus Pfeifenerde gebacken als Zierath. Wahrscheinlich hieß der erste Bäcker, der sie backte, "Jöbbels".

Joebbele heißt im kölnischen sich übergeben, bejöbbele.

Puppen

Wie lange war den Mädchen die Puppe Quelle der mannigfachsten Vergnügungen und Beschäftigungen, so reich an Poesie der reinsten Kinderseligkeit, der Alles belebenden. Alles, was für die Kleinen nur tragbar, um das sich nur ein Tuch, eine Schürze schlagen ließ, selbst junge Hunde und Katzen, mußte als Puppe dienen. Den Puppen-Luxus unserer Tage, der Mädchen erste Anleitung zur Putzsucht, kannte man nicht, widersprach der einfachen Sitte der Bürger. Mit welchem gravitätischen Ernste wird die Mutter nachgeahmt, und welche Seligkeit, konnte gekocht, Laden oder Schule gespielt werden?

Pekele

Unter den Mädchen hat sich auch ein beliebtes Spiel der alten Römerinnen erhalten, das so genannte "Pekele" oder Knöcheln "ludere talis". Die tali sind aber weder aus Halbedelsteinen, noch aus edlen Metallen gebildet, sondern einfache Bickelbeine aus den Gelenken der Hinterfüße von spalthufigen Thieren. Das deutsche Mittelalter kannte das Spiel unter demselben Namen, es hieß im Mittelhochdeutschen "bickeln" von Bickel, der Knöchel, später der Würfel.

Pel oder Pohl öm en Nohl

Reichen Stoff zum Spielen bietet den Mädchen die Stecknadel, da heißt es: "Pel oder Pol öm en Nohl!", es wird "gefummelt", nämlich zwei Nadeln so lange geschoben, bis sie über Kreuz liegen und dann durch Aufdrücken mit dem Daumen aufgehoben, oder ein "Schön Raritaetchen" für eine Nadel gezeigt.

Avhevven

Eine Lieblings-Unterhaltung der Mädchen, auch wohl der Knaben war das "Avhevven". Eine an den Enden zusammen gebundene Kordel wird über die Hände gehoben und nun mit den Fingern allerlei Verschlingungen geometrischer Figuren gebildet, ohne daß sich die Kordel verfängt. Ein Kind hebt dem anderen die Kordel in ihrer Verschlingung mit den Fingern von den Händen ab, daher der Name des Spiels.

Plätsch un Roß

Der kölner Knaben Stammspiel ist das "Plaetsch un Ross", welches im Spätsommer auf Plätzen und Straßen selbst den Oemmern den Rang abläuft.

Plaetsch, die Pletsche, ein plattes, breites Ding, das Pritschholz.
- Der Hanswurst führt auch in Köln eine Pletsche.

Ross weiß ich etymologisch nicht zu erklären, hängt vielleicht
mit dem französischen, rosser, bläuen, klopfen, zusammen.

Krünchen oder Letterche

Eine hölzerne, einen Fuß lange und etwas mehr als einen halben Fuß breite flache Schaufel mit Handhabe, und ein, ein paar Zoll langes, und einen Zoll dickes, rundes oder eckiges Holz, das an den Enden zugespitzt, sind die Spielgeräthe. Zwei Parteien bilden sich unter den Knaben, nachdem die Spielbahn gewählt, eine Vertiefung, die Kuhl gegraben. Durch Aufwerfen eines Stück Geldes, wobei "Krünche oder Letterche" zu rathen, ein Spiel, das unsere altrömischen Vorfahren schon kannten, denn sie spielten auch: "Caput aut navem?" - wurde bestimmt, welche Partei begann. Da Geldstücke eben nicht zu den gewöhnlichsten Erscheinungen unter den Knaben, half man sich mit einem Stück Schiefer oder der Plätsch selbst aus, die auf einer Seite naß gemacht, und es hieß dann zu rathen: Trocken, oder naß? Das Roß wird nun zuerst mit der Plätsch fortgetrieben,, usgeplaetscht". Fängt es die Gegenpartie auf, ist die Reihe des Spiels an ihr, wo nicht, wird es auf die Kuhle zugeworfen, und dann, kommt es nicht in dieselbe, "getippt", das heißt auf eine der Spitzen des Roß geschlagen, und das aufschnellende Stück Holz wird mit der Plätsch fortgetrieben. Wird dasselbe von den Gegnern nicht aufgefangen, muß gesucht werden, es in die Vertiefung zu werfen, nämlich von dem Puncte aus, bis zu dem es getrieben wurde. Erreicht das Roß die

Kuhle nicht, dann wird dreimal getippt, und wenn das Roß von der Gegenpartei nicht aufgefangen, geschnappt wird, die Strecke, die es erreicht hat, bis zur Kuhle nach Fuß oder Ellen abgemessen. Wird das Roß aufgefangen oder in die Kuhl geworfen, ist die Gegenpartei am Spielen. Ungeheure Debatten, selbst Raufereien entspinnen sich, wenn behauptet wird, das Roß habe doch die Kuhl erreicht, "et rueht", wie der technische Ausdruck heißt, und die Gegenpartei will dies nicht zugeben. So wechselt das Spiel. Diejenige Partie, welche die meisten Ellen gemacht hat, wird von der verlierenden Huckepack getragen, erhält auch wohl eine Anzahl Schläge auf die Fußsohlen mit der Plätsch.

Unglaublich ist die Behendigkeit, welche die Knaben bei diesem Spiel entwickelten, das Hin- und Herrennen, das Schreien, die Zänkereien der Parteien, und das Auseinanderstieben der ganzen Schar, wenn eine Fensterscheibe klirrte, oder das Roß, wider Wissen und Willen der Spielenden, mit dem Hut oder gar mit dem Kopfe eines Vorübergehenden in zu nahe Berührung gerathen ist. So leidenschaftlich war die kölner Knabenwelt auf dieses Spiel versessen, daß ich junge Leute, welche in der Ziehung, den Tag vor der letzten französischen Conscription noch Plätsch und Roß auf dem Domhofe spielen sah.

Conscription

Noch steht der Jammer, das Herzeleid dieser Aushebung lebendig vor meiner Seele. Dieselbe fand auf dem Rathhause Statt. Welches Menschen Wort schildert die bange, seelenangstvolle Erwartung der vor dem Saale harrenden Angehörigen, die Seelenwonne der Mutter, hatte sich ihr Sohn freigeloos't? Wer malt aber den Jammer, das herzzerreißende Wehklagen der Mütter, die sich in verzweifelndem Gebahren die Haare ausrauften, waren ihre Söhne Soldat, bestimmt, für den fremden Eroberer auf die Schlachtbank geschleppt zu werden? Solche Momente vermag nichts aus der Erinnerung zu verwischen, und noch klingt das Lied in meiner Seele, mit dem die Conscribirten schieden:

"Nun Adieu, herzliebste Mutter,
Nun Adieu, so lebet wohl,
Die Ihr mich in Schmerz geboren,
Für Napoleon auferzogen,
Nun Adieu, so lebet wohl!
Wollt Ihr mich noch einmal sehen,

Müßt Ihr auf hohen Bergen stehen,
Schauen in das tiefe Thal,
Seht Ihr mich zum letzten Mal!"

Ballspiele: Ecken, Verjagen, stippe Fötje

Neben dem "Plaetsch un Ross" wird auch "Bor pass dingem Haehren op" gespielt, nämlich mit einem Steine nach einem Haufen aufeinander gestellter Steine geworfen, dann das Ballspiel, welches sich ebenfalls von den alten Römern, die das ludere pila auch leidenschaftlich trieben, herübergeerbt hat. Die Knaben spielten "Ecken" zu vier gegen vier, oder "Verjagen" in zwei zahlreicheren Parteien, "Balle Kühlche" und das urkölnische "Stippe Fötje", wo der Fangball gegen eine Mauer geworfen und eine bestimmte Anzahl Male aufgefangen werden muß; wird der Ball nicht geschnappt, muß der Spielende sich an die Wand stellen und die Ballwürfe des Gegners aushalten.

Huche Parum / Kette Parum Baum / Käntche, Käntche!

Mit Fuß- und Faustbällen, den palloni, wurde von einigen Italienern gespielt. Barlaufen war unter dem Namen: "Huche Parum!" das auch die Mädchen spielen, "Parum!" und "Kette Parum Baum!" "Kaentche! Kaentche!" allgemein beliebt.

Huche, südd. der Huchen, die kauernde Stellung, verwandt mit hocken, holl. hukken. Op de Huche sere, niederkauern.

Hieher gehören auch das oft gefährliche "Schlangspielen", die "Springspiele", wie, Bockspringen", "Ueberspringen" u.s.w.

Gepatte Vüjel

Mit dem Herbste kamen die fliegenden Drachen, die ,"gepatte Vugel". Ging ein Drache verloren, hieß es: "He es Paris!"

Döpp

Dann die Kreisel, kölnisch "Doepp". Da gab es "Münche", "Beginge", "Wipdoepp". Aus einem Streifen Aalhaut "Oelefell" machte man die Peitschen, mit denen die Kreisel getrieben wurden, und die Kunst bestand darin, die Doepp recht weit zu treiben, wobei, in der Hitze des Spiels, nicht immer auf Fensterscheiben und Laternen geachtet wurde, es oft gar unfreundliche Kopfnüsse absetzte.

Döpp, Kreisel, engl. peg-top, wie auch humming-top,
whistlingtop, holl. drys-dop.

War in der Nähe der Spielplätze eine Lache von weichem Straßenkothe, und die brauchte man nicht weit zu suchen, wurde mit den Kreiseln aufgeworfen. Es spielten zwei oder drei Knaben, von denen jeder einen Dopp einsetzte, diese wurden auf die flache Hand genommen und in die Höhe geworfen, die waren gewonnen, welche auf dem Kopfe stehen blieben. Daß bei allen Spielen, wo Etwas zu gewinnen, oder zu verlieren, die Spielenden sich mitunter in die Haare geriethen, ist selbstredend.

Mit dem Spielmonat, dem October, holen die Knaben die Peitschen hervor, es war Ochsenmarkt; wer am besten knallen konnte, war der beste Mann.

An den Sommer-Abenden, wenn die Nachbarschaft in aller Genüglichkeit auf der Straße, vor den Hausthüren saßen und sich unterhielten, lagerten die Knaben wohl um einen Erzähler, gewöhnlich reich an Mährchen und Legenden, Ritter- und Räubergeschichten. Welch' ein Schreck, wenn dann der bekannte Pfiff oder Ruf, ans zu Bett gehen mahnte.

Ringelreihen

Die Mädchen sangen und tanzten ihre Ringelreihen, von denen ich nur die beliebtesten anführen will:

1.
"Rusekranz, watt jilt der Schanz?
Einen décken Daler,
Morge welle mer bezalen.
Et sitz ae Maennehen op der Pohz,
Weiss nitt, watt et esse sall,
Ei Stökelche Kis un Brud
Fallen all de Engelcher dud."
(Mit dem Schluß des Reigens kauern sich die im Kreise tanzenden Kinder, die sich, wie bei allen Reigen, bei den Händen halten, nieder.)

2.
"Spéne Flähs, spéne Flähs,
Sibbe Johr gesponnen!
Maria haet sich herömgedrieht,
Spéne Flähs, spéne Flähs,

Sibbe Johr gesponnen!"
(Es wird der Reigen so lange gesungen, bis sich alle Mitspielenden
herumgewandt.)

3.
"Kruhne-Krane, wisse Schwane,
Woer welt met noh England fahren?
England es geschlosse,
Der Schlössel es zerbrochen.
Wan krige mer 'ne neue Schlössel?
Wann dat Köhnche rif es,
Wann de Müll stif es,
Wann der Müller mahle kann,
Wann doer Baecker backe kann,
Wann et Maedche freie kann.
Krig, wen do krige kanns!"

4.
"Bloh, bloh Fingerhöt,
Haette mer Jeld, datt wör wahl jöt,
Blumen alle Daje.
Jungfrau, si muss stille stehn,
Dass man dreimol um sie geh',
Jungsfrau, sie muss danzen
In einem grossen Kranze,
Krig, wen do krige kanns!"

5.
"Jammer, Jammer über Jammer,
Hab verlore minge Schatz,
Ich will gehen und will stehen,
Dass ich suche meinen Schatz,
Mache auf die Gartenthür
Ob ich finde meinen Schatz,
Freude, Freude über Freude,
Hab gefunden meinen Schatz!"

Uralt sind die Singweisen dieser Ringelreihen, die wir am ganzen Niederrheine
finden. Nicht selten bilden die Mädchen zwei Reihen, die sich einander
gegenüber stellen. Eine Reihe schreitet voran, verneigt sich und singt:

"He kumme de Haere vun Nunnefaehr. Heiza Fipilatus!"
Die Gegenreihe schreitet dann vor und sagt, sich verneigend:
"Wat welle de Haere vun Nunnefaehr? Leiza Fipilatus!"
Und nun wechseln Fragen und Antworten in folgender Weise:
"Es der Vatter nit zo Huhs? Heiza Fipilatus!
Wat welt ehr bei dem Vatter dunn? Heiza etc.
Mer wellen im en Brefjen gevve! Heiza etc.
Watt sall en dem Brefjen stonn? Leiza etc.
Mer wellen de jüngste Dochter han! Heiza etc.
Wat woelt ehr met der jüngsten Dochter dunn? Heiza etc.
Mer wellen sei en e Kluster dunn! Heiza etc.
Su nemt de Jüngste an de Hand,
Un nemt se met no Brobant."

Ueberreich waren die Kinder an solchen Ringelreihen, welche mitunter
Nachklänge von alten Volksliedern und Volksballaden enthalten. Und nun die
naiven Kinderräthsel:

"Höpeldepöpelcher op der Bank,
Höpeldepöpelcher unger der Bank,
Et jitt keine Meister en Brobant,
Dae Höpeldepöpelche mache kann."

"Hipge platt un vör platt,
Fladdergass wat es datt?

"Röre, röre Rippet,
Jaehl es der Pippet,
Schwaz es et Loch,
En dem röre rippet wed gekoch."

"Watt werfen ich wis op et Dach
Un kütt jaehl widder erav?"

Schneebälle

Auch der Winter hat seine Kinderfreuden. Flockt der erste Schnee, dann
jauchzen die Kinder: "Die Mutter Gottes schütte das Bettlein des Heilandes
auf, und die Engel die Betten der Heiligen." Fällt starker Schnee, werden auf
den Plätzen Schneemänner gebildet, je kolossaler, je schöner, deren Augen,
Nase und Mund aus Holzkohlen geformt; mit alten Besen oder Knitteln ist die

Rechte bewaffnet. Allgemein war das Schneeballen-Werfen, oft in den engen Straßen, da sich auch Erwachsene daran betheiligen, ein so großer Unfug, daß die Nachbarschaften die Fenster-Blenden schließen. Ich erinnere mich noch, daß in der Bechergasse ein Mädchen, von Schneeballen verfolgt, fiel und todt blieb. Durch alle Straßen ras'ten die Schlitten der Knaben bis in die Nacht hinein. Selbst Pferdeschlitten kamen noch vor.

Schlittbahnen

Was wurde von den Knaben nicht aufgeboten, um in den Straßen und auf den Plätzen recht große Schleifbahnen zu haben?

Die schönste Schlittenbahn in der Stadt bot der jähablaufende Domhof. Unbeschreiblich ist der Knabenjubel an den freien Tagen und an den Sonntagen auf demselben, und nicht selten geschieht es, daß den Baracken an der Ostseite die Thüren mit den Schlittstühlen eingerannt wurden, wobei es natürlich Schelte und auch oft Ohrfeigen absetzte. Die erwachsenen Knaben übten das Schlittschuhlaufen auf den Eissäumen des Rheines und den Weihern in der Nähe der Stadt. Die Kleineren übten sich in den Straßen und auf den Plätzen auf einem Schlittschuh, den gar oft eine Ochsenrippe ersetzen mußte.

Müsche fangen

Ein besonderer Unfug der Knaben und auch wohl der Mädchen war an den Winter-Abenden das so genannte "Mueschen fangen" oder Klingeln an den Häusern. Schelmenstreiche wurden den Kappesbäurinnen gespielt, die in ihren Wachthäuschen auf dem Markte ihre Kappes-Haufen bewachten, und nicht weniger den Kramhaltern auf den Märkten der Gottestracht und des heiligen Nicolaus. An den Krämern erlustigen sich die schon älteren Knaben mit "Kuchenschlagen", "Herzchenknippen" und "Bretzelziehen", wie um Ostern mit dem am ganzen Niederrheine allgemeinen "Eierspiele", dem "Kippen".

Vögel- und Taubenhandel

Auf dem Altenmarkte war Sonntags Morgens das größte Leben in dem Vogel-, aber besonders in dem Taubenhandel, denn das Taubenhalten war eine wahre Leidenschaft bei Jung und Alt, wie noch in Belgien.

Taubenkönige

Es gab keine Straße, die nicht ihren Taubenkönig hatte, der im Frühjahr und im Sommer fast den ganzen Tag auf dem Dache oder in der Streufe lag, wie man den Taubenschlag nennt, seine Tauben jagend, um fremde zu fangen. Ein Bäckermeister, einer der renommirtesten Taubenkönige, macht, während er sein Brod im Backofen hat, eben seinen Tauben einen Besuch und vergißt darüber Backofen und Brod. Die Frau kommt zuletzt, nachdem sie ihn, der Himmel weiß, wie oft gerufen, scheltend hinauf, um ihm zu melden, das Brod sei am Verbrennen, und erhält zur Antwort: "D- en di Brud, ich han e Frembje séze!" Da gab es Tummler, Kivitte, Kapuziner, Kröppels, Bajadette, wer kennt die Namen alle? Lug und Betrug wurde in dem Taubenhandel gehegt und gepflegt, und Sonntags gewöhnlich auf dem Altenmarkt um Tauben gespielt, entweder "Alle Juchte", oder "Krünchen oder Letterche", oder gewürfelt, kölnisch "gedobbelt".

Schifen-Brüdje

Von den in der Nähe des Rheines wohnenden Knaben wird die Angelfischerei emsig betrieben. Eine krumm gebogene Nadel, ein Stück Zwirn und eine Federspule bildet nebst einer Gerte den ganzen Fischapparat. Wir spielten auch "Schifen-Brüdje", das Prellwerfen mit einem Stück Schiefer oder einem flachen Steine, und bauten Schiffe aus Holzschuhen und Schachteln. Zu den nautischen Uebungen werden die Straßenrinne gestaut, und bei den jährlichen Ueberschwemmungen dienten den verwegenen Knaben in den dem Rhein nächstgelegenen Straßen Thüren und Kufen als Fahrzeuge. An unwillkürliche Bäder waren wir ziemlich gewohnt.

Klävleder / Schlippschlapp / Castagnetten

Noch Manches könnte ich berichten von den "Windmühlchen", den aus einer geschliffenen Aprikosenkerne gemachten Mühlchen, den so genannten "bleie Möschen", aus einer plattgeschlagenen Flintenkugel oder auch wohl aus einem Stück Schiefer fabricirten Scheibe, die an einer Kordel schnurrt, von den Papierklatschen, dem Reifenschlagen, den aus einem Tuffsteine gemeißelten "Kumförchen", von den "Schibbelleutchen", den "Dillendöpchen", von "Flitschbogen", von den "Klaevledern", mit denen die Pflastersteine gehoben wurden, von den "Schlippschlappen" aus Weidenschalen geformten Schleudern, den eigentlichen Schleudern in den verschiedensten Gestalten, von den aus Scherben, Schieferstücken, Brettchen und Knochen gebildeten Castagnetten, den Spielen: "Fleisch op den Desch, Plaetschen Haengche,

Botterstussen" u.s.w. Doch ich sehe, daß ich mich zu lange bei den Kinderspielen aufgehalten habe; aber wer gedenkt nicht gern jener schönen Zeit des Lebens? Wer träumt nicht gern in der Erinnerung wieder einmal den seligen Traum des noch unumwölkten Morgens unseres Erden-Daseins? Wohl wahr sagt ein englischer Schriftsteller: "Let us pity those who have forgotten their youth, as we pity Lucifer who fell from heaven!"

VII. DIE KLEIDUNG.

Hauskleidung - Kurze Hosen - Der Zopf - Knotenperrücken - Puder - Mopshunde - Halsbinden - Jabot - Taschenuhren und Brelocken - Frackröcke - Roquleaure / Schanzläufer - Muffe - Runde Hüte - Bratenröcke - Pariser Herrenmoden - Frauenmäntel - Falje / Huik - Spitzen - Brautkleider - Serretétes - Marchands de modes - Nebels- und Kragkappe - Halbhandschuhe - Ohrgehänge und Brustkreuze - Loderähnsdöscher - Treckmützchen - Regen- und Sonnenschirme: Rähnparaso und Sonnenparaplüe

Wie der Hausrath, so die Kleidung. Stoff und Schnitt bekunden Rang und Stand des Bürgers. Der Handwerker und geringere Bürger läßt es sich nicht beikommen, modisch, wie ein Vornehmer, gekleidet zu gehen. Mit Fingern hätte die Nachbarschaft auf ihn gewiesen, würde er sich in einem modischen Anzuge auf den Straßen gezeigt haben. Der kölnische Handwerker schämte sich noch nicht seines Schurzfelles, ist stolz auf seines Gewerkes Zeichen, hält was auf den Ehrentitel: Meister. Noch kann man auf der Straße an Sonn- und Feiertagen die Herrschaft von der Dienstmagd unterscheiden.

Hauskleidung

Im Hause trägt der Mann von Stand den Japunge (l) von geblümtem Zitz, den Schlafrock, die weiße Schlafmütze mit breiten Bändern, der gewöhnliche Bürger das Camisol, im Winter von Tuch, im Sommer von Cattun, und ebenfalls die baumwollene Schlafmütze, die bei geringeren Bürgern, bei den Handwerkern blau mit weißen Rändern, und im Winter durch die graue wollene ersetzt wird, welche man bei strenger Winterzeit auch wohl unter dem Hut oder der Kappe trägt.

Kurze Hosen

Bei den Männern aus den geringen Ständen, den Handwerkern, stehen die kurzen Kniehosen mit den Eindringlingen, den langen, in offener Fehde, so die dreieckigen Hüte mit den runden, den so genannten Brabäntern. Die vornehmen Classen steifen sich noch darauf in kurzen Hosen, mit Schnallenschuhen, en escarpin zu erscheinen.

Der Zopf

Der Zopf ist zwar im Allgemeinen verbannt, eine Ausnahme, doch fällt es Vielen so schwer, sich von demselben zu trennen, daß sie die geflochtenen Haare des Hinterkopfes nach vorne mit einem Kämmchen befestigen.

Knotenperrücken

Schlichte Knotenperrücken, selbst mit zwei Reihen Knoten, à deux marteaux, wie der Kölner sagt mit einem oder zwei Stockwerken, kommen auch noch vor und zieren wohl die Schaufenster der wenigen Perrückenmacher, deren Kunst mit jedem Tage mehr auf Kamm und Scheere und Brenneisen beschränkt wird.

Puder

Puder ist noch immer ein Toiletten-Mittel der älteren vornehmen Herren.

Mopshunde

Noch steht die mannstolze Gestalt des Domherrn von Mylius mir lebendig vor den Seelenaugen, der jeden Tag zu bestimmter Stunde in langem braunen Ueberrocke, stattlich gepudert an meinem elterlichen Hause vorbeikam, und zwar in Begleitung von ein paar gelben feisten Mopshunden. Möpse waren die Modehunde. In keinem Hause mit einer "Zo Döhr" fehlte der Mops mit seinem heiseren Gekläffe. Es mochte wenige Mafrauen oder Juffern geben, die nicht einen Lieblingsmops, einen Zemir, ein Azörchen, ein Fidelche hielten. Als Seltenheit sah man hier oder da einen schönen Pudelhund, auch wohl bei vornehmen Damen ein Löwenhündchen.

Halsbinden

Glatt geschoren ist des Mannes Gesicht. Das Kinn ruht in dicker Crawatte über einer gesteppten Unterlage gefaltet; wenn schwarz, auch wohl von einer weißen überragt. Weit ist die Weste mit aufstehendem Kragen, meist brochirter Seide oder gestreiftes Zeug.

Jabot

Bei dem Manne von Stande fehlt nie das Chapöche, das Jabot, "et Laberdöhnchen", die fein gefältelte Brustkrause aus brabanter Spitzen.

Taschenuhren und Brelocken

Auf dem Bauche baumelt die goldene oder silberne Kette mit mächtigen Brelocken, gewöhnlich auf der rechten Seite getragen, doch sieht man auch wohl noch Brelocken auf beiden Seiten des breiten Hosenlatzes. Hell sind die Modefarben der Hosenstoffe. Der Wechsel der Tuchfarben für Röcke nach der Mode machte sich auch bei unseren Incroyables schon bemerkbar, eine gewaltige Neuerung.

Frackröcke

Der Frackrock ist die gewöhnliche Herrentracht im Sommer, doch wird von Einzelnen im Winter ein Tuchspenser über denselben gezogen.

Roqueleaure / Schanzläufer

Noch häufig sieht man im Winter den Roquelaure, den 1715 vom Herzoge von Roquelaure erfundenen Reiserock, als gewöhnlichen Ueberwurf, neben dem Schanzläufer, einem langen Mantel mit langen Kragen, auch noch hier und da einen lackirten dreieckigen Hut, wie wir sie später bei Kutschern und Bedienten, bei Postillonen in runder Form finden.

Muffe

Bei Damen und Herren der vornehmeren Classen fehlt im Winter der Pelzmuff, "der Stuche" nie; je größer derselbe, je vornehmer sein Träger, nicht selten abnorm umfangreich.

Runde Hüte

Wird ein runder Hut, ein Brabänter angeschafft, muß er für die Lebensdauer aushalten, und dient dem Erstgebornen, und sind der Söhne mehrere, allen als Communionshut, wenn derselbe auch, trotz aller Manipulationen der Mutter dem Neu-Communicanten auf dem Kopfe hin und her wankt, oder gar auf der Nase sitzt.

Bratenröcke

So wird der Brautrock des Papa gewöhnlich, nach altem Brauche, zum Communionrocke des Erstgebornen umgemodelt. Bei den alten Bürgern kommen die Festkleider nur zum Vorschein, wenn "enen huhen Dag" ist, an den Hauptfeiertagen, an den Festtagen der Familien. Hundertjährige Röcke, werden sie auch nicht mehr getragen, sind in einzelnen däftigen Bürgerfamilien keine Seltenheit, der Kleiderschränke ehrwürdige Zierde, Erinnerungen aus der Familien-Chronik. Der Urgroßvater oder Großvater trug den Rock bei der oder der Bürgermeisterwahl, bei dem oder dem Rathsessen, was nie zu erzählen vergessen wird, kommt ein solcher Bratenrock zur Schau.

Pariser Herrenmoden

Aeltere Herren und, als Ausnahme, auch wohl Damen, führen Schnupftabaldosen, noch häufig aus bemaltem Porcellan, mit silbervergoldeter Einfassung. Stöcke werden allgemein von den Herren getragen, stattliche spanische Rohre mit goldenen, silbernen, elfenbeingeschnitzten und Porcellan-Knöpfen. Bei der jüngeren Welt sieht man auch schon Bambus- und Zuckerrohre, flach mit Gold oder Silber beschlagen.

Bei den jüngeren Männern der vornehmen Classen werden die Schnallenschuhe durch lange Stiefel mit gelblackirten Stülpen verdrängt, in welche die über dem Knie geknöpften Hosen gingen.

Im Winter tragen auch ältere Herren lange kalbslederne Zugstiefel, die mit einem Riemchen am Knie befestigt, doch so, daß man die weißen Strümpfe sehen kann. Bei festlichen Gelegenheiten, auf Bällen u.s.w. behauptet sich natürlich der escarpin.

Bei den Herren kommen auch wohl Steifstiefel à la Suwarow vor.

Pariser Herrenmoden sind eine solche Abnormität, daß man auf die Wenigen, welche es wagen, in denselben zu erscheinen, mit Fingern zeigt, sie um Fastnacht copirt, lächerlich zu machen sucht.

Unter den Bürgerfrauen hat sich in Schnitt und Stoff der Kleider, der alte Typus noch ziemlich erhalten und ist allgemein.

Frauenmäntel

Das unterscheidende Merkmal der Tracht der kölner Bürgerinnen ist der lange tuchene oder cattunene Mantel mit der, mit demselben Zeuge garnirten Kaputze, wie wir sie noch in den Flandern bei den geringen Frauenclassen finden.

Falje / Huik

Eine Ausnahme sind die cattunenen Kragmäntelchen, eine Art Mantille mit krauser Garnirung. Neben dem Kaputzmantel herrscht das schwarze Regentuch, die echt spanische Falla, woher auch die kölnische Bezeichnung "Falje", das holländische Falie, die sich bei verheiratheten Frauen und alten Jungfern in schweren Seiden- und mehr oder minder kostbaren Stoffen findet, so auch aus Wollentuch oder Sersche, und dann wohl mit dem altkölnischen Namen "Huik" benannt wird, ebenfalls spanischer Abkunft, in den Bauerbänken bei Begräbnissen getragen, und zu diesem Zwecke unter einander geborgt.

Spitzen

Der Staats-Anzug der Damen ist der lange, mit Spitzen garnirte, meist schwarzseidene Kaputzmantel, den sich an Sonntagen auch die Frauen des Mittelstandes erlauben. In der Kirche, besonders wenn die Damen zum Tische des Herrn gehen, fehlt nie der Spitzenschleier, die „Volle", von dem französischen „le voile" so genannt. In Spitzen, die sich aber, wahre Familien-Kleinode, von Geschlecht zu Geschlecht erben, wie auch Familien-Diamanten, wird viel Luxus getrieben und dies selbst in den däftigen Bürgerclassen. Der Frauen höchste Pracht sind die kostbaren brabanter Spitzen, doch sieht man auch viele mit der Nadel gemachte, dem so genannten englischen oder schottischen needle-work, in deren kunstvollen Anfertigung sich in vorfranzösischer Zeit einzelne Frauenklöster auszeichneten. Das Spitzen- oder Wirkkissen ist in allen besseren Familien noch eine Reliquie der Rumpelkammer, sehr selten wird hier noch geklöppelt, früher eine Lieblings-Beschäftigung der Damen.

Brautkleider

Seidene Frauenkleider, natürlich eng mit Gehren, sind Seltenheiten, werden selbst in den höheren Ständen nur an den höchsten Festtagen, oder bei außerordentlichen Veranlassungen getragen. Mit einem wahren Stolze zeigt aber die Hausfrau die kostbaren, schwerseidenen, in bunter Seide, selbst in Gold und Silber gewirkten Brautkleider der Mutter, Großmutter, nicht selten noch das der Urgroßmutter und das eigene, als Hauptzierde der Garderobe. Gleich Reliquien werden dieselben aufbewahrt, und wohl bei ganz besonderen Angelegenheiten einer Kirche zu Kirchengewändern verehrt. Eine seidene Schürze wird bei einer Bürgerfrau als ein Luxusartikel betrachtet; der gewöhnliche Anzug war aus gedrucktem Leinen, „Gedröeks", daher die

Blaufärber und Drucker ein bedeutendes Geschäft, oder aus englischem oder französischem Cattun, im Sommer aus englischem weißen Barchent. Vor fünfzig Jahren kannte noch keine Kölnerin das moderne Stichwort: „Man sieht mir auf den Kragen, und nicht in den Magen!"

Serretétes

Als Neuerung macht sich die einfache französische Haube, die Serretétes, geltend, welche bald die allgemeine Kopfbedeckung der Bürger-Frauen waren; nur wenige der Vornehmen blieben bei den kostbaren Spitzenhauben.

Marchands de modes

Köln hatte damals nur zwölf Modehändler, unter denen Johann Jacob Federhen der bedeutendste, und von welchen sich einige schon den Namen Marchands de Modes beilegen. Ein Damenhut oder ein modischer pariser Damenkopfputz war ein exotisches Wunder, dem wir Knaben nachgafften und nachliefen. Haubensteckerinnen und so genaunte Rüsterinnen, oder kölnisch, "Röstesche", welche die Hauben wuschen und aufmachten, gab es aber die Hülle und Fülle.

Nebels- und Kragkappe

Bei den älteren Frauen und Matronen der geringen Stände regiert die Nebelskappe, und die mit Spitzen besetzte Kragkappe aus Sammet, im Winter Pelzverbrämt, auch wohl das so genannte Kappesblättchen, eine in Form eines Kohlblattes in Pfeifen gelegte Spitzenhaube, die rund um den Kopf ging und mit Nadeln befestigt wurde. Kennzeichnend war die blaue Schürze mit dem Brustlatz.

Halbhandschuhe

Wie die Damen die Halbhandschuhe, die Mitaines aus Filet im Sommer trugen, so die älteren Bürgerfrauen die Halbhandschuhe, mit einem Daumen aus Sammet, Manchester oder Plüsch, im Winter mit Pelz verbrämt.

Ohrgehänge und Brustkreuze

Ohrgehänge waren ein gewöhnlicher Schmuck, aber nie fehlte das Halskreuz bei Verheiratheten und Unverheiratheten, nach den Ständen aus Demanten, Gold oder Silber, oder aus vergoldetem Messing gewöhnlich an einem schwarzen Floretbande getragen.

Loderähnsdöscher

Ein wesentlicher Theil des Anzuges der Hausfrauen waren die unter dem Oberkleide umgebundenen Taschen, gewöhnlich aus Zwilch oder Barchent, aber nicht selten aus Leder, in welchen bei den vornehmen Damen nie das "Loderaehns-Dösche" (2) fehlte mit dem Schwämmche in Schlagwasser getaucht, wie man das Eau de Cologne nannte. Waren diese Riechbüchschen bei den Reichen zierlich in Gold und Silber gearbeitet, so begnügte sich die Bürgerclasse mit Loderaehns-Döschen aus Elfenbein oder aus Zinn mit einer hölzernen Kapsel in der Form eines Taubenei's - ein Hauptartikel der nürnberger Industrie.

Treckmützchen

Die Mädchen und Frauen der Bauerbänke und Bäuerinnen, wie auch die Mägde, trugen als Nationaltracht das niedliche, so schmeichelnd kleidsam zu Gesicht stehende, so genannte "Treckmützchen", ein rundes Häubchen, von einer runden, den Hinterkopf umschließenden Spange, "Ohreisen" gehalten, deren herunterlaufende Knöpfe sich vor den Ohren an die Schläfe legten. Das Vermögen der Trägerin bestimmt das Metall der Spange; nicht selten sind die Knöpfe fein ciselirt, selbst mit Edelsteinen geschmückt. Die Haare sind glatt auf der Stirn gescheitelt und im Nacken in einen Chignon, die Katze, aufgebunden. An den Wochentagen sind die Treckmützchen aus Cattun oder Barchent, an Sonntagen aber aus Spitzen, coquet garnirt. Bei den Frauen der Bauerbänke und den Landmädchen fehlt das altdeutsche gewöhnlich weiße Kopftuch nie, das, wenn nicht über dem Kopf getragen, malerisch über die Schultern fällt, um das Treckmützchen zu zeigen. Sonst ist der Anzug, wie der der Bürgermädchen, an Werktagen häufig der bloß roth und weiß oder blau und weiß gestreifte Unterrock, "Jusepp", fern von allem Luxus. Die Bürgermädchen gehen möglichst einfach, meist mit aufgesteckten Haaren und schlichten Umschlagtüchern. Viele wollene und halbwollene Kleider werden getragen, sonst bedingt die Jahreszeit den Stoff.

Regen- und Sonnenschirme: Rähnparaso und Sonnenparaplüe

Das Ueberflüssige, nicht streng Nothwendige kennt man in den Bürgerhaushaltungen nicht. Selbst Regen- und gar Sonnenschirme: "Raehnparasol" und "Sonneparaplueche" waren eine Seltenheit. In den wohlhabenden Familien findet man die mächtigen seidenen Regenschirme mit langem Stocke, oben mit einem Ringe versehen, an denen man sie trug, doch kommen auch Familienschirme aus Zitz und selbst aus Wachstuch noch vor, welche einem halben Dutzend Köpfen Schutz und Schirm verliehen. Beim Bürger ist der seidene Regenschirm noch ein formeller Luxusgegenstand, den er bei schönem Wetter spaziren führt, bei eintreffendem Regen schützend unter dem Rock birgt, während, nach altem Brauch, der Hut mit dem Taschentuche geschützt wird.

Der seidene Schirm ist stets ein Theil des Sonntagsputzes und dies selbst beim klarsten Wetter. Die Frauen schlagen einfach das Oberkleid über den Kopf, wollen sie sich gegen den Regen schützen.

VIII. LEBENS-WEISE.

Lebens-Ordnung - Frühstück - Kaffee - Kirchengang - Mittagsessen - Visiten - Drei-Fettmännches-Bier - Weißbrod - Geldsorten - Küchenzettel - Bestimmte Gerichte für bestimmte Zeiten - Arbeitszeit - Blauer Montag - Dienstleute - Spinnräder - Zu Bier und zu Wein - Bierhäuser - Regie-Tabak - Brandmarken - Oeffentlichkeit - Journale - Abendglocke - Sonntagsfeier / Dröpchen - Nachmittags-Vergnügen - Draußen und zu Hause - Gesellschaftlicher Ton - Bankspiele - Heirathen - Hochzeit - Krankheiten - Begräbniß - Reu-Essen - Stuten – Aberglauben

Lebens-Ordnung

"Klein Kessele han jrosse Ohren!" ist ein bezeichnendes Sprichwort, nach welchem die Kinder, außer bei den gewöhnlichen Familien-Mahlzeiten, immer entfernt gehalten werden, wenn Fremde sich einfinden. Ein Blick des Vaters, ein Wink der Mutter genügte, uns zu verscheuchen, so wie ein Bekannter, ein Fremder über des Zimmers Schwelle trat, wenn Besuch kam. Wo ältere Leute sich unterhielten, paßten keine Kinder, und so natürlich auch nicht bei den außergewöhnlichen Familienfesten. Die Folge dieser urherkömmlichen Sitte ist nun, daß ich in diesem Abschnitte manches vom Hörensagen aufzeichnen muß, und der Kölner sagt: "Vum Höresage kummen de Löge"; doch darf ich für die Lauterkeit und Echtheit meiner Quellen einstehen.

Die Häuslichkeit des eigentlichen Familienlebens bildet den Grund der bürgerlichen Zufriedenheit. Gering waren die Bedürfnisse, und daher leicht und mit Wenigem zu befriedigen. Noch zeugte nicht polypenmäßig ein Bedürfniß das andere in stetiger Progression. Die Bürger wurden ihres Lebens froh, und verstanden es noch, sich aus ganzem Herzen, aus ganzer Seele zu freuen, denn an eine Uebersättigung, eine Ueberreizung der physischen und moralischen Genüsse war noch nicht zu denken; man fand unter dem eigentlichen Bürgerstande noch keine heutmodische Blasirtheit. Grundsatz war es bei allen besitzenden Classen, sich nach der Decke zu strecken, und konnte auch nicht Jeder Tausende verdienen und zurücklegen, so sorgte doch jeder Familienvater redlichst für einen Nothpfennig, für ein "Aeppelchen vör den Dösch", und selbst der geringste Bürger sparte für die - Begräbnißkosten.

Winter und Sommer hatten in jeder geregelten Haushaltung die bestimmte Stunde des Aufstehens, und dies nach den Bürgerclassen. Beim Handwerker mit der Frühglocke; denn, war es nur immer möglich, wurde die erste Messe der Pfarre besucht.

Frühstück

Nach der Frühglocke klipperten in allen Bürgerhaushaltungen Stahl und Stein, wurde die verhängnißvolle Feuerlade mit ihrem aus Leinwand gebrannten Zunder in Requisition gesetzt. Die armen Knöchel der Hausfrauen und Mägde! Die Hausthüren der Nachbarschaft knarrten und schlugen zu. Mit ihren Laternchen zogen im Winter die Andächtigen nach den Kirchen, in welchen sie ein unheimliches, oft schauerliches Helldunkel empfing, wie ich mir dies noch aus den Christnacht-Metten erinnere; denn nur hier und da brannten düster auf einzelnen Bänken, oder an einem oder dem anderen Beichtstuhle eine Unschlittskerze, oder die Laterne eines Beters.

Kaffee

Bald darauf ging in den Häusern die Kaffeemühle, wurden auch die Kaffeebohnen gezählt, mußte gebranntes Korn oder geröstete Gerste, Cichorie und ähnliche Surrogate den Kaffee ersetzen. Der Kaffee hatte als Neuerung aber schon völlig in allen Classen den Sieg über die frühere Mehlsuppe, das kräftige Warmbier oder "Waermb" davongetragen. Wußte auch meine Großmutter noch zu erzählen, wie in ihrer Jugend geringere Bürger Thür und Fenster verschlossen, wenn sie sich einmal den Genuß des Kaffees, der nur bei den Italienern zu haben war, an einem Sonntage erlauben wollten, und den sie, Nota bene, wie Suppe, mit Löffeln aßen. Die Kaffeekanne führt im Kölnischen noch den ominösen Titel: "Bankrottspott", und einige zwanzig Jahre vor der Zeit, von der wir uns unterhalten, am 17. Februar 1784, erließ der Kurfürst von Köln, Maximilian Friedrich, noch ein Kaffee-Verbot, in welchem sogar vier Jahre Zuchthausstrafe darauf gesetzt wird, wenn Jemand Kaffee unter fünfzig Pfund verkauft, verschenkt oder vertauscht.

Japunjel - Punjel, der Schlafrock, holl. Japong - japonse rock.
Die Holländer ahmten die weiten Röcke der Japanesen nach,
daher die Benennung.

Nach dem so genannten Kaffee, wie ihn die größte Mehrzahl der Bürger damals Morgens und Nachmittags genoß, bekam Niemand Schlagflüsse oder Zittern. Umsonst hieß er nicht: "Allachtche" oder "Schlaberjux". Zucker gebrauchte der gewöhnliche Bürger nur bei ganz außergewöhnlichen Gelegenheiten, und dann nur Kandiszucker, meist braunen, der Melis, oder weiße Hutzucker war ein Vorrecht der Reichen. Wo in den Haushaltungen die

Herrschaft gewöhnlich Zucker zum Kaffee nahm, mußte ein Klümpchen für den Morgen- und Nachmittagskaffee ausreichen; es wurde, nachdem es Morgens den Kaffee süß gemacht hatte, sorgfältig aufgehoben für den Nachmittag. Für uns Kinder war ein Klümpchen Zucker eine Delicatesse, und die Zuckerdose ein Gegenstand der lüsternsten Sehnsucht.

So wie der Kaffee genossen, die Kinder regiert, das heißt gewaschen, gekämmt und angezogen waren, sie ihr Morgengebet verrichtet und die Hauptfragen aus dem Katechismus beantwortet hatten, fing die Geschäftsthätigkeit an. Der Handwerker machte sich an die Arbeit, konnte er sich auch noch nicht in den Segen der Gewerbefreiheit finden, die Ladenhalter stiefelten aus, und so ging es einen Tag um den anderen. Welch' eine Freude für die Kleinen, durften im Winter einmal Erdäpfel in der Asche des Ofens gebraten, oder Erdäpfel-Scheiben an denselben geklebt und gebacken werden, ehe die verhängnißvolle Stunde zur Schule rief.

Kirchengang

Rentner, Meister und Hausfrauen besuchten an gewissen Tagen die Messe in bestimmten Kirchen, so Montags die Höhnches-Messe in St. Severin, die Drei-Königen-Messe Montags, die Hubertus-Messe Mittwochs im Dom, die Muttergottes-Messe in der Schnurgasse, die Halbachtuhr-Messe in St. Alban. Nach dem Kirchenbesuche wurde von den Vornehmen, den Herrschaften, der Kaffee genossen, und dann ließ sich der Hausherr auch seine Pfeife Tabak aus langer kölnischer oder holländischer irdener Pfeife schmecken, an den Ehrentagen aus dem stattlichen, schwer mit Silber beschlagenen Meerschaum-Kopfe. Die verschiedenen außergewöhnlichen Kirchen-Andachten werden durch Zettel angegeben, die an den Häusern umhergetragen werden, um eine Beisteuer für den Gottesdienst zu sammeln, und sich auch immer an den Kirchenthüren angeklebt finden. Jeder echte Kölner kennt aber vom ersten Januar bis zum St.-Sylvester-Tage alle stehenden Andachten, wie die zehn Freitage in der Jesuiten-Kirche, die neun Dinstage bei den Mindernbrüdern, das Miserere in der Fastenzeit, die Maternus-Andacht in Lyskirchen, das vierzigstündige Gebet u.s.w. u.s.w.

Die ganze Lebensweise ist übrigens bei allen Classen eine streng nach altem Brauch geregelte. Alles hat seine festgesetzte Zeit vom Aufstehen, dem Kirchengange, den Mahlzeiten bis zum Schlafengehen. Alles trägt das Gepräge des gemüthlichsten Spießbürgerthums.

Mittagsessen

Läutet um zwölf Uhr Mittags der Engel des Herrn, das Ave, wird keine echt kölnische Familie ermangeln, denselben zu beten. Um zwölf Uhr wird zu Mittag gegessen. An den Werkeltagen ißt die ganze Handwerker-Familie, nachdem der Tischsegen:

"Aller Augen warten auf Dich, o Herr", stehend gesprochen, aus Einer Schüssel, meist mit zinnernen aber auch wohl mit hölzernen Löffeln. Am Sonntage, wo auch bei jedem ordentlichen Bürger Abends "dat Brötche un Schlötche un Pingche Rühts" nicht fehlen darf, werden Teller von Zinn aufgesetzt, die man gewöhnlich auch bei reicheren Familien findet.

Loderaehns- Dösje, eine Contraction. Eau de la reine, eigentlich Eau deo la reine de Hongrie, ein im vorigen Jahrhundert beliebtes Parfüm und Heilmittel.

Porcellan ist ein kostbarer Luxusartikel, der Schränke Schmuck, und kommt nur bei den Familienfesten zum Vorschein. Dann fehlte aber auch nie, selbst in den däftigen Bürgerfamilien das gewichtige Silbergeräthe in altfränkischer, aber schön gearbeiteter Form, "et hat jett öm un an", wie der Kölner sagt, und eine wahre Pracht, des Hauses Stolz, war dann das schöne Damast-Gebild in kunswoller Weberei, welches, der Himmel weiß, schon wie vielen Generationen bei ähnlichen Festgelegenheiten gedient hatte und die reichsten Muster- und Bildwebereien zur Schau trug. Welch Herzeleid, wird rother Wein auf dasselbe verschüttet! Wie rasch ist man mit dem Salze bei der Hand und tröstet auf die nächste Weinblüthe, da dann die Weinflecken ausgehen sollen.

Mir war es stets das Zeichen einer ungewöhnlichen Festlichkeit, wenn die blau bemalte Kaffeekanne und Tassen aus sächsischem Porcellan. von der Mutter mit vorsichtigem Ernste aus dem Glasschranke genommen wurden, wo sie sonst, Jahr aus Jahr ein, mit einigen chinesischen Prachtstücken paradirten.

Visiten

Eine solche Kaffee-Visite war indessen eine Hauptstaats-Action im damaligen Familienleben; aber eine höchst seltene. Auf der Mitte des Tisches prangte beim gewöhnlichen Bürger, zwischen Pyramiden von Adams-Bretzelchen und Anis-Schnitten, die blank gescheuerte kupferne oder zinnerne Kaffeekanne mit zwei, drei oder gar vier Krähnchen, neben ihr die Milchkanne, das Sahntöpfchen und die Zuckerdose. Die Zahl der Tassen, welche von den einzelnen Kaffeeschwestern vertilgt werden, gränzt an's Fabelhafte, und nie fehlt "ae genüdigt Pöttche". Ein wesentlicher Bestandtheil eines echtkölnischen Kaffee ist das Prischen, denn wenigstens führen ein paar der Frauen der Gesellschaft ein niedliches Schnupftabak-Döschen; umsonst sagt das Sprüchwort nicht:

"Eine Kaffee ohne Schnufftabak,
Es we en Vesper ohne Magnificat!"

Mit welcher Zierlichkeit wird von den Frauen die Untertasse hantirt, in welche die Obertasse zum Abkühlen des Inhalts gegossen und aus der nur getrunken wird. Blasen ist auch noch nicht unschicklich, da alle einverstanden mit dem Grundsatze: "Besser hatt geblosen, als der Munk verbrannt." Wie gemüthlich klingt unisono das "Gott jesaehnt üch!" oder, Prufiziat!", nießt eine der Gevatterinnen. Die Unterhaltung der Frauen bei solchen Gelegenheiten soll von der heutigen nur darin verschieden gewesen sein, daß Moden und Kleider weniger den Stoff bildeten, sich sonst um Magde, Haushalt gedreht haben, und dabei die Scheere eben so wacker geführt worden sein, wie auch wohl noch heut zu Tage.

Gleich nach dem Mittagessen eine Tasse Kaffee zu nehmen, ist eine von den Franzosen eingeführte Neuerung, die nur selten unter den reicheren Bürgerclassen Nachahmung findet. Gegen oder nach vier Uhr, wenn die Kinder ihr Vesperbrod erhalten, wird bei der Mehrzahl der Bürger der Nachmittagskaffee mit Weißbrod genossen. Sonntags früher, als an den Werkeltagen, dann auch mit mehr Umständen.

Kaffee-Verbot für das Herzogthum Westphalen.

Von Gottes Gnaden Wir Marimilian Friedrich, Erzbischof zu Köln, des heiligen römischen Reiches durch Italien Erzkanzler und Kurfürst etc. Uns ist zu Unserm höchsten Mißfallen die unterthänige Anzeige geschehen, daß in Unserm Herzogthume Westphalen der Mißbrauch des Kaffeegetränks so sehr eingerissen, daß Wir, diesem Uebel zu steuern, und vermöge Landesherrlicher Verordnung die abhelfliche Maß zu geben mildest veranlaßt worden. Wir gebieten und befehlen also zu desto sicherer Erreichung eines so heilsamen Endzwecks, gnädigst und ernstlich:

1) Daß nach Verlauf von vier Wochen nach Verkündigung gegenwärtiger Verordnung keiner, weß Standes und Vermögens er auch immer sein möge, sich unterstehen solle, Kaffee, gebrannt oder ungebrannt, in großer Quantität oder geringem Maße in Unserm Herzogthum Westphalen öffentlich oder heimlich zu verkaufen und dies zwar unter Strafe von 100 Rthlr. bei jedem Betretungsfalle, welche, wenn er zur Erlegung nicht vermögend ist, er auf zwei Jahre mit der Zuchthausstrafe belegt werden soll.

2) Soll einem jeden, unter Strafe von 20 Goldgulden, verboten sein, sich Kaffee von auswarts mit geringerer Quantität, als fünfzig Pfund anzuschaffen.

3) Wenn einer von auswärtigen Oertern - gestalten in Unserm Herzogthum gar kein Kaffe verkauft werden solle - sich fünfzig oder mehre Pfund angeschafft hat, so soll selbigem unter 200 Rthlr., oder vierjähriger Zuchthausstrafe, untersagt sein, Kaffee in geringerer Quantität für andere zu verkaufen, zu verschenken, zu vertauschen, oder auf eine andere nur immer zu erdenkende Art zu überlassen.

Da 4) einige zu Vertilgung dieser gnädigsten Verordnung sich vereinbaren mögten, obenbenannte Quantität in Gesellschaft zu kaufen, und solche nachgehends unter sich zu theilen, so wollen Wir gnädigst: daß derjenige, auf dessen Name die Anschaffung geschehen, mit der § 2 bemerkten Strafe angesehen werden solle, und wenn solcher Gesellschaft andern nicht mit benannten Kaffee überlassen worden, so werden alle bei der Anschaffung benannte in die Strafe § 4 bemerket, verfallen.

5) Keinem soll, unter 20 Goldgülden Brüchtenstrafe, erlaubt sein, sich für seinen Verdienst, verkaufte andere Waaren, oder auch als ein Geschenk, oder unter einem andern Vorwand, wie er immer Namen haben mag, Kaffee unter 50 Pfund anzunehmen, oder sich reichen zu lassen; derjenige aber Unserer Unterthanen, der solchen in geringerer Quantitat, als oben gemeldet, unter solchem Vorwand, an jemand überlasset, fällt in die § 3 enthaltene Strafe.

6) Alle in Städten, Freiheiten, Dorfschaften, einzelnen Höfen. oder wo es nur immer sein mag - angelegte Kaffeekrämer und Verschenker nicht mehr geduldet werden, sondern diese den noch in Vorrath habenden Kaffee, unter Strafe von 100 Rthlr., und dessen Confiscation, innerhalb vier Wochen fortzuschaffen, sofort führohin der Kaffeekrämerei, oder Schenkens sich gänzlich, und zumal unter der § 1 bemeldeten Strafe ohne Rücksicht der Person entaußern.

7) Sollen alle Hausväter und Mütter, weß Standes sie immer sein mögen, denen Arbeitern, besonders denen Wasch- und Bügelweibern, oder sonst jemand keinen Kaffee bereiten lassen, oder auf einige Art gestatten, und zwar unter Strafe von 100 Rthlr. Zur Verhütung all befahrenden Unterschleifs soll

8) Auch allen auswärtigen Handelsleuten untersagt sein, im Lande an jemand Kaffee anders, als wenigstens 60 Pfund zu überlassen, und dafern ein solcher Handelsmann im Widrigen betreten wird, so soll nicht allein der übrige Vorrath confiscirt, er mit der schärfsten Ahndung und allenfalls bürgerlichen Arrest angesehen, sondern auch ihm der Handel im Lande und sogar das Land selbst verboten sein.

9) Allen Beamten, Bürgermeistern in Städten und Freiheiten, fort jeder Orts-Obrigkeit, wird unter Strafe von 100 Goldgülden anbefohlen, auf die genaueste Befolgung dieser Verordnung ein wachsames Auge zu haben, forthin auch zu diesem Ende in jedem Ort allenfalls Aufseher zu verordnen.

10) Demjenigen, welcher die dieser Verordnung zuwider handelnde anzeigen wird, soll die Halbscheid der andictirten Geldstrafe, mit gänzlicher Verschweigung seines Namens, angedeihen.

11) Wir befehlen solchemnach Unsern Landdrost und Räthen in Westphalen, Drosten, Unterherrn, Richtern und Gogreven wie auch Bürgermeistern und Rath in den Städten und Freiheiten, fort Schöffen und Vorstehern auf dem Lande gnädigst und ernstlichst: nicht nur dieser Unserer Verordnung die genaueste Folge gehorsamst zu leisten, sondern auch derenselbe stracke Beobachtung mit allem Nachdruck zu befördern, selbe sofort auf den Kanzeln, auch sonsten gewöhnlicher Orten und Maßen zu publiziren und affichiren zu lassen. Urkund dieses. Gegeben in Unserer Residenzstadt Bonn, den 17. Februar 1784. (gez.) Maximilian Friedrich.

Drei-Fettmännches-Bier

Wie einfach das Leben in der Alltäglichkeit, mag man aus Folgendem ersehen. Meine Eltern heiratheten 1804 und tranken über Tisch drei Fettmännches Bier, d. h. das Maß zu sieben Pfennigen. Die ganze Nachbarschaft staunte über die Verschwendung und meinte, die jungen Leute würden bald laufen gehen, da sie drei Fettmännches Bier tränken. Man hatte in der Zeit, von der ich rede, aber auch noch Schillings Bier, von dem das Maß eine Fuss, d. h. einen Pfennig kostete. Damals machten die Brauer aus der Hefe so viel, daß sie das Bier frei hatten, und wurden reiche Leute.

Weißbrod

Es kosteten vor fünfzig Jahren zwei "Röggelchen", Brod aus gebeuteltem Roggenmehl, ausgebacken 32 Loth schwer, 2 Stüber, d. h. neun Pfennige. Wie groß waren die "Reih Wecken" zu 6 Stüber, ein "Stüttchen" zu 1 Fettmännchen, ein "Pärchen" zu 1 Stüber, ein "Schößchen" zu 1 Stüber, ein "Currenten-Brödchen" zu 1 Stüber, ein "Franzbrödchen" zu 1 Stüber, ein "Grieschen" zu 1 Fettmännchen, die "Jöbbelchen", die "Kühm-Bretzel", die "Töhnches-Bretzele", welche unsere Bäcker producirten?

Und wie appetitlich waren diese Backwerke auf der Straße auf den Gestellen vor den Fenstern ausgestellt? Die däftigen Bürger backen ihr Hausbrod, das Schwarzbrod, selbst. In keiner Haushaltung fehlte der Backtrog, die Mauel, und viele hatten sogar ihre Handmühle zum Mahlen des Roggens.

Geldsorten

An Münzsorten war im alltäglichen Verkehr auch kein Mangel; da gab es Carolinen, Pistolen, Ducaten, Krunenthaler, Richsthaler, Quartkronen oder Quärtchen, dann Goldgölden, Gölden, Schillinge, Sechsbätzner, Blaffert, Albus, Juchemer Groschen, Stüber, Fettmännchen, Füß und wie diese babylonische Münz-Verwirrerei Namen haben mochte. Und dann noch das Frankengeld, Fünffranken, Zweifranken, Franken, halbe und viertel Franken und Centimen, die übrigens im alltäglichen Verkehr zu den Seltenheiten gehörten. Meist abgenutzt, abgegriffen, nach kölnischem Ausdruck "scheel un blink" waren die einzelnen Münzen, die aber alle Cours hatten, und, wenn sie selbst der gewandtesten Hausfrau ein Räthsel, dem Brauer und Bäcker in Lösung gegeben wurden. Mit den französischen Assignaten, spitzbübischen Andenkens, hatten sie auch Einzelne der Parvenus der neuen Zeit zu Leuten gemacht, fand man in vielen Häusern das ,"Priveet" tapezirt, so nannte der feine Kölner das heimliche Gemach. Den echten Kölnern haben übrigens wenige Neuerungen so viel Kopfbrechens und Kummer gebracht, als der nothgedrungene Abschied von dem urherkömmlichen Münzcabinet, die Einführung des Groschen-Geldes, mit dem, nach ihrer Meinung, die theueren Zeiten gekommen sind. Die Zeiten sind ja längst vorüber, wo die kölnische Hausfrau für eine Fuss einen Pfennig - drei Theile kaufen konnte: En Schöp Leim (Lehm), en Ell Lemmetsjähn und ene Schwaegelspihn (Docht und Schwefelspahn).

Küchenzettel

In den meisten Bürgerfamilien hat Jahr aus Jahr ein, jeder Wochentag seinen bestimmten Küchenzettel, von dem nur bei ganz ungewöhnlichen Fällen abgewichen wurde. Der Sonntag brachte "fresche Zupp", Fleischsuppe mit gerösteten Weißbrodschnittchen, an den hohen Tagen mit Klößchen, kölnisch "Baell eher", und grün Fleisch, d. h. frisches, mit selbst aus Mostartmehl, Fleischbrühe und Essig angerührtem Mostart. Nach der Jahreszeit das Gemüse, die Beilage. Sonntags wurde der Suppe so viele gekocht, daß sie für den Montag ausreichen mußte.

Zweierlei Fleisch war an Werkeltagen ein unerhörter Luxus. Gewöhnlich wurde für den Abend das vom Mittagstische übriggebliebene Gemüse aufgewärmt. Der Freitag brachte, als Abstinenztag, den unvermeidlichen Stockfisch mit Erdäpfeln. In vielen Haushaltungen wurde der Stockfisch selbst geklopft und gewässert und demselben als Zugemüse weiße Bohnen, Reiß oder Linsen gegeben, im Sommer junge gelbe Rüben oder weiße Rüben, da viele der älteren Leute gar keine Kartoffel aßen. Der däftige Bürger that aber nur so genannte Blauen und Nieren ein, weiße Erdäpfel verzehrten die ärmeren Classen. Eine Delicatesse war für viele die Stockfischhaut, die geweicht in Bündeln besonders von den ärmeren Classen gekauft wurde, und den Stockfisch ersetzte. Die gewöhnliche Suppe am Freitage waren Erbsen, und am Samstage, in vielen Familien auch noch ein Abstinenztag, Linsen. Das freitägliche Abendessen bestand aus dem allbeliebten "Kuschelemusch", dem übriggebliebenen Stockfisch mit Erdäpfeln und Zwiebeln, Milch und Butter zusammengeschmort. In der Fastenzeit gab es Bückinge mit Eiern; Schellfische, Laberdan, Kabeljau waren für den geringeren Bürger Leckerbissen, die man sich wohl zuweilen Sonntags Abends erlaubte. Ein kölnisches Lieblingsgericht war das so genannte "Verwent Brüd" (3), in Milch geweichte Semmelschnitten in Eier gebacken und dann mit Puderzucker bestreut.

Verwent- Brud oder Verwent- Schnetehen, von verwinnen, verwöhnen.

Auch die geringeren Bürgerfamilien tranken Abends ihr Bier. Welch' eine Musik der Kannendeckel Abends in den Straßen, wenn die Lehrjungen und Mägde nach den Brauereien zogen, um den Abendtrunk zu holen, und welches Geklingel in den Brauereien!

In den Wintermonaten gab es eingemachte Gemüse, Kappes, grüne Bohnen, Rübstiele, gewöhnlich in den Bürger-Haushaltungen mit weißen Bohnen untermengt, und da jeder däftige Bürger wenigstens sein Schweinchen schlachtete, Schälrippen, Würste, Speck und Schinken, der gekocht und gebraten, ein Hauptgericht, bei keinem kölnischen Tractamentchen fehlen durfte. Es sind wenige ordentliche Bürgershäuser, wo nicht immer ein "Haemmchen", d. h. ein Schinken und im Winter auch wohl ein Stück Rauchfleisch in Anschnitt. "Mer muss jett em Hüs hann", war die stehende Redensart unserer Mütter. Die Begüterten hielten den uralten Gebrauch noch bei, entweder einen ganzen, einen halben oder viertel Ochsen im Herbste zu schlachten, einzupöckeln und zu räuchern. In reichsstädtischer Zeit wurde der Ochs auf eines Bürgers Namen angeschrieben und im folgenden Herbste bezahlt. Blieb die Bezahlung aus, dann kam die "Pandkähr", wurde gepfändet - eine Schande, wofür der damalige Kölner kein Wort hatte. Pöckel- oder kölnisch Zölperfleisch, aus dem selbst in manchen Häusern sogar Suppe gekocht wurde, fehlte nie.

Bestimmte Gerichte für bestimmte Zeiten

Einzelne Festtage hatten auch ihre bestimmten Gerichte; so bestand am grünen Donnerstage der Mittagstisch aus Kervelsuppe und Spinat. Am Charfreitage wurde gefastet, zu Mittag nur Kaffee getrunken mit einem Schößchen oder kleinen Semmel, Abends gab's aber irgend ein Fischgericht und Verwent-Brud. Am unschuldigen Kindertage fehlte nie der steife "Reißbrei" mit Zucker und Zimmet.

An bestimmten Tagen wurden die Winter-Gemüsetonnen angebrochen. War es auch noch so warm, am Allerheiligentage begann das Heizen und dauerte bis vierzehn Tage nach Ostern; dann blieben die Oefen aus, und hätte es zum Steinbersten gefroren.

Arbeitszeit

Die meisten Handwerker begannen auf Michaelstag, den 29. September, bei Licht zu arbeiten, die Kunsthandwerker am 18. October, auf St. Lucastag; dann mußte der Meister den Gesellen den Lichtbraten spenden, für ihn selbst war der Tag ein Feiertag. Das bei Licht-Arbeiten währte gewöhnlich bis zum Osterfeste.

Blauer Montag

Viele Meister und die Gesellen mit wenigen Ausnahmen, machten, nach urherkömmlicher Sitte, "Blö Möndag"; sie arbeiteten am Montage nicht, trieben sich, nachdem sie Morgens ihre Messe gehört, den ganzen Tag in den Schenken herum. Ein Handwerkergebrauch, den wir in allen germanischen Ländern finden, haben doch die Engländer ihren Crispin's monday, die Holländer und Vlaeminger "bouden maandag" eben so gut, wie die kölnischen Handwerker ihren "blöen" machten.

Dienstleute

Wahrhaft patriarchalisch war in allen echt kölnischen Familien das Verhältniß der Dienstherren zu den Dienstboten. Nur bei den Vornehmen speis'ten die Dienstleute allein in der Küche oder Gesindestube, beim Mittelstande mit der Dienstherrschaft am selben Tische. Nicht selten war es, daß Mägde ein paar Generationen in derselben Familie dienten. Bei den reicheren Bürgern waren solche Inventarstücke allgemein, sie gehörten gleichsam zur Familie, deren Freud und Leid sie manchmal seit einem halben Jahrhunderte getheilt hatten. Für ihr Alter war übrigens gesorgt; denn Köln zählte für solche Dienerinnen nicht weniger als zweiundvierzig Convente, die alle reich fundirt waren, wo sie als "Couvents-Möhne" sorgenfrei ihr Leben beschließen konnten.

> *Couvents-Möhn, Couvent statt Convent. Möhn, Muhme, alte Jungfer, daher Mönejrösser. Auf dem Lande jede alte Frau, wie auch die Anrede der Dienstleute an die Pächterin. Das italien. monna, zusammengezogen aus madonna. Quissel, alte Jungfer, aus quas sola.*

Wir finden es unbillig, gelinde gesagt, daß man diese zu dem bestimmten Zwecke gemachten Stiftungen und Vermächtnisse mit dem allgemeinen Armenfonds zusammengeschmolzen hat.

Spinnräder

Mahnt die Ave-Glocke am Abende zum Gebete, wird in den Bürgerhaushaltungen der Rosenkranz gebetet, und darauf schnurren in allen Haushaltungen, ist das Gemüse, sind die Linsen oder Erbsen für den folgenden gelesen, die Spinnräder, denn Hausfrau, Töchter und Mägde spinnen an den langen Winterabenden und selbst am Tage, gibt es sonst keine Beschäftigung in der Haushaltung, deren Leitung sich die Bürgerfrau nicht nehmen läßt. Mit welchem selbstgefälligen Stolze wird das Gespinnst des Winters im Frühjahr dem Weber überantwortet zum "Tuche" und zum "Gebild", wie der Kölner das leinen Damast-Gewebe nennt. Wie überglücklich ist die Hausfrau, bringt der Bleicher aus dem Bergischen die Leinwand gebleicht zurück und ist dieselbe recht hagelweiß ausgefallen. Alles geht durch der Hausfrau Hand; sie hält den Marktgang, sie macht die großen und kleinen Einkäufe, und wahrhafte Hieroglyphen sind die Kreidestriche auf dem Tische oder auf der Thür, mit welchen die Berechnungen gemacht werden; sie ladet die Nachbarinnen zum Gemüse-Einmachen, zum Wursten, ist des Hauses Herrin in allen Departements des Innern. Bekümmert sich ein Mann um solche Dinge, trifft ihn Spott, wird er mit den tollsten Spitznamen beehrt. Uebrigens entging es dem Knaben nicht, daß in vielen Häusern der mittleren und vornehmen Stände die Mafrauen die Hosen trugen.

Zu Bier und zu Wein

Die alten Trinkstuben der Zünfte, die Zunftkeller der freien Reichsstadt, wurde doch sogar im "Domkeller" Wein geschenkt, haben die Gewohnheit noch herüber gebracht, daß die Männer nach gethaner Arbeit, getragener Tageslast ihre Abendgesellschaft besuchen, zu Wein oder Bier gehen. War auch Weinhandel eines der bedeutendsten Geschäfte der Stadt, so ist die Zahl der Weinstuben im Verhältnisse doch sehr gering, und diese werden an Werkeltagen nur von den vornehmen Classen besucht. Weißer Wein wird sehr selten getrunken, gewöhnlich rother, "Bleichart", so genannt, weil die Trauben sofort vom Stocke gekeltert wurden, und der Wein daher leicht von Farbe war. Der firne Wein hatte bei den meisten Trinkern den Vorzug. Wenige begüterte Familien gab es, die nicht ein größeres oder kleineres Weingut besaßen, und dann vom eigenen Wachsthum "propre crú" tranken.

Im Herbste thaten sich die Bürger in vielen der Kappesbauern Gärten am Most und neuen Weine bene. Mehr als idyllisch waren dort die Schenkeinrichtungen, man lagerte sich sogar auf den Mist. Und was weiß da noch mancher vom Jahre Eilf zu erzählen?!

Bierhäuser

Die große Mehrzahl der Bürger ging zu Bier. Die kölnischen Stammbierhäuser hatten ein charakteristisches Merkmal, über den halben Thüren, den Gattern, kölnisch "Gädern", hing in der Thür ein halbrunder aus weißen Weiden geflochtener Korb, den man fortschob, wollte man eintreten - es war der Hopfenkorb, der in den größeren Brauereien den Gringkopf zierte. In den selbst von den däftigsten Bürgern besuchtesten Bierhäusern herrscht patriarchalische Einfachheit. Schwere eichene Schragen-Tische, klobige Bänke, eiserne Leuchter mit kupfernen Aufsätzen, an denen die Lichtscheere mit einer Kette befestigt, tragen dumpfqualmende Unschlittlichter, deren spärliche Flammen mit Mühe gegen den Tabakdampf ankämpfen. Ein ungewisses Helldunkel herrscht in jeder Bierstube. In jedem ordentlichen Bierhause ist aber eine allgemeine Gaststube und eine Herrenstube. Dort qualmt der AB-Reuter aus kurzen irdenen Stummeln, "Nasenwärmern", "Mutzöhreher", oder Havannah vor dem Hahnenthor oder im Weyerkühlchen gezogen, propre crú; hier wird echter Holländer aus langen irdenen Pfeifen oder Meerschaumlöpfen geraucht, mit denen man einen großen Luxus treibt. Am Kaufhause, dem Gurzenich, sieht man bei Tage immer einige Karrenbinder herumlungern, welche neue Meerschaumköpfe in den Gang rauchen.

Wie sorgsam sind dieselben, nimmt man sie mit in die Bierhäuser, in Leder eingenäht, in Seide gewickelt.

Regie-Tabak

Das Jahr 1811 beglückte uns mit dem kaiserlichen Regie-Tabak, der im Blankenheimer-Hof auf dem Neumarkte fabricirt wurde.

Brandmarken

Ich habe noch am Südende des Altenmarktes einen alten Mann brandmarken sehen, weil er, wenn ich nicht irre, zwei, sage zwei Pfund Rauchtabak geschmuggelt hatte. Noch steht es lebendig vor meiner Seele, wie eine Goldschmiedsfrau auf dem Altenmarkte dem Greisen, als er nach dem Pranger geführt wurde, einen hohen silbernen Becher mit warmem Weine darreichte. In diese Zeit fallen auch die französischen Autos da fé der englischen Waaren, die in häuserhohen Haufen vor dem kölnischen Hofe in der Trankgasse und auf dem Rathhausplatze verbrannt wurden.

Nur aus steinernen, eine Maß haltenden Kannen mit zinnernem Deckel wird in den Bierhäusern das Bier getrunken. Die vornehmeren, vermögenden Bürger, so die Stammgäste bei Löllgen in der Weidengasse, führten ihre Schoppengläser in niedlichen Körbchen bei sich, so auch das Reibchen mit der "Beschöt" - der Muscatnuß. Es gab da Knupp, eine Art- Doppelbier, Alt, Stéckenalt, Maerzer, Jung und Half un Half. Im Winter trinkt man Jung, im Sommer Alt.

Beschöt, Mußcatnuß. In Aachen ebenfalls Beschoot.

Kartenspiel um geringen Einsatz: "Sibbe Schröm" oder "Tuppen", "Tarrock", "Gasten". wie die Spiele heißen, bilden die gewöhnlichste Unterhaltung.

Oeffentlichkeit

Gleich allen Reichsstädtern, wo jeder Bürger zu allem, was das Stadtregiment angeht, seinen Senf zu geben gewohnt, ist der Kölner ein Freund von Kannegießern; aber die eiserne Zuchtruthe der Franzosenherrschaft legt den politischen Kannegießern in der Zeit, von der ich rede, ein gewaltiges Schloß vor.

Journale

Man kümmert sich daher um die Politik wenig, oder gar nicht, und die hier unter der strengsten Vormundschaft der Regierung erscheinenden Blätter, wie die Postamts-Zeitung, das Intelligenzblatt, die französischen Zeitungen

Journal Général, Mercure du Departement de la Reör, wahre Journal-Zwerglein, haben der Abonnenten so viele, daß ein Träger, Joh. Wilh. Vianden, sie alle bedienen kann...

Als mit der deutschen Zeit die 1802 gegründete, aber 1809 durch Napoleonischen Machtspruch unterdrückte "Kölnische Zeitung" am 16. Jan. 1814 - am 14. hatten die Franzosen unter Sebastiani die Stadt verlassen - wieder neu ins Leben trat und mit ihr der "Welt- und Staatsbote" und der "Verkündiger am Rhein" concurrirten, hatte der Kölner noch immer eine angeborene Scheu vor der Oeffentlichkeit, und nicht selten hörte ich als Kind, wenn ein Kaufmann oder ein Kleinhändler irgend einen Artikel durch die Zeitung zur Anzeige brachte, das Publicum auf seine Waaren aufmerksam machte: "No, dae muss och wähl, bähl der Schlössel op de Döhr steche, oder enpacken." Man braucht nur einen Blick in das damals bei M. DuMont-Schauberg erscheinende , Feuille d'affiches, annonces et avis de Cologne" zu werfen, welches ein paar Mal die Woche in Quarto erschien und außer dem Civilstande meist amtliche Anzeigen enthält.

Ist auch, der reichsstädtische Zwang und Brauch natürlich aufgehoben, so wird doch in den Bierhäusern noch hier und da am alten, Herkommen gehalten. Gewisse Classen, Schinder und die "Packane" oder Gewaltrichtsdiener mußten ihr Bier auf der Hausflur trinken, und zwar aus einer Kanne ohne Deckel, aus der ein Stück geschlagen. Verlief sich ein Mitglied irgend einer Bauerbank in ein Bierhaus in der Stadt, mußte es die Lichter putzen.

Lohkuchen-Dampf in den Straßen kündigt ein Bierhaus an, denn vor jeder Thür brennt, nach altem Brauch, in einer in den Thürpfosten oder in der Treppenwand gehauenen Oeffnung ein Lohkuchen zum Anzünden der Pfeifen. Im Sommer standen vor den Thüren der Bierhäuser der Thorstraßen Eimer mit Wasser zum Trinken der Vorübergehenden.

Einem Knaben oder Minderjährigen, wenn er sich je vermessen hätte, ohne Begleitung die Schwelle eines Bierhauses zu überschreiten, wurde nicht nur nicht gezapft, er ward mit Schimpf und Schmach, man schlug ihn wohl mit dem Spüllumpen um den Mund, hinausgejagt.

Abendglocke

An Werkeltagen, wie an Sonntagen folgt der Bürger aber streng der Bürgerglocke, die im Winter um 10 Uhr, im Sommer um 11 Uhr zum Aufbruch mahnt. "Der Caspar brummt", hieß es, gab die Domglocke das Zeichen, und auch wohl "der Deftges brummt", weil ein Adjunct dieses Namens den mit der französischen Invasion aufgehobenen Gebrauch der Abendglocke wieder eingeführt hatte.

Sonntagsfeier / Dröpchen

Sonntags, nach der Messe, erlaubt sich der Handwerker ein Schnäpschen, ein "Kleikännche Klore". "Blöh Jähn" nennt der Kölner den gewöhnlichen Kornbranntwein, Erdäpfelfusel kannte man noch nicht. Jede Nachbarschaft hat ihr bestimmtes Haus; so waren in meinem Geburtsdistricte berühmt: "Dat Helle Kaentche" und "Müller's am Hof". Für die besseren Classen gab es Kaffeehäuser, besonders für die Franzosen, die ohne Cafés gar nicht denkbar, und klingen noch die Namen des Italienischen Kaffeehauses an der Höhlen-Ecke und das Mainzer Kaffeehaus an St. Laurenz in meiner Erinnerung als die besuchtesten.

Nachmittags-Vergnügen

Der Nachmittags-Gottesdienst, Vesper, Predigt und Complet wird selten versäumt, und streng darauf gehalten, daß die Kleinen die "Kinderlehre" besuchen, die im Dome vor zwei Uhr eingeläutet wurde.

Draußen und zu Hause

Im Frühjahr, Sommer und Herbst geht der Bürger Sonntags mit seiner Familie vor das Thor, "vör de Pohz", auf den Graben, "op der Gräve", und läßt im Herbste den Kleinen den fliegenden Drachen, "dae gepappte Vujel", steigen.

Wie groß war aber die Angst, die Noth, wurde man bei solchen Spazirgängen vom Abende überrascht; Hals über Kopf lief man, um vor Thorsperre in die Stadt zu gelangen, um das Sperrgeld nicht zu zahlen, das aber nur an den Hauptthoren erhoben wurde, und einen Stüber betrug. Die Wohlhabenden machen wohl einen Abstecher nach Deutz ins Marienbildchen, oder besuchen eines der wenigen Garten-Locale, wie das Kümpchen, den Mordhof an Gereon, den Jacorden-Garten, wo Wein geschenkt wird. Uns Kindern waren es Jubeltage, wird an einem Spieltage in einem Wingjert zum Weck und Milch-Essen gegangen, oder hat die Kappesbäurin, welche die Milch und das Gemüse liefert, die Mafrau mit den Kindern zur Kirmeß eingeladen - aber dann wehe den Magen der Kleinen, welche nicht minder während der Obstzeit einen großen Strauß zu bestehen hatten.

An den Wintersonntag-Nachmittagen oder an den hohen Festtag-Sonntagen, wo es unschicklich auszugehen, wurde von den älteren Leuten, besonders von den Mafrauen und Juffern in der Handpostille oder in dem Leben der Heiligen gelesen. Bei dieser Lectüre spielte die Pitschbrille eine Hauptrolle, deren Gläser aber meist so taub, daß man nichts durch dieselben sehen konnte; sie mußte doch auf der Nase sitzen, sah man auch über dieselbe hinweg. Gewöhnlich diente die Pitschbrille auch als Zeichen im Buche.

Gesellschaftlicher Ton

Der gesellschaftliche Ton war schlicht und herzlich, gegen vornehmere Personen und besonders geistliche Herren ein wenig ceremoniös; doch konnte dies nicht stören, da das Formelle bald der herzlichen Weise weichen mußte, so daß sich ein Jeder bald im kölnischen Kreise heimisch fühlte. Und dies auch selbst bei den vornehmsten und reichsten Ständen, bei welchen die herkömmlichen deutschen Höflichkeitsformen der leichteren französischen Gesellschaftsweise schon hatten weichen müssen, ohne jedoch der bideren Herzlichkeit den mindesten Abbruch zu thun. Laune und Scherz in Rede und Lied war der gesellschaftlichen Kreise Würze, ihnen war kein Kölner abhold.

Das Familienleben trägt sich auch auf das Nachbarleben über. Unter Arm und Reich, Vornehm und Gering wird treue Nachbarschaft gehalten. Mit wahrer Hingebung und Freude unterstützt der Nachbar den Nachbarn; die rührendsten Beispiele könnte ich davon aus meiner Kindheit erzählen. An gegenseitiger Freude, wie Leid der Nachbarn nimmt die ganze Nachbarschaft den wärmsten Antheil. Ist ein geringerer Bürger krank, eine Bürgersfrau in den Wochen, wie wird da in allen Häusern geköchelt, was wird da nicht zusammengetragen, und mit welcher herzlichen Lust wird gespendet. Die ärmeren Bürgerfrauen wissen, daß sie bei Mafrau So und So, oder Mijuffer So und So immer Trost und Hülfe in der Noth des Augenblicks finden können. An Sommerabenden sitzen die Bürger Alt und Jung auf der Straße vor den Thüren; es bildet die Nachbarschaft in munterer Unterhaltung, auch wohl bei heiteren Liedern, gleichsam eine Familie.

Bankspiele

Auch damals hatte Köln seine kleinen Spielhöllen, wo das Roulette und trente à quarante im Schwunge. Als die Spieler von Profession sich hier nicht mehr sicher wähnten, verlegten sie den grünen Tisch nach Deutz, wurden aber, wie man mir erzählte, um Fastnacht auf offener Straße, wie sie leibten und lebten, dargestellt, und so dem öffentlichen Spotte preis gegeben.

Heirathen

Eigentliche mariages d'inclination scheinen bei unseren Voreltern nicht an der Tagesordnung gewesen zu sein. Die Ehebündnisse wurden gewöhnlich gemäß Uebereinkunft der Eltern geschlossen, und dann fing das "karesseren" an.

Caresseren, den Hof machen, freien, von dem franz. caresser, lieblosen.

In der Mittelclasse wurden die Bekanntschaften, wie man mir erzählt, meist in der Kirche gemacht. Einige Kirchen hatten sogar in dieser Beziehung einen besonderen Ruf, wie auch Heilige verehrt wurden von den Mädchen, wünschten sie bald unter die Haube zu kommen, so der heilige Antonius in der Minoriten-Kirche.

Der Kirchengang, denn sonst kamen die Töchter ordentlicher Bürgersleute nicht vor die Thür, war das gewöhnliche Stell-Dich-ein, und bei außerordentlichen Gelegenheiten wurde auch wohl eine Tanzschule besucht - der Nachmittag-Gottesdienst geschwänzt. Ein gefallenes Mädchen gehörte aber zu den größten Seltenheiten. Streng, unerbittlich streng muß in solchem Falle die öffentliche Meinung zu Gericht gesessen haben, ohne Erbarmen. Wurden anderen Mädchen am Maitage Maien gesteckt, so fehlte vor der Thür einer Gefallenen nie das Hecksel, das auch im Laufe des Jahres zum Spott zuweilen vor die Thüren anrüchiger Mädchen gestreut wurde. Ständchen am Neujahrstage, in der ersten Mainacht und am Namenstage waren an der Tagesordnung und nicht weniger das Schießen bei diesen Gelegenheiten.

Hochzeit

Die Trauungen fanden meist Abends Statt, selbst bei den Reicheren ohne jeglichen Schein von Ostentation. Eine neue Kaffeemühle, die neue Feuerlade mit dem urväterlichen Leinwandzunder, ein neuer Dreckkorb und Stäuber nebst Kehrichtschippe, Salz, Brod und Brodmesser waren die altherkömmlichen symbolischen Hochzeitsgaben, welche bei einer Bürgerhochzeit nie fehlten. Die modischen Schaamreisen gehörten zu den Seltenheiten, kamen selbst bei den Vornehmsten nur selten vor.

Die reichen Bürger legten einen gewissen Stolz darein, gerade bei Hochzeiten ihren Reichthum zu zeigen. Außer dem Pfarrer, den Caplänen der Pfarre, dem Hausarzte war die ganze Familie gebeten und, je nachdem der Raum des Hauses es gestattete, die Freunde beider Familien. Hoch ging's her. Die kölnische Köchin mußte sich in ihrem ganzen Glanze bewähren, und der Keller das Beste spenden. Lied und toller Scherz, wie das Strumpfbandlösen der Braut und Aehnliches würzte Mahl und Trank, auch fehlte das Tänzchen nicht. Der liederreichste Gast war immer der liebste.

Es gab sogar einzelne Persönlichkeiten, die eben der Unterhaltung wegen zu allen Tractamentchen geladen wurden. Gastfrei war der Kölner im vollsten Sinne des Wortes. Noch vor der französischen Zeit waren die Hochzeitsfeste der vornehmen Bürger förmliche Pickenicks, die, nach uraltem Brauche, im alten Brautlauf-Haus auf dem Quattermarkt gehalten wurden. Die Boten der Gaffel, zu welcher der Hochzeitgeber gehörte, luden die Gäste, deren Jeder seinen Antheil zum Feste brachte. Die Gaffelboten warteten auch bei Tische auf. Wir besitzen noch verschiedene policeiliche Verordnungen gegen den übertriebenen Aufwand solcher Hochzeiten, in denen mit väterlicher Fürsorge die Zahl der Gänge und Gerichte bestimmt ward. Bei großartigen Hochzeiten wurde der Tanz auf dem Tanzhaus Gürzenich gehalten. Eine vornehme Hochzeit war auch vor fünfzig Jahren noch ein Stadtereigniß, welches eben so reichen Stoff zur Unterhaltung bot, wie ein vornehmes Begräbniß.

Krankheiten

Bei gewöhnlichen Krankheiten mußten Hausmittel helfen. Der Kölner gab nicht gern "unnüdig Geld uhs", und das wäre in solchen Fällen, nach seiner Ansicht, das Honorar des Arztes gewesen. Hatten wir auch tüchtige, ja, berühmte Aerzte, wie die Doctoren Best, Cassel, Rougemont, Peipers, Schmitz, Sprögel, Stoll, so hatte der geringere Bürger, ging die Noth nicht gerade an den Mann, doch mehr Vertrauen zum Wasenmeister Eßmann auf dem alten Graben, welcher, der Himmel weiß was curirte. Auch hatten sich in mehreren Familien Mittel gegen einzelne Gebreste vererbt. Um Geld und gute Worte waren diese Mittel zu haben. Den Zapfen brechen, die Drüsen einreiben konnte jede alte Frau, und gab es bei Kindern eine Kopfbeule, mußte die Klinge des Brodmessers helfen und frische Petersilie mit Baumöl. An Quacksalbereien war kein Mangel, und gar Mancher mag auf diesem Wege in die andere Welt spedirt worden sein. Uebrigens fehlte in keiner Haushaltung der "Almanack" mit den Aderlaß-Täfelchen, dem Aderloß-Männchen, wie wir Kinder sagten, und nach dessen hochweisen Bestimmungen wurde in gewissen bestimmten Invervallen geschröpft, zur Ader gelassen und purgirt. Beim Haar- und Nägelschneiden spielte der Mond, ob Junglicht oder Vollmond, eine wichtige Rolle, wie auch in der Küche beim Einmachen.

Begräbniß

Ein ganz ungewöhnlicher Aufwand wird nun bei Begräbnissen gemacht. Darauf halten die stammkölnischen Familien und überschreiten dabei nicht selten ihre Kräfte. Der angestammte Familienstolz sucht den Schein zu behaupten. Da wurde darauf gesehen, wie viele Sänger-Chöre die nach der Kirche getragene Leiche begleiteten, auf wie vielen Stufen die Leiche im Chore stand, wie viele und wie schwere gelbe Wachskerzen dieselbe umstanden, wie viele Bänke auf dem Chore schwarz gespreitet, und in welcher Weise der Hochaltar und Nebenaltäre schwarz gestifelt waren. Alles hat seine Taxe, je mehr Stufen unter der Leiche, um so mehr mußte bezahlt werden, das silberne Kreuz, silberne Leuchter haben selbstredend eine höhere Taxe, als die kupfernen oder hölzernen. Das Trauer-Anlegen, das Tragen des Flors um Hut und Arm hat seine Gesetze, die mit der größten Gewissenhaftigkeit beobachtet werden. Für die Eltern wird ein Jahr und sechs Wochen, für Brüder, Schwestern, Ohme und Tanten ein halbes Jahr Trauer getragen, und erst nach einem halben Jahre halber Trauer angelegt. Und die gegenseitigen Condolenzbesuche bei Sterbefällen, welche nie versäumt wurden.

Reu-Essen

Die alten Todtenwachen kommen nur noch in den Bauerbänken vor, sind bei den Bürgern abgeschafft, doch sind bei den Reicheren die so genannten, eben nicht erbaulichen "Reu-Essen" nach der Beerdigung, noch an der Tagesordnung. Sie haben sich bei den reichen Bauern auf dem platten Lande, wo sie oft gauzer acht Tage währen, noch erhalten.

> *Reu-Essen, Trauer-Essen. Reu, mittelhochd. riuwe, mittelniederd. ruwe, Trauer, Bekümmerniß. Daher im Kölnischen die Ausdrücke: Reu ansagen, einen Todesfall ansagen, zor Reu jonn, einem Begräbniß beiwohnen, und so auch Reu-Essen.*

Stuten

Bei vornehmen Begräbnissen erhielten die mit zur Leiche gehenden Schulkinder, wie es das Herkommen wollte, einen "Stuten" oder Semmel. Ich habe den meinigen noch bekommen, als wir Schüler der Dompfarre dem letzten Weihbischofe und Domcapitular Clemens August Maria von Merle mit das letzte Geleit gaben. Herr von Merle war ein bedeutender Numismatiker

und besaß eine vollständige Sammlung kölnischer Münzen, einen für die
Geschichte der Vaterstadt höchst wichtigen, unersetzlichen Schatz, welcher
derselben, obgleich hier öffentlich zum Verkauf geboten, entfremdet wurde
für den eitlen Metallwerth und, wenn ich nicht irre, nach Berlin kam. Wie
Manches hat Köln eingebüßt!

Aberglauben

Ureingewurzelt, selbst bis in die Römerzeiten hinaufreichend, war der
Aberglaube. Wie wenige Kölner mochte es geben, die nicht an Vorahnungen,
"Voerjespöks", glaubten und die schauerlichsten Vorkommnisse zu erzählen
wußten? Wie es auf die Thür geklopft, in den Schränken gerappelt, Jemand
durch das Zimmer geschlurft, alle Thüren im Hause aufgesprungen, um den
Tod eines Verwandten oder irgend einen Unfall anzudeuten.

Und nun die Todtenuhren in den Wänden. Tönte der Ruf des Käuzchen, des
Todtenvogels: "Lich! Lich!", heulte ein Hund in der Nachbarschaft, oder fiel
vor einer Thür die Spannkette eines Karren, so mußte Jemand in der
Nachbarschaft sterben. Zu Dreizehn setzte man sich nicht zu Tisch. Einzelne
Personen bezeichnete man als Geisterseher, "Jeistekiker", die auch wohl
Geister tragen mußten, wie der Aberglaube meinte.

Von böser Vorbedeutung war es, begegnete man in der Frühe einer alten
Frau oder gar Schweinen, flogen Elstern oder Krähen über den Weg. Das
Begegnen von Schafen war ein gutes Zeichen, man kam willkommen. Die
glühende Kohle am Lampendocht deutete auf eine Nachricht, einen Brief, fiel
das Salzfaß um, gab es Streit; nichts Spitziges durfte verschenkt werden, es
zerstach oder zerschnitt die Freundschaft. Ominöse Tage waren der Montag
und Freitag, an welchen letzteren gewöhnlich die Begräbnisse Statt fanden.
An diesen Tagen wurde keine Reise angetreten, zog kein Dienstbote ein, fand
keine Trauung Statt. Diese gewöhnlich am Samstage, dem Muttergottestage,
an dem auch nie ein Sonnenblick fehlte, weil, wie die Legende erzählte, die
Muttergottes die Windeln trocknen mußte.

Der böse Blick, das italienisch mal occhio, wie auch die böse Hand, der Einfluß
des Mondes, spielten ihre Rolle. Lag bei Tisch Messer und Gabel über Kreuz,
fiel ein Messer und blieb im Boden stecken, dem Klingen im linken Ohre, den
um die Lampe schwärmenden Mücken, selbst dem nüchternen Speichel,
"nöchere Span" mit dem man ein Kreuz über eingeschlafene Beine machte,
und der in vielen Fällen als Heilmittel gepriesen - Allem wußte der Aberglaube
seine Deutung zu geben.

Welche Wichtigkeit gab man den Träumen! Traumbücher, alte und neue, waren vorhanden. Von dem Christoffel's-Büchlein, welches Anleitung zum Teufelsbannen, zum Schuß-, Stich- und Hiebfestmachen u. dergl. gab, vom Kartenlegen, dem Wahrsagen aus der Hand, aus dem Kaffeesatze, dem Bleigießen in der Christnacht und dergl. will ich gar nicht reden.

IX. FESTE.

Neujahrstag / Bälle / Jlöksillig Neujohr! - Fastnacht - Bellejeck - Mötzebestot
oder Weiberfastnacht - Vorbereitung - Muze - Bände - Fastnacht-Begraben -
Die Feier im Jahre 1812 - Fest zur Feier der Geburt des Königs von Rom -
Osterfest / Poschdag - Judas-Verbrennen - Ostereier - Gottestrag - Pfingsten -
Kirmessen - Beiern - Straßenschmuck - Fänndrich un Föhrer - Processionen -
Stadt-Musicanten - Pauken und Trompeten - Straßenleben - Opfer - Kirmeß
auf dem Bayen-Graben - Christfest - Wursten - Christnacht.

An Festen hatte Köln vor fünfzig Jahren keinen Mangel.

Die wichtigsten waren, selbstredend, die religiösen, die "hohen Tage" des
Jahres, wie der Kölner sie bezeichnend nannte, und die er mit
urherkömmlicher Gewissenhaftigkeit beging.

Neujahrstag / Bälle / Jlöksillig Neujohr!

Neben den Kirchenfesten und den so genannten Andachten, für welche bei
den Bürgern gesammelt wird, die Opferbüchse herumgeht, wurden der
Neujahrstag, die Fastnacht, die Kirchweihfeste und die Namenstage in allen
Familien, bei Vornehmen, wie in der Mittelclasse, als wahre Familienfeste
gefeiert - die Familie, der eigene Heerd hatten noch ihre heilige Bedeutung.
Die Glückwünsche zum "glückseligen Neujahr", zu den "glückseligen
Feiertagen" und zu den Namensfesten zu vergessen, hätte der Kölner für eine
Sünde gehalten. In jeder Familie führt ein Mitglied einen förmlichen
Terminkalender über die Namenstage in der Familie und Freundschaft, und
wehe! wehe! wurde einer derselben versäumt oder vergessen, - nicht selten
Ursache des bittersten Familienhaders. In der St.-Sylvester-Nacht vom letzten
December auf den ersten Januar knatterten an allen Enden der Stadt Flinten-
und Pistolenschüsse, an einzelnen Häusern tönten Ständchen, während in den
Weinschenken und Bierhäusern um Neujahrs-Bretzeln gekartet und mit dem
herzlichsten Jubel das Neujahr begrüßt wurde, tönte von den Thürmen die
zwölfte Stunde den Scheidegruß des alten.

Die vornehmen Classen hatten ihre Bälle, ihre Redouten, doch sollen unsere
Großmütter, unsere Mütter nicht darin gewetteifert haben, wo möglich fast im
paradiesischen Urzustande unserer Urmutter Eva zu erscheinen. Zucht und
Schaam walteten bei solchen Tanzfesten als die jungfräuliche Unschuld
schützenden Genien; echt weibliche Züchtigkeit war der Frauen und
Jungfrauen schönster und reizendster Schmuck, und die Balltoiletten, wie ich

mir sagen ließ, möglichst einfach, es genügte ein schlichtes seidenes oder Mullkleid.

Welche Anstrengungen wurden nicht gemacht, was wurde nicht aufgeboten, einander das Neujahr abzugewinnen? Jede nur denkbare List wandte man an, selbst die Kirche wurde dazu benutzt, der glückliche Gewinner zu sein. Die ganze Stadt war am Neujahrs-Morgen in fieberhafter Aufregung. Es war ein wirkliches Neujahrsfest, der altherkömmliche Wunsch: "jlöksillig Neujohr!" tönte auf der Straße und in den Häusern, hatte noch seine volle Pietät, war nicht bloß leere Formel. Auf das "Jlöksillig Neujohr" antwortet gar oft das: "Göv Jott et wöhr wohr!" Und wer schildert die Freude, überlistete man einen Bekannten und gewann ihm das Neujahr ab? An solchem Jubel nahmen die Herzen noch Theil. Uebergroß war die Freude an den einfachen Neujahrsspenden, den Herzen aus Mürbe, oder aus anderem Teig, buntverziert, mit den gedruckten Neujahrswünschen beklebt, den riesengroßen Bretzeln, mit welchen wir Kinder uns herumschleppten, hatten wir dem "Patt" und der "Jott" und allen Familienmitgliedern das "jlöksillig Neujohr" gewünscht. Welche Kunstwunder waren für uns Kinder die pariser und nürnberger beweglichen Neujahrswünsche mit ihren Attrapen, wie sie von Weihnachten bis zum 21. Januar, dem Tage der heiligen Agnes, so lange nämlich galten noch die Neujahrswünsche, bei den wenigen Bilderhändlern ausgehängt waren.

Bei Bäckern, Brauern, in den Specereihandlungen erhielten die Dienstleute ihr Neujahr, und jeder, der zu irgend einer Familie in dienstlicher Beziehung stand, wurde mit einem "Neujöhrchen" bedacht. Die "Neujohrsplaetz" vom Bäcker, welche Delicatesse für Jung und Alt in den Bürgerhaushaltungen!

Rechnungen zu Neujahr waren im Allgemeinen, besonders in der Mittelclasse, etwas Unerhörtes, ausgenommen vom Doctor und aus der Apotheke. Was sonst gekauft, vom Handwerker gemacht wurde, ward auch baar bezahlt. Der echte Kölner sah in einer Rechnung, einem Laus Deo, wie er sagte, einen "Afjrunt" (affront), wirklich etwas Entehrendes.

Der Abend des Neujahrstages war in den Bierhäusern ein Festabend. Die so genannten Stammgäste erhielten entweder eine Citrone oder eine Muscatnuß als Geschenk zum Bier, auch wohl eine irdene Pfeife und Tabak, wofür dem Burschen oder Zapfjungen ein Neujahr gegeben wurde. Auch die Weinwirthe regalirten ihre Gäste; es gab gewöhnlich ein Tractamentchen, wobei, nach altherkömmlicher Sitte, tüchtig aufgetischt und das beste Fäßchen im Keller auch nicht geschont wurde.

Fastnacht

Nach dem Neujahrstag kam die Fastnacht, der "Fastelovend", ein Volksfest so alt, wie die Stadt, denn es ist sicher, daß dasselbe römischen Ursprungs. Der Mummenschanz oder die Mummerei hatte aber schon im Mittelalter den Vätern der Stadt viel Kopfbrechens gemacht und mancherlei Verbote des "Vermombens, Verstuppens und Vermachens", wie der Schwerter- und Reifentänze hervorgerufen (1), die im siebenzehnten Jahrhunderte wiederholt wurden, denn vom Jahre 1601 bis 1681 haben wir wiederholte Verordnungen, welche "die Mummerey und Heidnische Tobung" verbieten.

In einer Bestimmung des Raths über die Fastnachtsfeier des Jahres 1487 heißt es: "Datt sich Niemantz binnen Ire Stede vermome, verstuppe oder vermache bei tage oder bei nachte, ind so vermombtt, verstuppt oder vermacht oeuer die straße ghan noch ryde oder sich also finden laße. Ind datt noch nymandtz vome Iren Burgiren, Burgerßen oder Ingeseßen einige Momen einlaße up die boiße von x mark koelsch." - Dasselbe Verbot untersagt aufs strengste die damals als Fastnachtsspiele beliebten "Schwert- und Reifentänze".

Bellejeck

Die neue französische Verwaltung hatte am 12. Hornung 1795 auch die Fastnachtfeier untersagt, was auch noch im folgenden Jahre geschah, bis sie am 7. Pluviose des Jahres XII. wieder erlaubt wurde. Der Commandant ertheilte auch dem "Citoyen Bellejeck", dem Schellennarr, wie der Reimsprecher der Bauerbänke hieß, der in Begleitung von ein paar Geigen und Baßgeigen als mittelalterlicher Mummenschanz, Pritschmeister am Weiberfastnacht von Haus zu Haus zog - die Erlaubniß "de faire son tour".

Mötzebestot oder Weiberfastnacht

Am Morgen des Donnerstags vor Fastnacht-Sonntag, der Weiberfastnacht, spukte toller Unfug in den Straßen. Mit dem Rufe: "Mötzenbestöt!" riß man sich unter einander Mützen und Hüte ab. Am tollsten war dies Treiben auf dem Altenmarkte unter den Gemüseweibern, den Vorkäuferinnen und den Bauern, oft ein wahrer Mänaden-Tanz. Der Bellejeck hielt seine Runde, sagte seine Reime her, sang seine alten Weisen und sammelte sich ein Scherflein an milden Spenden, die ihm in den Apfel gesteckt wurden, welchen er in der Linken trug, während die Rechte die Pritsche handhabte. Die kleinen Mädchen zogen truppenweise durch die Straßen und sangen:

"Fastelovend kütt eran,
Spille mer op der Büsse,
Alle Maedcher krigen 'ne Mann,
Ich un och mi Söster."

Oder sie jubelten:
"Aennche, Susaennche,
Wat haess do en dingem Kaennche,
Rude Wing of wisse Wing?
Morge salls do Bruk sinn."

Vorbereitung

In allen Bürgerhäusern die rührigste Thätigkeit. Die Woche vor Fastnacht ist eine allgemeine Scheuerwoche, vom Keller bis zum Speicher wird in den Häusern gefegt.

Muze

Nach der Schwierigkeit wird geschmort und gebacken, denn auch beim geringsten Bürger wird es nicht vergessen, das kölnische Fastnachtgericht, die "Muzen" (2), zu bereiten, ganz dünn gerollte süße Mehlkuchen, die in Butter geschmort werden, dann "Muze-Maendelcher", "Krabben", die süddeutschen Faschings-Krapfen, trockene und nasse Waffeln.

Muzen, ein Name, der nur in Köln vorkommt, desselben Stammes, wie Matze.

Ganze Körbe dieser Herrlichkeiten wurden fabricirt und in dem Heiligthume des Hauses, auf dem so genannten Saale für die Festtage aufbewahrt. Wie oft habe ich meine Mutter bei dieser Gelegenheit über die theuren Preise der Eier lamentiren hören, wenn sie vielleicht acht oder zehn Stüber, vier Silbergroschen das Viertel kosteten. "Et wor nitt op un bei zo brengen!"

Am Montage, dem Rohsenmontage, begann der Mummenschanz. Einzelne Masken zogen neckend durch die Straßen, von den Kindern mit dem Geschrei:

"Do jeit jett! do steit jett!" verfolgt. Charakteristisch waren die so genannten "Rummelspöt".

Ueber einen Topf spannte man eine nasse Schweinsblase, in deren Mitte ein Stück Schilfrohr angebracht war, an welchem man mit der Hand auf- und niederfuhr, wodurch ein dumpfes Geräusch, ein Gebrumme entstand. Alte

Fastnachtlieder mit höchst originellen Weisen:
"Hansjörjelche sühs do nitt,
Datt Vujelchen dat weld sterve,
Hev imm ens dat Staezche op,
Dat Staezchen op, dat Staezchen op, dat Staezchen op,
Un blös im en et Kervche!"

Oder:
"O Moder, de Vinke sin dud,
Sei fresse Kei Jrummelebe Brud,
Haett ehr dae Vinke zo fresse gejeven
Dahn waeren de Vinken am Leve gebleven!"

klangen an allen Enden.

Bände

Aufsehen erregten die größeren Masken-Gesellschaften, die so genannten "Bände" (3), Gesellschaften, welche auf den Straßen und in den Häusern in dramatischen Vorstellungen die im Laufe des Jahres vorgekommenen Stadtlächerlichkeiten geißelten, und gar oft so weit gingen, einzelne Persönlichkeiten portraittreu zu copiren.

> *Band - Verein zu einem bestimmten Zwecke, das engl. "a band". Im Schriftdeutschen wird das Wort "Bande" jetzt nur in verächtlichem Sinne gebraucht, so Räuber-Bande, Komödianten-Bande u.s.w.*

Ein berühmter Musaget dieser Stadt-Dramen war in der Zeit, von der wir reden, ein Herr Hoffmann, städtischer Beamter, dessen Laune und Humor als eben so originel, als unerschöpflich geschildert ward.

An den Fastnachttagen zeichnete sich die Bürgerschaft in allen Classen durch ihre Gastlichleit aus. In der allgemeinen Freude bildete die Stadt gleichsam eine Familie. In den größeren reicheren Familien gingen an den drei Tagen die "Tractamente" bei den Hauptzweigen um; aber auch der Kleinbürger that sich zu Hause mit den Seinigen ein ungewöhnliches Bene. Daß bei diesen Gelegenheiten mitunter des Guten zu viel gethan wurde, wird Niemanden auffallen. Man erzählte mir sogar, daß in einem däftigen Bürgerhause meiner Nachbarschaft, die Gäste in einem Korbe am Seile des Gringkopfes heruntergelassen wurden, weil die Enge der Treppe mit ihrem Zustande nicht in Einklang gebracht werden konnte.

An Bällen und Tanzvergnügen war auch kein Mangel. Jede Bürgerclasse hatte die ihrigen, so bei Ehl auf dem Domhofe, im alten und im neuen Kuhberge, und eben nicht viel Erbauliches habe ich mir von dem Schlußballe der Feier, der am Aschermittwoche bei Rodius in der Schmierstraße gehalten wurde, erzählen lassen. Der Besuch des Theaters mit seinen damals so beliebten Quodlibets: "Scherz und Ernst" war in den Fastnachtstagen für die Mittelclasse eine so genannte "Rente".

Am Aschermittwoche holte sich Jeder sein Aschenkreuz. Gegen Mittag tummelten sich die Bäckerburschen mit weißbehangenen Schüsseln, mit warmen "fosche" Schößchen, eine Art Semmel, in den Straßen umher, dieselben ihren Kunden zu bringen, da, nach uraltem Brauche, in den kölnischen Familien am Aschermittwoche warme Schößchen zu Mittag gespeis't und sonst bis zum Abende gefastet wurde. Das Abendessen bestand in vielen Familien an diesem Tage aus Sauerkraut und Häringen.

Fastnacht-Begraben

Nach altem Festgebrauche, der sich übrigens noch im südlichen Deutschland und selbst in Griechenland erhalten hat, wurde am Aschermittwoch die Fastnacht begraben. Mit förmlichem Leichengeleite trug man eine Puppe auf einer Bahre durch die Stadt und verbrannte dieselbe auf einem Platze. In einzelnen Gegenden Oesterreichs vertritt eine Baßgeige ohne Saiten die Puppe.

Die Feier im Jahre 1812

Noch steht diese Feier aus dem Jahre 1812 lebendig vor meiner Seele. In Köln und der Umgegend lagen die verschiedenen Regimenter der kaiserlichen Garde, Cuirassiere, Carabiniers und Dragoner, die Blüthe der Reiterei des napoleonischen Heeres, des Befehls gewärtig, nach Rußland aufzubrechen. Eine Abtheilung dieser stattlichen Panzerreiter veranstaltete 1812 eine pomphafte Begräbnißfeier der Fastnacht. Das Trompetercorps in seinen weißen weiten Mänteln, die Mann und Roß umhüllten, von den blitzenden Helmen wallte der Trauerflor, ritt der Bahre voran, die von einer Abtheilung trauertragender Reiter umgeben war, selbst die silbernen Pauken waren in Trauerflor gehüllt, und dumpf tönte der Trauermarsch vor dem in ernster Stille durch die Straßen nach dem Neumarkte ziehenden Leichenzuge. Ihr Fastnachtspiel war den lebenskräftigen Männern, mit spärlichen Ausnahmen, ein verhängnißvolles Vorspiel ihrer Todtenfeier in Rußlands eisigen Gefilden; sie begruben hier das Kriegsglück der Gottesgeißel des neunzehnten Jahrhunderts.

Fest zur Feier der Geburt des Königs von Rom

Diese Feier ruft mir ein allgemeines Bürgerfest in die Erinnerung, welches die Stadt am 9. Juni 1811 zur Feier der Geburt des Königs von Rom beging. So etwas war nie dagewesen. Am Vorabende das Glockengeläute, das Donnern der auf dem Domhofe aufgestellten Kanonen und Stadtböller - und nun die Erwartung, die uns nicht schlafen ließ. Aus dem Dome ging der Festzug, eröffnet von dem "Jecken Baehnchen" (4), dem Fähnrich und Führer, den Heiligen-Knechten und Heiligen-Mädchen, Trommel und Pfeifen, welche den alten kölnischen National-Marsch spielten:

"Zum Zerum, zerum Zafferohn,
Der Puckel en Papeer jedohn,
Zum Zirewidewit, zum zirewidewit
Zum Zerum, zerum Zafferohn!"

> *Jecken Baehnchen, wahrscheinlich ein Familien-Name. Der bunt in die Stadtfarben gekleidete Volksnarr mit Schild und hölzernem Säbel tanzte früher in gewissen Processionen vor dem Venerabile. Anspielung auf König David vor der Bundeslade.*

Und nun das künstliche Fahnenschwenken, die Sprünge des Jecken Baehnchen und die Tänze der Heiligen-Knechte und Heiligen-Mädchen, an die sich die Vorsteher der Bauerbänke, die Bauermeister in ihrem uralten Costüme schlossen. Den Schülern der Secundär-Schule folgten die Steinmetzen, Zimmerleute mit geschmückten Werk-Insignien, und nun hoch zu Roß ein Ritter in voller Rüstung, mit wallendem Helmbusche, das alte, mächtige Stadtbanner tragend, das zwei Lanzenträger unterstützen mußten.

Dann die Zünfte mit ihren Fahnen und Insignien, der Triumphwagen Napoleon's mit seiner Büste, umgeben von alle gorischen und Göttergestalten, den zehn so genannten Rosenbräuten, die am weißen Sonntag des Jahres 1810 zur Erinnerung an die Vermählungsfeier des Kaisers mit der Erzherzogin Maria Louise mit Invaliden getraut worden waren. Dies alles unter schallender Musik, dem Paulenwirbel und Trompetengeschmetter, dem Klange der Glocken dahinziehend, war für Alt und Jung etwas Unerhörtes, in der Stadt nie Gesehenes, uns Kindern unvergeßlich. Gastereien, Vollsspiele, Mastklettern, Feuerwerke und Tanzvergnügen, die sich auch am folgenden Sonntage wiederholten, bildeten den Schluß des Festes.

Osterfest / Poschdag

Das nächste Fest war Ostern, kölnisch Pösche, enen huhen Dag. Die Römerfahrt am Palmsonntage, an dem sich jeder Bürger, jede Haushaltung mit dem geweihten Palm versah, der Besuch der Kirchen, wo das heilige Grab gebaut, in feierlicher Procession, welcher auch von einzelnen Gruppen in den letzten Tagen der heiligen Woche bei Tag und Nacht unter stillem Gebete fortgesetzt wurde.

Ernst und würdevoll war die Kirchenfeier der heiligen Woche.

Judas-Verbrennen

Uns Kindern in der Dompfarre war das Verbrennen des Judas, wie wir sagten, am Grimendonnerstage im Domchore ein großartiges Schauspiel. Von der Decke hing ein Bündel Werg, in welchem einige Schwärmer verborgen, und dies wurde mit der Osterkerze angezündet. Wir ermangelten auch nie, in der Nachbarschaft Brennmaterialien zu sammeln, um am Charfreitage, an welchem die Schnarren und Klappern die Glocken vertraten, in den Straßen den Judas zu verbrennen.

In allen Haushaltungen wurde der Indas ausgefegt, vom Speicher bis zum Keller geputzt und gewaschen, besonders das Kupfer und Zinn gescheuert, und die Wohnstuben "jewiss", d. h. weiß getüncht. Schneider und Schuster waren in der größten Thätigkeit, denn um Ostern und Pfingsten gab es, nach altem Brauche, für Alt und Jung etwas Neues, und war es auch nur ein paar Schuhe.

Ostereier

Am Ostersamstage färbte man allenthalben die "Poscheier", wie man die Ostereier nannte, mit welchen man sich am Ostertage unter einander beschenkte. Die buntbemalten, mit allerlei Sprüchen beschriebenen Ostereier wurden von uns Kindern als wahre Kunstwerke bestaunt.

Nach Anhörung der Messe am Ostersonntage, hielt man den feierlichen Rundgang, um in der Familie und Freundschaft einen "jlöcksillige Pöschtag un noch vil Folgen, Allelujah!" zu wünschen, wobei es für die Kinder nie an Geschenken von Ostereiern fehlte. Beim Mittagessen wurden von dem Hausvater oder der Hausmutter alle Speisen vermittels eines Büschels geweihten Buchses, Palm genannt, mit Weihwasser besprengt, und das Schlußgericht bildeten die gefärbten Ostereier. Die Osterfeier dauerte, wie alle Hauptfeste, Sonntag, Montag und Dinstag.

Wo nur eine Apeltif ihren Kram aufgeschlagen, an allen Ecken und Enden der Stadt, sah man Knaben-Gruppen mit dem Eierspiele, kölnisch: "Kippen" beschäftigt, und mit welcher Emsiglkeit? Die Spieler suchen einander die Spitzen der Eier einzuschlagen, "Spéz" oder "Aasch", der sie einschlägt, gewinnt das Ei des anderen. Sind die Spitzen eingeschlagen, nimmt man auch die Seiten, man "huddelt". Die armen Magen der Knaben! Ich entsinne mich noch, daß sich ein Bäckerlehrling in meiner Nachbarschaft an hartgesottenen Eiern zu Tod aß.

Gottestrag

Vierzehn Tage nach Ostern begann die kölnische Gottestrag, eine Art Messe. Meist Kuchenladen, dann für uns Kinder die größten Schauseligkeiten in den Bilder-Boutiken der Italiener, in dem bunten Kram des Vingt-cinq sous! Altherkömmlich waren die holländischen Waffelbuden, deren Gebäck das gewöhnliche Meßgeschenk der Kinder war. Wunder hörte ich, erzählte meine Großmutter, wie in reichsstädtischer Zeit am Montage nach dem zweiten Sonntage nach Ostern vom Rathhausthurme die "Freiheit" ausgeblasen, für die fremden Kaufleute und Krämer das Recht der freien Handthierung begonnen, aller Zunftzwang denselben gegenüber aufgehört, und sogar die Bauern ihr Brod feil bieten durften, woher die "Landweck" um diese Zeit der Freiheit in den Straßen feilgeboten werden durften. Die Schilderungen der am Freitage darauf Statt findenden Gottestrag, der feierlichen Procession, an der die gesammte Geistlichkeit, die verschiedenen Mönchsorden, das Domcapitel, Bürgermeister und Senat, alle Zünfte, sämmtliche Pfarreien und Schulen Theil nahmen und die gesammten Domschätze zur Schau getragen wurden, wofür die Stadt sich verbürgen mußte, überboten in ihrer Pracht und Herrlichkeit alle unsere Vorstellungen. Man zog um den ganzen äußeren Stadtbering, so daß sich die Kinder ordentlich mit Mundvorrath in ihren Netzen versahen. Mit welcher Andacht habe ich oft die Abbildung derselben auf dem Hollar'schen Prospecte der Stadt bewundert. Erzbischof Theodorich von Meurs (1414 - 1463), sette am 22. April 1423 auf einer Synode diese Gottestrag - Theophoria - ein, der Hussiten-Kriege wegen.

Ein allgemeines Necken unter allen Ständen brachte der erste April mit sich, das so genannte "in den April schicken", einander zum Besten halten, wobei oft die tollsten Einfälle aufgetischt wurden. Hatte sich Jemand anführen lassen, dann spottete man ihn aus mit dem Rufe: "Aprels-Jeek! Aprels-Jeck!"

Pfingsten

Zu Pfingsten, mit seinen Pfingst-Bretzeln, wurden auch die Feiertage in der Familie und Freundschaft angewünscht, dann auch wohl Ausflüge in die nächste Nachbarschaft gemacht, aber höchstens bis nach Brühl in den Park, nach Bensberg in den Wald, oder auch wohl nach Altenberg, dies nur von den Herrschaften; der gewoöhnliche Bürger begnügte sich mit einem Spazirgange durchs Feld. Die Laden-Vorsteherinnen und die Ladenmädchen hatten an den drei hohen Sonntagen zu Ostern, Pfingsten und Weihnachten frei, alle Laden in der ganzen Stadt waren geschlossen. An den hohen Tagen spulte, nach der Meinung unserer Mütter, der Teufel in den Häusern, weßhalb es an denselben häufig bei Mafrauen und Mijuffern kein "jod Wedder es."

Kirmessen

Pfingstmontag brachte das erste Kirchweihfest, die erste Kirmeß, "Quirinus-Kirmess" in St. Gereon, welche sich nun in den einzelnen Pfarren bis zur Kirmeß in der Kirche Maria in der Kupfergasse, der letzten im September, folgten. Allgemeine Bürgerfeste, dann geht's hoch her bei Reich und Arm, aber stets im vollen Familienkreise gefeiert. Welcher Kölner kennt nicht De Noél's humoristisches Volkslied: "Alaaf de Kölsche Kirmesse" mit seiner originellen Singweise?

Vor der Kirmeß wird in jedem Hause Scheuerfest gehalten; in den den Thoren zugelegenen Straßen frischt dann jeder Bürger seinen Giebel mit Tünche auf.

Beiern

Das Kirmeßläuten, das so genannte "Beiern", verkündet den Pfarrgenossen am Samstag-Abende das langersehnte Fest, mit welchem in allen Häusern die Freude, die Lust einzieht. In jeder Pfarre hat das Kirmeßgeläute seinen eigenen Rythmus, so sangen wir Kinder, beierte es in Groß-St.-Martin:

"Stink Linkjass haett Kirmess!"

In vielen Kirchen klang es:
"Minge Dume, minge Finger, mingen Ellenbogen,
Wer mich lev haett, es mi Sehwöger!"

Die Glocken sangen in St. Andreas, zur Rübstiels-Kirmeß, zur Kirchweihe ladend:
"Zint Andres, Zint Andres, Zint Andres es ene jode Mann,
Hae jitt, watt hae no jeve kann,
Un wann hae selver nix en haett,
Dann jitt hae auch keinem andere jett!"

In St. Johann Baptist beierte es:
"Spulmannsjass, do Rackerpack,
Haett Flüh em Sack!
Haett Lüss em Sack!"

Und in der Elend-Kirche, zur Knöchelches-Kirmeß, tönten die Glocken:
"Dudekop, wat solle mer koche?
Labberdon met Aehdaeppel!"

Ohne Beiern keine Kirmeß, daher die Dom-Kirmeß unbeachtet. Im Dome wurde nur einmal, so viel ich mich erinnere, gebeiert, um Mitternacht des 30. März 1814, als die Kunde des Einzugs der Verbündeten in Paris nach Köln kam. Man läutete die Zeit der Schmach der Fremdherrschaft zu Grabe, und grüßte mit feierlichem Glockenklange eine neue Zeit der Verheißung.

Straßenschmuck

Wir Kinder sammelten schon ein Halbjahr vorher in der ganzen Nachbarschaft, bei Verwandten und Bekannten die ausgeblasenen Eierschalen zur Anfertigung der Kronen und Sterne, die aus buntem Papier, Guirlanden von Taxus und Eierschalen, Pfeifenstielen, Glasstreifen gemacht, mit Fähnlein aus Klappergold verziert und mit der Inschrift: "Vivat uns Kirmess!"

geschmückt, quer über die Straßen aufgehängt wurden. Welch' eine Freude! welch' ein Jubel! an welchem die Kinder nicht allein, auch die Alten herzlichen Theil nahmen.

In den außerhalb der Altstadt gelegenen Vierteln, besonders in den Bauerbänken wurden, außer den Sternen und Kronen, die weißgetünchten Giebel der Häuser mit frischen Maien und blühenden Sonnenblumen oft bis unter das Dach geschmückt.

Fänndrich un Föhrer

Lustig schallte das Gebeier, Fähnrich und Führer zogen hier durch die Pfarre, um beim Herrn Pastor, den Caplänen, den Bauermeistern und den Kirchmeistern ,et Faenndel" zu schwenken.

Unter Begleitung der Trommel und Pfeifen schwenkte der Fähnrich sein Fändel mit kurzem Stiele, bald um den Kopf, um den Leib, zwischen den Beinen durch in allen nur denkbaren, uns Kindern unbegreiflichen Evolutionen. Dem also Geehrten wurde unter feierlichem Reimspruch ein Glas Wein überreicht und eine Schnitte frisch abgeschnittenen Kirmeß-Wecks, wofür das herkömmliche Kirmeßgeld gespendet wurde. Wir Kinder sangen:

"Minge Mann, minge Mann es Faennderich,
Frau Faennderich's ben ich,
Un wann minge Mann dat Faenndel schwenk,
Dann springen ich üver Stöhl un Baenk.
Minge Mann, minge Mann es Faennderich,
Frau Faennderich's ben ich!"

Processionen

Welche Schauspiele für uns Kinder die Kirmeß-Processionen, die mit frischem Laub bestreuten Straßen, die in den Hausthüren der vornehmsten Pfarrgenossen gebauten Altäre im bunten Schmuck der Bilder und Kerzen mit dem Reichthume ihrer oft kunstvollen Crucifixe, ihrer silbernen Leuchter. Und nun gar die Processionen der Bauerbänke, wo noch der Fähnrich seine Fahnen-Exercitien machte, der Führer einherstolzirte mit seinen glänzenden Stulpstiefeln, die Linke mit dem weißen Stulphandschuh über die rothe Schärpe in die Seite gestemmt, in der Rechten horizontal schwebend den glänzenden Spieß tragend und das Haupt geziert mit dem mit rothen Federn eingefaßten dreieckigen Hute, und das "Jecken Baehnchen" in buntem mittelalterlichen Costüm tanzend vor dem Hochwürdigsten, wie einst König David vor der Arche des Bundes. Und die Heiligen-Mädchen und Heiligen-Knechte, so genannt, weil, sie die Heiligenbilder in den Processionen trugen.

Die Haupt-Procession war die Frohnleichnams-Procession, welche die alte Gottestrag ersetzend, vom Dome ausging. Am Vorabende verkündeten auf dem Domhofe die Stadtböller das Fest.

Alle Geistlichen der Stadt, alle Beamten, die Richter in ihren Roben, die Douaniers, die Invaliden und, war Garnison in der Stadt, die gesammte Besatzung en grande tenne nahmen an dem festlichen Umzuge Theil, begleiteten denselben unter den Waffen.

Stadt-Musicanten

Wer könnte das ehrwürdige Corps unserer Stadtpfeifer vergessen, welche, unter der Leitung des Stadttrompeters Eisenmann, in ihren kornblauen Uniformen mit weißen Vorstößen und Rabatten und dreieckigen Hüten im Schweiße ihres Angesichts die Procession begleiteten? Unvergeßlich sind mir die Originaltypen mit den roth und blau angelaufenen Gesichtern und den stets durstigen Lebern, wie sie sich von Zeit zu Zeit aus der Procession drückten, wo eine Hand Gottes, d. h. eine Schenke, winkte.

Pauken und Trompeten

Dabei die Pauken und Trompeten, welche nach mittelalterlichem Brauche bei keinem Haupt-Kirchenfeste, bei keiner Procession fehlen durften. Welch' ein Jubel, schlugen sie in den Kirchen einen Tusch und hallten die Trompeten schmetternd nach, bliesen und wirbelten sie in den Processionen den "Kurfürsten" voll gravitätischen Ernstes; mit den glatzköpfigen Paukenträgern eine unvergeßliche Gruppe.

Je mehr Bürger mit Wachsfackeln, "Flambauen", die Processionen, den "Himmel", wie der Baldachin heißt, unter dem der Priester geht, der das Venerabile trägt, begleiten, um so schöner ist sie. Ein malerisches Moment der Processionen waren nun die Betteljungen, welche neben den Fackelträgern herzogen, um das von den Fackeln träufelnde Wachs in den Händen oder in einem Schüsselchen aufzufangen, und eben so viele Kunststückchen kannten, um die Fackeln recht fließend zu machen, wie die Küster Spaniens und Italiens, deren Beneficium das von den Kerzen träufelnde Wachs, und die zu dem Ende Feilspäne und Nägel, die sie in das Wachs praktisiren, mit dem besten Erfolge gebrauchen.

Straßenleben

Durch die Straßen, wo Kirmeß war, an den Nachmittagen des Sonntags, Montags und Dinstags immer ein munteres Volksleben und buntes Treiben von Männern, Frauen und Kindern, auf allen Gesichtern die Kirmeßfreude. Vor den Bierhäusern oder den Weinschenken, wo die Fidel zum Tanz rief, ein paar lustig grünende Birken in mit Wasser gefüllten Tönnchen.

Mann und Frau und Kind besucht an den Kirmeßtagen die Bierhäuser und thun sich gütlich an hartgesottenen Eiern, Handkäschen und Lebkuchen, welche Weiber hier zum Verkaufe bieten.

Der eigentliche Kirmeßtrank war Bier mit Citronenscheibchen und Muscatnuß. Ohne formelle Prügelei war eine Kirmeß in den Pfarren der Bauerbänke nicht vollständig, wozu die Gelegenheit bald vom Zaune gerissen, wenn eine Bauerbank die Kirmeß der anderen besuchte, und man sich sogar mit Spottliedern herausforderte.

Für die Bauerbänke war die Kirmeß - Kirchmessen - der Glanzmoment im Leben des Jahres. Eine jede Bauerbank hat ihren Bellenjeck, ihren Fähnrich und Führer, ihre Heiligen-Knechte und Heiligen-Mädchen, die vor dem Kirchweihfeste gewählt und bei dem Pastor angegeben werden, ob er die Wahl genehmigt, da dies Amt eine Ehrensache, eben weil sie die Heiligenbilder in den Processionen trugen. So trugen die Sackträger nach uraltem Herkommen den Reliquienschrein des heiligen Severinus in der Procession der St.Severins-Kirmeß.

Die Bauerbänke hatten ihren Kirmeßtanz, ihren "Rei", und vor dem Wirthshause, wo derselbe gehalten wird, prangt der von den Jungfrauen der Bauerbank bunt mit Bändern und Fähnchen gezierte Reibaum. Nach dem Nachmittags-Gottesdienste holen die Reijungen, im catunenen Camisol, mit weißer Zipfelmütze und weißem Schurz die Mädchen zum Tanze. Ein Kränzchen schmückt das Treckmützchen und ursprünglich fehlte nie der silberne Kettengürtel, an dem das silberne Besteck in rothsaffianer Scheide hing.

Gewissenhaft werden die drei Kirmeßtage gehalten, überall Freude und Lust, Schmausereien, Lied und Tanz, selbst auf den Straßen. Am Donnerstage zieht

Alt und Jung, namentlich die Bauerbank der Friesenstraße nach Melaten, um
dort die Kirmeß zu begraben, nämlich die Knochen der Kirmeßschinken
förmlich zu verscharren, und dann den Kehraus zu machen mit einem
allgemeinen Pickenick, indem die letzten Ueberbleibsel der Kirmeßfreude in
Gemeinschaft verschmaus't wurden.

Opfer

Während der Kirmeßtage sprachen die Kinder einzelner Nachbarschaften die
Vorübergehenden um ein "Opfer" an mit den Worten: "Jitt mer jett zo offere",
und die umstehenden riefen unisono: "Jitt em ald jett!" "Jitt em ald jett!" Das
geopferte Geld wird Abends für Wachsdraht verwandt und für die Illumination
der Häuser. Zu dem Ende zogen die Knaben der Nachbarschaft an den
Häusern herum mit dem alten Liede:

"Röde! röde! Eichhöhn!
Jitt uns jett en't Zeichhöhn!
Röden ditt! röden datt!
Jitt uns jett en der Knappsack.
Mus! Mus! Komm ersus,
Breng uns e jross Stöck Jeld erüs!"

Unerhört zogen sie selten ab. War man unerbittlich, half alles Flehen nichts,
dann brüllte der Chor:
"Et sitz en Schwalvder op dem Hüs,
De dr- dem Haer (der Frau) en Aug üs, en Aug üs!"

*In den dreißiger Jahren logirte der k. preußische Cultus-Minister
Eichhorn während der Kirchweihe in St.-Maria in der
Kupfergasse im Kaiserlichen Hofe auf der Breitstraße.
Nachmittags liegt die Excellenz im Fenster, um dem
Straßentreiben zuzusehen, als ein Rudel Knaben sich unter
demselben aufstellen und ihr "Röde, röden Eichhöhn!"
anstimmen. Die Ercellenz gerathen außer sich vor Wuth,
glaubend, man wolle sie beschimpfen.*

*Der Wirth wird citirt; seine Betheuerungen können die
aufgeregte Erxcellenz nicht beschwichtigen, die zufällig ein
wenig rothhaarig, die Policei wird requirirt, und der gelingt es
endlich mit großer Mühe, die Excellenz von dem Irrthume zu*

überführen, daß sich die kölnische Straßenjugend gar nicht um sie gekümmert.

Jetzt wurden Leimklötzcher für die "Kellerstümpcher", die Unschlittlichter, fabricirt, und wie stolz waren die Knaben, wenn die Illumination der Nachbarschaft recht brillant, konnten sie rechtschaffen mit den Schlüsselbüchsen feuern - kein Schlüssel mit hohler Röhre war sicher -, "Knaeppchen", wie man die Petarden nennt, loslassen, Raketen werfen und Schmidtsfeuerchen oder Sprühteufel machen, worin sie Niemand störte. Als ein Wunder der Illumination wurde uns die Löhrgasse bei der Rochus-Kirmeß geschildert, welche auch noch später einen höchst originellen Charakter hatte. Man brachte Transparente mit allen nur erdenklichen Reimen an, Puppen und mechanische Figuren, Zachäus u.s.w. auf Stangen und Seilen, wie noch in Spanien und bei den Kirchweihfesten in Brasilien, was sich auch noch in einzelnen Pfarren der Städte Flanderns erhalten hat.

Die Sitte des Opferns an den Kirmeßtagen ist alt. Sie findet sich noch in den vlaemischen Städten, wo die Kinder die Vorübergehenden in Ringelreihen mit einem Liedchen bittend umtanzen. Wir finden sie in den Städten Spaniens und Italiens, wo die Kinder in den Straßen ihr Altärchen bauen, was auch in Köln wohl der Fall war, und die Vorübergehenden mit Liedchen um ein Opfer zu dessen Beleuchtung ansprechen.

Kirmeß auf dem Bayen-Graben

Die ganze Stadt zog aus nach der Bayen-Kirmeß im Herbste.

Bude an Bude reihte sich auf dem Bayengraben. Hier wird gekocht und geschmort, hier klangen die alten Tanzweisen, der kölnische Ländler und die "Sibbesprüng" und beflügelten die Füße der Tanzlustigen, bestand das Orchester auch nur aus dem Dudelsack, dem Hackbrett, der Lavumm und der Trumm, welche den Tact hielt. Kräme zum Kuchenschlagen, Drehbretter lockten Alt und Jung - ein wahres Volksfest, bei welchem sich Jeder an dem frischen trüben Apfeltrank gütlich that. Dies Fest, wie alle Kirmessen, waren den Bürgern noch wirklich rothe Tage in ihrem Lebenskalender.

Christfest

Den Schluß der Jahresfeste bildete der "Chresdag", Weihnachten. Um Weihnachten wurde altherkömmlicher Weise in den Familien ein Schwein geschlachtet.

Wursten

Das Wursten war ein Familienfest, zu dem auch die Frauen der ganzen Freundschaft geladen wurden. Wie splendid war man mit den "Korwürsten", da durfte Niemand vergessen werden, und mochte sich auch bei Manchen das Sprüchwort bewahrheiten: "Hae wirf met er Wösch no er Sick Speck."

Christnacht

In der heiligen Nacht zieht nach Mitternacht Alt und Jung in die Christmette. War die Andacht vorbei, gings nach Hause, um hier Kaffee zu trinken, und nach diesem, in den echt kölnischen Familien, warmen Wein mit frischen Würsten, worauf man sich wieder aufs Ohr legte.

Auch am Weihnachtstage hielten die Bürger ihren Rundgang zum Wünschen, und der Wunsch war ein: "Jlöksillig Kreskind!"

X. VERGNÜGEN. - REISEN.

Theater auf dem Klocker-Wäldchen, in der Schmierstraße - De Noël's Schilderung - Preise - Repertoire - Straßenbeleuchtung - Fackelträger und Leuchtenmänner - Straßensperre - De Krep oder Hänneschen - Mainacht - Blumenmarkt - Maitrank - Makai und Erdbeeren-Kalteschale - Johannisfest / Johannissegen - Ausflüge - Wallfahrten - Mülheimer Gottestrag - Kirmeß in Deutz und am Nippes - Martinsfest - Reisen nach Paris - Postreisen - Reise nach Frankfurt a. M. per Wasser-Diligence.

Der liebe Gott mag keine Kopfhänger, keine Mucker. Wozu hat er uns des Waldes Grün, Blüthen und Blumen, des Himmels Bläue, Sonnenschein und Mondes- und Sternenlicht gegeben und die unendlichen Wunder seiner Allmacht, als daß wir uns deren freuen und ihm dienen in unserer Freude. Frohe Menschen sind gute Menschen, denn nur bei guten Menschen kann die wahre, die reine Freude einkehren und wohnen. Aus ganzem Herzen froh sein, konnten die genügsamen kölner Bürger, sie suchten die Freude und fanden sie, und umgekehrt.

Den Reicheren brachte der Winter die Familien-Tractamentcher, Ramponächer, und unter diesen müssen als zufällige Momente das so genannte "Waendbegiessen" hervorgehoben werden, wenn ein neugebautes Haus bezogen, wozu die ganze Sippschaft und Freundschaft geladen wurde, und die alten humoristischen Sprüche nie fehlten, dann die Pfänderspiele, Spielpartieen, ihre Redouten, Concerte und das Theater.

Theater auf dem Klocker-Wäldchen, in der Schmierstraße

Die Zeit der französischen Schauspieler, welche im vorigen Jahrhunderte auf dem Quattermarkte oder in einer auf dem Heumarkte erbauten Thespis-Bude die Honoratioren entzückt hatten, war vorüber. Viel wurde uns Kindern von der deutschen Komödianten-Truppe unter Böhm erzählt, die in einer Bude auf dem Klöcker-Wäldchen, der Westseite des Neumarktes gespielt hatte, aber selbst bei den frommen Leuten, ihrer sittlichen Haltung wegen, in gutem Andenken stand.

Herr und Madame Böhm, die Herren Bilau, Amor und Habekorn wurden mit Achtung und Anerkennung ihres großen Talentes genannt. Die Preise waren 20 Stüber, 8 Stüber und 4 Stüber, der hohe Adel und Skandespersonen zahlten nach Belieben. Lebendigen Sinn haben die Kölner fürs Schauspiel. In der Zeit, von der ich rede, hatte Köln schon einige dramatische Kunst-

Notabilitäten geliefert, und Wunder berichtete man über den Sänger Hill, der Chorknabe im Dome gewesen, und, ein geachteter Künstler, wenn ich nicht irre, in Frankfurt a. M. sein Grab fand.

De Noël's Schilderung

Im Jahre 1806 bestand schon das Schauspielhaus in der Schmierstraße, jetzt Komödienstraße, denn wir besitzen noch ein Gedicht von De Noël in unserer Mundart:

"Ein nagelneues Büchelein, worinnen ausdrücklich beschrieben sein, alle Bildchen und Figuren, Kännchen und Posituren, welche im Komödienhaus angebracht und mit Couleuren auf die Wand gemacht, die sonsten niemals da gewesen, gar amusirlich zu lesen.

Sehr hochgelehrt und sittlich und fein, gebracht in folgende Reimelein - vom Herrn Auctore - bei seinem Leben in schönem Druck herausgegeben, im Jahre, wo man nach dem vorigen Tert zuerst wieder schrieb 18 hundert und 6."

Preise

Besucht war das Theater, wenn auch die Preise schon zu 44, 22 und 11 Stüber gestiegen. Unter Frambach's und Backhof's Aegide, welcher Ersterer mit Zumbach als dramatischer Dichter aufgetreten, muß das Theater in besonderem Flor gewesen sein.

Repertoire

Daß man sich viel dafür interessirte, beweis't der Nachdruck der beliebtesten Stücke jener Periode, die bei Langen erschienen. Außer den Schauspielen von Iffland, Kotzebue, Frau von Weissenthurm fanden die Schröder'schen Bearbeitungen Shakespeare'scher Stücke besonderen Anklang; die beliebtesten Schauspieler waren die Herren Golbrig, Frühling, die Damen Bio und Frühling.

Die eigentliche Bürgerclasse, Männer und Frauen begnügen sich mit dem Parterre, das auch bei allen inneren Theater-Angelegenheiten die entscheidende Stimme hatte, und an Wochentagen schämen sich die Männer auch nicht, in den Olymp zu steigen. Beim geistigen Genusse vergißt der Kölner nie den leiblichen, und das "Jett jefaellig?! Jett jefaellig?!" in den Zwischenacten in Logen, im Parterre und auf der Galerie, mahnt an die

Bedürfnisse des Magens. Außer Zuckerwerk, Caramellen, Gerstenzucker wurd auch Punsch herumgereicht. Unsere Mütter ermangelten übrigens nie, beim Theaterbesuche den Pompadour oder Ridicule gehörig zu spicken. Ein Foyer oder Büffet kennt man nicht.

Straßenbeleuchtung

Straßenbeleuchtung, mächtige Laternen mit Oellampen in ziemlicher Entfernung von einander aufgehängt, hatte eben eine Rubrik im Budget der Stadt gefunden. Jede Haushaltung hat aber noch ihre große Leuchte, um die Herrschaft Abends heimzuholen, außerdem haben der Herr und die Mafrau ihre kupfernen Laternchen, Morgens früh, im Winter zum Kirchgang benutzt, um zugleich die Bänke der Kirche zu erleuchten, will man das Gebetbuch gebrauchen.

Fackelträger und Leuchtenmänner

Am Anfang der Franzosen-Herrschaft durfte sich Abends Niemand, unter schwerer Strafe, ohne Laterne auf der Straße zeigen. Die Leuchtenmänner bilden eine eigene Classe der kölnischen Lazzaroni. Sie sind Abends an allen Straßenecken zu finden und werden den Vorübergehenden nur zu oft lästig durch ihre Zudringlichleit. Am Ausgange des Theaters stehen immer Haufen mit helllodernden und qualmenden Pechfackeln, dem Publicum mit lautem Geschrei ihre Dienste anbietend.

Straßensperre

Nach altreichsstädtischem Brauche wird jeden Abend, wenn Vorstellung, die Schmierstraße am Ostende an St. Paul am Kettenhäuschen mit einer schweren eisernen Kette abgesperrt, damit die Schauspieler oder Sänger nicht durch Wagengerassel gestört werden.

Zu den Sicherungsmitteln der Stadt gehörte im Mittelalter das Absperren der Hauptstraßen durch Ketten, das die Wachtordnung vom Jahre 1583 schon als alten Brauch bezeichnet. Die einzelnen Kirchspiele hatten ihre Hauptleute und Thurmherren, welche besonders den Schluß der Thore und der Ketten zu überwachen hatten. In Kriegsläuften waren die Rottmeister und Rottgesellen aufs strengste verpflichtet und vereidet, von ihren Ketten nicht zu weichen, dieselben ohne besonderen Befehl nicht zu verlassen oder aufzuschließen.

*Durch dieses äußerst zweckdienliche Mittel, das Absperren der
Straßen durch Ketten, was jeden Abend um 9 Uhr geschah,
wurde die Stadt in eine Menge Reviere getheilt, die um so
leichter zu überwachen.*

*Bei den Ketten, zu deren Aufbewahrung man später 50
Kettenhäuschen aufführte, waren in bedenklichen Zeiten
Wachen aufgestellt, die sich unter einander visitirten, und von
den Hauptwachen an den Hauptthoren visitirt wurden. Vor dem
Jahre 1794, in welchem Köln von den Franzosen besetzt wurde,
war die Bürgerschaft in acht Koronellschaften getheilt, deren
jede zwei Alarm- oder Sammelplätze hatte, so der Platz vor der
Severinskirche, Georgsplatz, Heumarkt, Altenmarkt,
Elogiusplatz, Stadthausplatz, Cunibertskloster und St.Paulus,
Gereonsdriesch und St.-Ursulakloster, der Neumarkt,
Apostelnstraße und St.-Apern, St.-Pantaleon und Perlengraben,
welche auch die achte Koronellschaft benutzte. Im Jahre 1798
theilten die Republicaner die Stadt in fünf Sectionen: Section de
la liberté, de l'égalité, de la fraternité, de la réunion, de la
frontière, welche Eintheilung bis 1801 bestand.*

Außer dem Theater gehörten zu den Schauseligkeiten, besonders um die Zeit
der Gottestrag, die Menagerieen und die damals so beliebten Wachsfiguren-
Cabinette, in welchen neben den hohen und, höchsten Potentaten die
abgefeimtesten Gauner und Spitzhuben, die gräßlichsten Mörder, Giftmischer
und Mordbrenner zur Schau geboten wurden. Bei sehr geringen
Eintrittspreisen fanden sie vielen Zuspruch und jagten uns Kindern nicht
selten eine Gänsehaut über den Leib, schafften uns böse Träume und
Alpdrücken.

De Krep oder Hänneschen

Das Schauspiel der Jugend war "de Krép" oder "et Haenneschen", an dessen
Schnurren und Faren die Alten sich aber nicht minder ergötzten, und für
welches ein Wallraf, ein DeNoél und die olympische Gesellschaft zu dichten
sich nicht schämen. Hier hatte sich der echte "kölsche Kläf" noch erhalten.
Rivalin der Krèp in der Lintgasse war die auf der Ahr, welche übrigens in nicht
so classischem Rufe stand, wie jene. Außer den Extra-Vorstellungen wurde
gewöhnlich per Stunde zu 2 und 1 Stüber gespielt, wobei in den

Zwischenacten der Bevva, de Mariezebel, et Haennesche, der Nober Tunnes und der Nober Mehlwurm nebst dem Amtmann die Haupt-Acteurs.

Mainacht

Ging man auch vor dem ersten Mai schon auf den Graben Veilchen suchen, so brachte dieser aber erst das Blumenfest und in der Mainacht den Mädchen Maien und Ständchen, und den Blumenmarkt, der von Arm und Reich, von Alt und Jung besucht.

Blumenmarkt

Sehr bescheiden war aber das Reich der Flora. Mattgöscher, wie wir die Maasliebchen nennen, Aurikeln, ägyptische Röschen, Je-Länger-je-Lieber, einfache Nelken, oder kölnisch, Fletten" (2), unter denen ein gefüllter kölnischer Bauer, roth und weiß gestreifte Blumen, als ein Wunder bestaunt wurde, Rosenstöckchen, Monatsrosen, einige Oleander- oder Orangen-Bäume, und dann die damalige Modeblume, die in wenigen Bürgerhäusern auf Fenstern und in den Gärten fehlte, die japanische Rose, die so genannte Hortensia, nach der Königin von Holland, der Mutter des jetzigen Kaisers der Franzosen, machten die ganze Herrlichkeit aus. Einen wahren Stolz setzte man in den Besitz einer blaublühenden Hortensia, denn nur Wenigen war das Geheimniß des Hammerschlags und der Eisenfeilspäne bekannt. Man meinte aber, es wäre nicht Recht gewesen, wenn man den Blumenmarkt nicht besucht, nicht ein Blumenstöckchen gekauft hätte.

Maitrank

Mit dem Mai kam auch der "Maitrank", der altrheinische Kräuterwein. War auch der Zucker, der Caneel noch so theuer, einmal in der Saison mußte in jeder däftigen Familie wenigstens ein Maitrank angesetzt werden. Die Kräuter, einige zwanzig an der Zahl, wurden in der Glaserhütte auf dem Domhofe oder in Jacorden auf der Machabäerstraße geholt und mußten wenigstens vierundzwanzig Stunden ziehen. Zu diesem Zwecke hat jede Familie eine blaue steinerne Rumpfkanne, die, wenn der Maiwein angesetzt, mit einer Schweinsblase zugebunden wurde.

Noch eine besondere Würze gab man dem Maitrank durch Citronen und Zimmet in Stangen. Apfelsinen waren vor fünfzig Jahren dem Kölner unbekannt, gehörten zu den Seltenheiten.

Selbst eine Citrone war eine Kostbarkeit, nur in kleinen Theilen wurde sie gebraucht, und die angeschnittene sorgfältig im Salzrumpf aufbewahrt, und war es selbst nur noch ein Stück Schale.

Bei den Maitrank-Partieen wurde der Maitrank aus großen grüngläsernen, geringten Humpen getrunken, welche, nach alter Vätersitte, in die Runde gingen. Die Maitrank-Humpen haben die Form eines Fäßchens und vier Vertiefungen im Bauche, in welche man beim Trinken Daumen und Mittelfinger setzte, um die Last zu bewältigen. In den stammkölnischen Familien hieß der Maitrank-Humpen der "Wibbel". Auf dem Knaufe des Deckels war eine elastische Feder mit einem silbernen Vogel angebracht, der sich natürlich, nahm man den Deckel ab, bewegte, kölnisch "wibbelte", woher die Benennung. So lange der Vogel wibbelt, muß der, an welchem die Reihe, trinken, und sie trinken oft so lange in der Runde, bis keiner mehr den Vogel wibbeln sieht.

Denn was der Kölner in solchen Dingen thut, das thut er recht - nichts halb.

Makai und Erdbeeren-Kalteschale

Im Sommer erlabte man sich am "Makai", dicke Milch mit Sahne, Zucker und Zimmet angemacht, und im fröhlichen Familienkreise, unter der Freundschaft, an der "Erbelekascholl", der Erdbeeren-Kalteschale. Bei festlichen Veranlassungen wurde im Sommer auch wohl Kalteschale aus Wein, Korinthen, Zucker und Zimmet und kölnischen Bretzelchen bereitet.

Johannisfest / Johannissegen

Der 24. Juni brachte uns im Dom und in St. Johann den Johannissegen; es wurde nach altem Brauche gesegneter Wein zum Trunk gespendet. Die Johannisliebe, wie man auch den Johannissegen nannte, reichte man vor Alters den Neuvermählten bei der Trauung am Altare. Die Johannisfeuerchen fehlten in vielen Familien nicht, man verbrannte Kräuterbüschel, um die bösen Geister zu bannen und besteckte Abends einen Blumentopf mit Lichtern, der "Johannispott".

Am 15. August wurde die Würzweihe, kölnisch der "Kruckwösch" in den Kirchen geweiht, den man bei Gewittern anzündete und auf den Heerd legte, wie auch geweihte Kerzen angezündet wurden und die Donatus-Schelle klingelte.

Ausflüge

Stehende Freudentage sind die Ausflüge nach Kalk, nach Melaten, nach Rodenkirchen, wo bestimmte Andachten gefeiert werden, wie auch nach Wendelinus oder Müngersdorf, wo sich Bürger und Bauern mit Spinnrädern versehen. Welchen trostlosen Anblick boten die verfallenen Lehmhütten dieser Dörfer, und welche Krüppel- und Bettler-Schar umlagerten nicht die Kirchen und Straßen dieser Bittfahrt-Oerter? Eine größere Fahrt war die nach St. Gizelinus, einem berühmten Waldfeste, wo ein wunderbarer Born quillt. Gewöhnlich wird an den oben augeführten Orten Kaffee getrunken, den die Hausfrau mitnimmt und nur aufschütten läßt, und bei dem "Böhre- Platz", Kirmeß-Weck, verzehrt wird. Bei weiteren Ausflügen, den übrigens seltenen Landpartieen, wird Pickenick gemacht, sind die Wagen schwer bepackt mit Wein und Körben voller Eßwaaren aller Art; sind es Fußpartieen, brechen die Knechte und Mägde fast unter der Last der Fleischtöpfe Aegyptens zusammen, denn der Kölner thut, wie schon bemerkt, in dieser Beziehung nie etwas halb, kann keinen "hungrije Kröm" leiden.

Wallfahrten

Die Monotonie der Alltäglichkeit ward für die Mittelclasse durch die Bitt- und Wallfahrten nach Nyvenheim, Ballhausen, Sprokhövel und Kevelaer unterbrochen, und ein Feiertag ist für Viele das Abholen der Pilger, die nach Kevelaer gewallfahrtet, denen man bis Nippes, selbst bis Fühlingen entgegen zieht. Bei diesen Gelegenheiten werden nie die Kümmel-, kölnisch "Kühm-Bretzel" vergessen, besonders Leckerbissen für die Kinder, die überglücklich, wurden sie von einem Pilger mit einem papiernen Kevelaerer-Fähnchen beschenkt.

Mülheimer Gottestrag

Ein Freudentag ist auch der Besuch der mülheimer Gottestrag zu Fuß und zu Schiff, da hier die Procession unter fortwährendem Pelotonfeuer auf dem Rheine manövrirt. Es wurde bei dieser Gelegenheit, in Mülheim auch eine Controvers-Predigt gegen die Protestanten gehalten, und zwar über den stehenden Tert: "Kein Protestant kann selig werden".

Kirmeß in Deutz und am Nippes

Haufenweise strömt Alt und Jung nach den Kirchweihfesten in Nippes und Deutz. Alte Herren machten sich wohl eine Unterhaltung daraus, die Leute zu zählen - wozu der Rosenkranz diente -, welche mit der fliegenden Brücke übersetzten, um darüber Abends in ihren Estaminets zu berichten.

Martinsfest

In den stammkölnischen Familien darf am Martinstage die mit Aepfeln, Rosinen und Castanien gefüllte Gans nicht fehlen, zu der Most oder "Wirz", wie man den in Gährung übergegangenen Weinmost nennt, getrunken wird. Kränze aus Weinlaub, welche die Weinschilder oder die Ladenfenster schmücken, laden in den Weinschenken zum frischen Most ein. Mit den alten Martinsliedern zogen wir Kinder an den Häusern umher, um Brennmaterial für die Martinsfeuer zu sammeln. Zu Hause wird, nachdem die Gans verzehrt, über das Licht gesprungen.

Wie wir gesehen, beschränkt sich des Kölners Leben auf die Ringmauern der Stadt, auf ihre nächste Umgebung. Ein Familien-Ereigniß ist es, holt ein mit dem weißen Tuch überspannter Kirmeß-Karren den Herrn und die Mafrau zu einer Land-Kirchweihe der Nachbarschaft, geht eine Herrschaft im Herbste auf ihr Weingut in die Lese.

Reisen nach Paris

Macht ein Kölner mal eine größere Reise nach Holland, oder geht er gar nach Paris und nach Wien, so gibt dies den reichsten Stoff der Unterhaltung der ganzen nachbarschaft und auch in weiteren Kreisen, namentlich in den Estaminets. Die Erlebnisse Einzelner auf weiteren Touren werden bei jeder Gelegenheit aufgetischt, und denselben stets mit dem andächtigsten Staunen das aufmerksamste Ohr geliehen gleich Wundermährchen. Ulysses, der vielgewanderte, konnte nicht mehr bewundert werden. Schwer würde es mir sein, die Vorstellungen und Ideen anzugeben, die bei mir dem Knaben auftauchten bei den Namen: Gau, Hittorf, Elkendorf, Gebr. Nückel, Weyer, Wilmes, die zu ihrer höheren Ausbildung, ihrer Studien wegen nach Paris gegangen; es waren keine gewöhnliche Menschen in meiner Idee.

Postreisen

Das Postreisen war auch eine eigene Sache. Zu einer Reise nach Bonn wird Morgens um vier Uhr aufgebrochen. Um Mittag trifft der Postwagen in Wesselingen ein, wo im "Grünen-Wald" gemüthlichst zu Mittag gespeis't wird, und von Glück kann man nachsagen, kommt man am späten Abende in Bonn an. Zwei volle Tage brauchte man zu einer Reise per Postwagen nach Aachen, und dann mußten die Passagiere, der halsgefährlichen Wege halber, noch gute Strecken zu Fuß gehen. Zwischen Köln und Jülich wurde immer in Bergheim Mittag gehalten, und die siedend heiße Suppe der bergheimer Table d'hote war zum Sprüchworte geworden. Ein solcher Mittag der Postreisenden bildet den Vorwurf zu der originellen bei DuMont-Schauberg erschienenen kölnischen Posse: "Die Poststation".

Als ich in späteren Jahren, nachdem die Eilwagen schon eingeführt, einen alten Postillon, der sein Leben lang den Wagen zwischen Köln und Bonn gefahren hatte, auf den Unterschied des Reisens in alter Zeit und in damaliger hinwies, meinte der ehrliche Schwager allen Ernstes: "In seiner Jugend hätten die Leute beim Postreisen doch noch etwas für ihr Geld gehabt."

Reise nach Frankfurt a. M. per Wasser-Diligence

Bei den jährlichen Reisen nach der frankfurter Messe machen die dahin gehenden Kaufleute gewöhnlich ihr Testament. Wochen lang währen die Vorbereitungen, wird gesotten und gekocht für die Reise, um die Schließmanden mit allen nur erdenklichen Vorräthen zu spicken. Die Fahrt wird per "Wasser-Diligence" gemacht, so nennt man kleine, einmastige Schiffchen mit einem Oberdecke, als Passagierstube, welche von zwei oder drei Pferden rheinaufwärts gezogen werden. Am Rheinthore ist die Abfahrt. Hier nehmen sämmtliche Familienglieder in pleno von dem Scheidenden Abschied und begleiten, das Ufer entlang spazirend, die Diligence bis Rodenkirchen, wo beigelegt und der rührende Abschied nochmals wiederholt wird.

Auf der Diligence selbst läßt man es sich gut sein, ein Maitre de plaisir oder, Krützjesmaecher" befindet sich immer bei der Gesellschaft. Essen und Trinken ist eine Hauptsache und in den Nachtsherbergen ist man wie zu Hause, denn Manche haben die Fahrt schon, Gott weiß wie oft! gemacht. An tollen Schwänken, gemüthlichem Humor war kein Mangel. Und was wissen die Reisenden, kehren sie heim, werden sie am Ufer von der ganzen Familie und Freundschaft bewillkommt, nicht Alles zu erzählen! Wer wollte behaupten, daß diese Schneckenfahrten nicht ebenfalls ihre Poesie hatten! Die Reisenden hatten etwas für ihr Geld. Die Ufer des Rheines selbst prangten noch in ihrer vollen alterthümlichen romantischen Pracht, Städtchen, Dörfer und Weiler in der ganzen malerischen Oede des Verfalles, wie sie uns das Mittelalter übererbt hatte.

Diese sich jährlich wiederholenden Reisen zur frankfurter Messe waren übrigens für die kölner Kaufleute wichtige Lebens-Ereignisse, denn auch das Allergewöhnlichste, das sie aus dem Geleise der Alltäglichkeit bringt, ist den Genügsamen etwas Außerordentliches, wird in ihren Augen zum Abenteuer. Ihr kindliches Gemüth weiß jeder Seite des Lebens etwas Anziehendes abzugewinnen, Uebersättigung hat ihnen den reich schillernden Flügelstaub des Lebens-Schmetterlings noch nicht verwischt, sie genossen das Leben, weil ihnen nicht jeder Tag neue Bedürfnisse schuf.

Und nun die Seligkeit der Heimkehr, das Abholen, die Reisegeschenke für Alt und Jung, für Knecht und Magd! Bei jeder, auch noch so kleinen Reise wird etwas mitgebracht, ein so genannter "Kirmess", und ist es auch nur ein Lebkuchen; wie durfte da das Meßstück fehlen?

XI. WISSENSCHAFT UND KUNST.

Geistiger Zustand Kölns unter Napoleon - Wallraf's Bemühungen - Die
olympische Gesellschaft - Die Werkstätte des Buchbinders Aug. Jansen -
Haus-Lectüre - Volksbücher - Leihbibliothek - Vicarius Hardy – Gebr.
Boisserie / Kölner Maler und Bildhauer - Musik und Musikfreunde - Marcus
DuMont - Dom-Kirchen-Musik - Der Flöten-Virtuose Franz Joseph Langen.

Unser Archivar, Dr. L. Ennen, gibt uns in seinen Zeitbildern eine lebendige
Schilderung des wissenschaftlichen und Kunstlebens Kölns in der Periode, von
welcher ich rede! (1). Auf dieses Werk muß ich verweisen, da meine eigene
Erfahrung und Anschauung so weit nicht reicht, mein persönliches Wissen sich
nur auf später vernommene Aeußerungen gründet.

Geistiger Zustand Kölns unter Napoleon

Unter der Napoleonischen Soldaten-Despotie konnte an eine freie
Geistesbildung nicht gedacht werden. Auch der Geist der Nationen, die unter
seiner Zuchtruthe seufzten, war geknechtet, und den Männern, denen die
Sendung geworden, geistbefruchtend durch Wort und Schrift zu wirken, war
Mund und Hand geknebelt. Da der Despot mit frechem Hohne alle
Volksthümlichkeiten niedertrat, unter seinem ehernen Fuße hielt, blieb auch
dem Unterrichte, der Bildung alles fern, was Nationalgefühl, den Gedanken
politischer Selbstständigkeit nur im entferntesten anregen konnte; die Jugend
mußte sich mit dem Griechenthume, dem Römerthume begnügen, das aber
auch wieder nach dem Willen des Allmächtigen zugestutzt war. - Militärisch
war das kaiserliche Lyceum eingerichtet, die Schüler, uniformirt, standen nach
der Trommel auf, und gingen nach der Trommel in die Classe, zu Tisch und
zu Bett - unter Napoleon mußte Alles dem Kalbfell folgen. Was man an der
Secundär-Schule trieb, darüber belehrt uns Dr. Ennen, mir schwebt nur noch
dunkel eine These: "Der Fisch hat keinen Kopf" im Gedächtniß, welche Dr.
Cassel bei einer öffentlichen Feier aufstellte, und die zu allerlei Spöttereien
und Zerrbildern Veranlassung gab.

Wallraf's Bemühungen

Die Heroen der neuen Glanzperiode des deutschen Schriftenthums waren nur
wenigen der Auserwählten bekannt, fanden in Köln keinen empfänglichen
Boden. Wallraf's Bemühungen, Köln, die deutsche Stadt, in geistiger
Beziehung zum deutschen Vaterlande zu erhalten durch sein "Taschenbuch
der Ubier", an dem Arndt, Cramer, Lindenmayer, Schubart und andere als

Mitarbeiter Theil nahmen, scheiterte an der despotischen Bevormundung der Regierung und an der engherzigen Exclusivität der Kölner - am Kölnerthum. Aber auch dieses selbst fand nicht minder seinen eifrigsten Vertreter in unserem Wallraf, der so gelehrt, so vielseitig strebend und wirkend er sein mochte, vor Allem Kölner war, welchem die Liebe zur Vaterstadt eine zweite Religion, für welche er diejenigen Jünger, die sich ihm anschlossen, zu gewinnen, zu begeistern wußte.

Die olympische Gesellschaft

Wallraf war der belebende Mittelpunct, von dem die geistige Lebensthätigkeit im damaligen Köln ausging, die in der von ihm gegründeten "olympischen Gesellschaft" die einzige Pflegerin fand, und in versittlichender Beziehung eine Fördererin in der musicalischen Liebhaber-Gesellschaft, die sich auch wöchentlich bei ihm versammelte, und alle Gleichgesinnten und Strebenden vereinte. Kunst und Literatur hatte in der olympischen Gesellschaft eine Zufluchtsstätte gefunden, und der kölner Humor, der kölner Dialekt eine fruchtbringende Pflege, indem wir diesen gemüthlichen Zusammenkünften, den Darstellungen dieses Vereins die originelsten Dichtungen in unserem Plattdeutschen verdanken. Ich erinnere mich noch einer in Knittelversen von der olympischen Gesellschaft ausgearbeiteten Travestie des Goethischen "Faust", in ihrer Art ein Meisterstück, voll schlagenden Witzes und Humors.

Die Werkstätte des Buchbinders Aug. Jansen

Die Wenigen, welche sich um Wissenschaft und Literatur kümmerten, fanden sich zusammen in der Werkstätte des Buchbinders Aug. Jansen, in der großen Neugasse, meinem elterlichen Hause gegenüber wohnend. Der vielunterrichtete, biederbe Mann hat einen entschiedenen Einfluß auf meine geistige Richtung gehabt, dem Knaben zuerst den Sinn für das Kunstschöne in Wort und Form geweckt. Unter seiner Werkbank in den Papierspänen liegend, horchte ich andächtig seinen Mährchen und Reise-Erzählungen, wodurch er das kindliche Gemüth in so eigenthümlicher Weise anzuregen und zu fesseln wußte. Noch stehen einzelne der Männer, die dort verkehrten, lebendig vor meiner Seele, so Friedrich Schlegel, unter den Jüngern Gau, Hittorf und vor Allen Ferdinand v. Walter, jetzt Professor des Kirchenrechts in Bonn, der auf den Knaben einen unvergeßlichen Eindruck machte, als er im Jahre 1812 an der Secundär-Schule zweiten Grades alle Preis-Medaillen davon getragen, zu denen er sich bei Jansen die Etuis machen ließ. Die Werkstätte Jansen's blieb das Stelldichein aller geistigen Notabilitäten, als wir wieder Deutsch geworden, und noch erinnere ich mich aus der ersten Zeit Arndt's, dann später Follen's, des Staats-Procurators Mühlenfels, und selbst der Gemahlin, des Sohnes und der Tochter Schiller's, die alle in meiner Nachbarschaft, beim Brauer Sülzen in der Klucht am Bollwerk wohnten, und auch von Zeit zu Zeit bei Buchbinder Jansen einsprachen, wo man alle literarischen Neuigkeiten aus erster Quelle hatte.

Haus-Lectüre

Wie viele der Bürger auch ihre "sechs oder sieben Schulen" studirt hatten, worauf sie pochten, da sie noch einige lateinische Floskeln kannten, auch wohl zur Noth mit Hülfe des Gradus ad Parnassum noch ein Carmen oder Chronicon zusammenstoppeln konnten, so war doch Lesen ihre Sache nicht. Die gewöhnliche Familien-Lectüre besteht in Pater Martin von Cochem's oder einem ähnlichen Leben der Heiligen, in Goffine's Handpostille - und im hinkenden Boten mit dem großen Einmaleins.

Volksbücher

Hier und da findet man den kölnischen Diogenes von Lindenborn, und in den Mittelclassen die allbeliebten Volksbücher: der gehörnte Siegfried, Kaiser Octavian, die vier Haimons-Kinder, das Riesenbuch, das Schloß Xaxa, die keusche Hirlanda, die treue Genovefa, die schöne Magelone, der Till Eulenspiegel, und wie die Herrlichkeiten der bei Evraerts in diesem Jahr gedruckten Pafeporzer-Bibliothek heißen mögen. Und dennoch hat Köln noch eilf Buchdruckereien und dreizehn Verlags- und Buchhandlungen, wenn auch Keine mehr von den Firmen besteht, die Köln einst als Druckort so berühmt machten, wenn auch Köln nicht mehr seinen Namen hergeben muß mit der erdichteten Firma Jean Marteau zu so scheußlichen, sittenverderbenden Büchern, mit denen Frankreich im achtzehnten Jahrhundert die Welt heimsuchte und verpestete.

Leihbibliothek

Köln besaß nur eine Leih- und Lese-Bibliothek, die des Stadt-Registrators J. Arn. Imhof, in der vorzüglich die Ritterromane von Spieß, Cramer, Veit Weber und die Lafontaine'schen Rühreier spulten.

Vicarius Hardy

Wahre Festtage für mich waren die, dem Knaben zuweilen als Belohnung vergönnten Besuche des Vicarius Hardy († 1819) auf dem Mariengarten-Kloster. Welche Wunder entfalteten dem kindlichen Auge seine mikroskopischen Versuche, seine physicalischen Apparate; eine reiche Welt belebte die Wände seiner kleinen Zimmer in den von ihm bossirten kunstvollen, charalteristischen Wachsbildern und Gruppen. Voller Andacht staunte ich seine Schmelzgemälde an, seinen Heiland nach Carlo Dolce, voll erhabener Milde, sein eigenes Bild in sitzender Figur, die Linke mit der Zeichenfeder auf die Mappe gestützt. Hardy war ein durch und durch reines kindliches Gemüth, eine seltene Künstlernatur, welche, was sie des Bewunderungswürdigen schuf, aus sich selbst schöpfte, dabei das Muster eines katholischen Priesters. Und wie wenige Kölner ahnten damals, welchen Künstler die Vaterstadt in diesem anspruchlosen, bescheidenen Manne besaß!

Gebr. Boisserie / Kölner Maler und Bildhauer

Pflege der zeichnenden und bildenden Künste war ein Charakterzug der Kölner gewesen, als die Stadt noch in ihrer Blüthe, bis ins sechszehnte Jahrhundert. J. Merlo hat uns gezeigt, wie reich die Stadt an Meistern der Malerkunst schon seit dem zwölften Jahrhunderte. Vor fünfzig Jahren war, wie ich schon angedeutet, jedes Bürgerhaus ein kleines Museum, denn es gab keines, wo nicht einige alte "Schildereien" aufbewahrt wurden.

Aber seit dem Jahre 1804 fingen die Gebrüder Sulpiz und Melchior Boisserèe und Bertram in Köln und Umgegend an, aufzuräumen zum größten Aergerniß Wallraf's, dem leider nicht immer die Mittel zu Gebote standen, wenn auch die alten Bilder für mehr als Spottpreise verkauft wurden und die Ankäufer so viel von dem eigentlichen Kunstwerthe verstanden, daß sie dieselben nach der Echtheit des Goldgrundes, auf den sie gemalt, abschätzten. Die Boisserée'sche Sammlung kam nach Heidelberg, dann nach Stuttgart, die Besitzer wußten den neuen Aufschwung deutschen Nationalgefühls zu benutzen und Vater Goethe zu gewinnen, und so wurden die Bilder, die einst unseren Kirchen, Klöstern und Kreuzgängen zur frommen Zierde gedient, ein hoher Kunstschmuck der münchener Pinakothek.

Was seit dieser Zeit der Stadt Köln an Kunstgegenständen, Antiquitäten und Curiositäten durch den Kunstschacher entfremdet, zeugt allein von ihrem damaligen Reichthume an solchen Dingen; denn es gibt kein namhaftes

Antiquitäten- und Kunst-Cabinet diesseit der Alpen, welches nicht das eine oder andere Curiosum aufzuweisen habe, das Köln einst sein nannte.

Ausübende Künstler besaß Köln vor fünfzig Jahren wenige, die Portraitmaler Mengelberg, Beckenkamp, den Blumenmaler Grein, die Landschafter Gebrüder Manskirsch und vor Allen den selbst von Goethe hochgefeierten, aber leider schon 1812 verstorbenen Maler Hoffmann (geb. 1764, 28. October) Auch De Noël hatte sich der ausübenden Kunst gewidmet und manche Compositionen geliefert, die mehr als ein gewöhnliches Talent verrathen. Die Bildhauerei wurde von der Familie Imhoff geübt.

Musik und Musikfreunde

Wie wir gehört, fand die Bühnenkunst Unterstützung. Musik ist aber der Kölner Lieblingskunst. Die Bauerbänke und die geringeren Bürger begnügen sich mit dem Dudelsack, dem Hackbrett, der Lavumm und der Violine des "Schützengelchen", eines fahrenden, drei bis vier Fuß hohen Musicanten, der allenthalben ein gern gesehener Gast und bei gar mancher Hochzeit die musicalisch genügsamen Füße der an und für sich tanzlustigen Kölnerinnen in Bewegung setzt. Unsere Großmütter tanzten noch eine sittsame Menuett, das junge Volk aber schon, wie ich mir erzählen ließ, den Walzer, die Française, Ecossaiso und Tempte, den Küßches-Tanz und den Kehraus!

Bei den Vornehmen hört man wohl ein Clavier und auch, aber selten, eine Harfe. Musiklehrer waren gewöhnlich die Organisten, noch erinnere ich mich der Namen Bevillagua und Cremer. Eine Niederlage der besten neu gestochenen Musique hält der Organist Godfried Hengen in der Schildergasse.

Den Stamm unseres Orchesters bildet, außer einigen Mitgliedern der aufgelös'ten kurfürstlichen Capelle aus Bonn die ehemalige Dom-Capelle, deren Capellmeister Ignaz Kaa neben der Jesuitenkirche. Er trieb außer der Musik auch Goldmacherei, suchte den Stein der Weisen. Die Alchymie war übrigens eine Krankheit, an welcher noch in der zweiten Hälfte des achtzehnten Jahrhunderts verschiedene Domgrafen in Köln laborirten.

Als Kind habe ich noch im Keller des Kaa'schen Hauses das alchymistische Laboratorium gesehen.

Marcus DuMont

Stützen der Musik, begeisterte Freunde derselben sind der Bürgermeister Joh. J. von Wittgenstein, der nachmalige Appellationsgerichtsrath Verlenius, die ganze Familie DuMont, besonders der gründlich wissenschaftlich gebildete Buchhändler Marcus DuMont, Gründer der Firma DuMont-Schauberg, Dr. Med. Schmitz, die Brüder Adolph und Joseph Steinberger. In ihren Häusern wird die holde Kunst treu gepflegt, da gibt es Quartette und Quintette und musicalische Kränzchen. Concerte gab es beim Capellmeister Bensberg, in verschiedenen Kirchen musicalischer Gottesdienst, so auch bei den Ursulinerinnen, wo das Orchester von Nonnen besetzt war, dann musicalische Unterhaltungen beim Bürgerhauptmann Etzweiler im Hüttchen Obenmarspforten, größere Aufführungen im Ehl'schen Saale auf dem Domhofe.

Dom-Kirchen-Musik

Den wirklich aufopfernden Anstrengungen der genannten Bürger gelingt es auch, die 1805 wegen Mangels an' Mitteln aufgehobene Kirchen-Musik im Dome wieder in's Leben zu rufen, deren Verschwinden Wallraf am 3. August 1805 in der Kölnischen Zeitung so bitter beklagt. Die musicalische Messe im Dome war mir als Knaben ein Hochgenuß, wie auch später Frank's Orgelspiel in den Completen. Mit welcher Andacht habe ich im Dom-Chore oft der so milden und doch so metallreichen Tenor-Stimme des Herrn Marcus DuMont gelauscht, welche, selbst der entzückendste Ausdruck seelenvoller Andacht, die Seele dergestalt hinriß, daß man auf den Schwingen seines Gesanges getragen, im andächtigen Entzücken Alles um sich her vergaß. Sein "Herr nicht mein, Dein Wille geschehe" in Graun's "Tod Jesu" klingt mir noch, ein Nachhall der seligsten Minuten, in allen Fibern der Seele wider.

Der Flöten-Virtuose Franz Joseph Langen

Jede Zeit hat für die Diletanten ihr Mode-Instrument, in meiner Kindheit war es in Köln die Flöte, weil Koln in dem Musiler Franz Jos. Langen einen höchst ausgezeichneten Flöten-Virtuosen besaß. Der wackere Künstler erhielt einen Ruf nach Paris, gab ihm aber keine Folge. Als unser Maire, Herr von Wittgenstein, zur Vermählungsfeier Napoleon's mit Marie Louise nach Paris befohlen war, wurde bei dieser Gelegenheit Mozart's Zauberflöte gegeben. Der Kaiser fragte den Maire, wie ihm die Aufführung gefallen, und erhielt zur Antwort: Assez bien, Sire, mais la flute énchantée vous manque, nous l'avons à Cologne.

Worauf der Kaiser den Wunsch aussprach, den Künstler in Paris zu · besitzen.

XII. DER WALLRAF'S-PLATZ.

Das Südende der Fettenhennen-Straße - Der Siegburger-Hof - Aegidius-Capelle - Das Innere des Siegburger-Hofes - Wehrwölfe und Gespenster - Gewaltrichter - Die Domprobstei - Der letzte Minstrel - Professor Ferdinand Wallraf - Das Innere seiner Wohnung - Goethe's Urtheil über Wallraf - Minoriten-Kloster - Frau Du Mont-Schauberg - Wallraf's Reise nach Paris - Sein Jubelfest Seine Todtenfeier - Wallraf's-Platz.

Das Südende der Fettenhennen-Straße

Köln hatte noch vor einigen dreißig Jahren in seinen Ringmauern viele malerisch romantische, die Phantasie lebendig beschäftigende Plätze, aber wenige, welche sich in Bezug auf malerische Gesammtwirkung mit dem südlichen Ende der Fettenhennen-Straße an der hohen Schmiede messen konnte. Den südlichen Schluß der engen Straße bildet der stattliche, fünf Geschosse hohe, 1615 erbaute Treppengiebel des Hauses zur "Fetten-Henne", mit seinem in den schlanksten Verhältnissen aufstrebenden Fensterwerke, seiner mächtigen Wetterfahne auf dem Lugthürmchen, der Sitz einer Buchhandlung von Thomas Odendahl sel. Witwe. Malerisch schön hat die Zeit den riesigen, verwitterten Giebelbau gefärbt, unheimlich schauen die kleinen runden und viereckigen Scheiben aus den weiten Fensterhöhlen in die düstere Straße.

Auf der gegenüber liegenden Ecke der Minderer-Brüder-Straße, heute an der Rechtsschule, erhebt sich im jetzigen Alignement ein düster grauer Tufsteinbau. Seit Jahrhunderten haben Wetter und Wind, Frost und Regen arg an dem Giebel gewirthschaftet, Fugen und Ritze ausgebröckelt, die Fenstergewandungen angefressen und dem ganzen düstergrauen Bau in der Färbung einen Charakter gegeben, welcher den Maler entzückt, den man aber mit Worten unmöglich schildern kann. Auf der südöstlichen Ecke ist hoch ein Muttergottesbild angebracht, vielleicht das Werk eines Steinmetzen, welcher mit an dem alten Bildschmucke unseres Domes arbeitete. Aber zerklüftet ist der formschöne Tragstein des Bildes, das Bild selbst dergestalt von der Zeit und dem Wetter zernagt und zerbröckelt, daß man nur noch seine Hauptformen erkennen kann. Der künstlich aus Blei geformte Baldachin des Bildes ist nicht minder zerfressen und verwittert, die Laubornamente zerknickt und verbogen, halb fortgerissen; aus den Fugen und Ritzen wuchern spärliche grüne Grasbüschel und Stockhviolen, mit denen der Sommer seit vielen,

vielen Jahren schon das Bild geschmückt hat - malerischer, als dieses Muttergottesbild, läßt sich nicht leicht etwas denken.

Der Siegburger-Hof

Dieser in seinem Verfalle schöne Bau bildete mit den sich au denselben schließenden Gebäulichkeiten der Minderer-Brüder-Straße und dem nach Norden an der Straße zur "Fetten-Henne" liegenden stattlichen Hause den Siegburger-Hof, die Aula Sigebergensis, wo der Abt von Siegburg, besuchte er Köln, sein Absteige-Quartier nahm.

Unter Fettenhennen schließt sich an die Ecke ein mächtiger, zinnengekrönter Giebel mit zwei Thorfahrten, auch aus Tuf gebaut, aber beworfen, und im Hauptbau durch das Einbrechen größerer mit Steingewänden versehener Fenster im ersten und Erdgeschosse in etwa modernisirt. Die Fensterlichter haben auch die sonst in den Erdgeschossen gewöhnlichen Eisengitter nicht mehr und, eine seltene Neuerung, die hölzernen Schutzläden schon im Innern. Ein zehnseitiger Thurmbau, die herkömmliche Auszeichnung aller Edelsitze der Stadt, erhebt sich an der Nordseite. Der aus Trachytquader, Tufsteinen und Ziegeln erbaute Thurm mit seinem Adlerdache, auf dem eine riesige Wetterfahne knarrt und stöhnt, bildet mit dem in seiner Ursprünglichkeit erhaltenen Nordgiebel des Baues, welcher die innere Seite des Hofraumes einschließt, ein düsteres Ganzes, einem Kerker ähnlicher, denn einem Edelsitze. Starke Eisenstäbe schützen die Fenster des Erdgeschosses, rautenförmige Eisengitter schließen die unregelmäßigen Fenster des ersten Geschosses, an denen sich die Ranken eines alten Weinstockes hinaufschlingen, der auch den ganz verwitterten Westgiebel umzieht, mit seinem frischen Grün im Sommer der verbröckelten Tufwand malerischen Schmuck verleihend. Das obere Stockwerk unter dem Zinnenkranze mit seinen mit Eisen beschlagenen Schutzläden nimmt den über den ganzen Bau hinlaufenden Speicher ein. Der Giebelbau des an der Südseite auf den Hof ausgehenden Neben-erkennen kann. Der künstlich aus Blei geformte Baldachin des Bildes ist nicht minder zerfressen und verwittert, die Laubornamente zerknickt und verbogen, halb fortgerissen; aus den Fugen und Ritzen wuchern spärliche grüne Grasbüschel und Stockhviolen, mit denen der Sommer seit vielen, vielen Jahren schon das Bild geschmückt hat - malerischer, als dieses Muttergottesbild, läßt sich nicht leicht etwas denken.

Dieser in seinem Verfalle schöne Bau bildete mit den sich an denselben schließenden Gebäulichkeiten der Minderer-Brüder-Straße und dem nach

Norden an der Straße zur "Fetten-Henne" liegenden stattlichen Hause den Siegburger-Hof, die Aula Sigebergensis, wo der Abt von Siegburg, besuchte er Köln, sein Absteige-Quartier nahm.

Unter Fettenhennen schließt sich an die Ecke ein mächtiger, zinnengekrönter Giebel mit zwei Thorfahrten, auch aus Tuf gebaut, aber beworfen, und im Hauptbau durch das Einbrechen größerer mit Steingewänden versehener Fenster im ersten und Erdgeschosse in etwa modernisirt. Die Fensterlichter haben auch die sonst in den Erdgeschossen gewöhnlichen Eisengitter nicht mehr und, eine seltene Neuerung, die hölzernen Schutzläden schon im Innern. Ein zehnseitiger Thurmbau, die herkömmliche Auszeichnung aller Edelsitze der Stadt, erhebt sich an der Nordseite. Der aus Trachytquader, Tufsteinen und Ziegeln erbaute Thurm mit seinem Adlerdache, auf dem eine riesige Wetterfahne knarrt und stöhnt, bildet mit dem in seiner Ursprünglichkeit erhaltenen Nordgiebel des Baues, welcher die innere Seite des Hofraumes einschließt, ein düsteres Ganzes, einem Kerker ähnlicher, denn einem Edelsitze. Starke Eisenstäbe schützen die Fenster des Erdgeschosses, rautenförmige Eisengitter schließen die unregelmäßigen Fenster des ersten Geschosses, an denen sich die Ranken eines alten Weinstockes hinaufschlingen, der auch den ganz verwitterten Westgiebel umzieht, mit seinem frischen Grün im Sommer der verbröckelten Tufwand malerischen Schmuck verleihend. Das obere Stockwerk unter dem Zinnenkranze mit seinen mit Eisen beschlagenen Schutzläden nimmt den über den ganzen Bau hinlaufenden Speicher ein. Der Giebelbau des an der Südseite auf den Hof ausgehenden Nebenhauses ist auch in allen Geschossen mit Eisengitterwerk bestens versehen.

Aegidius-Capelle

An der Südwestseite bildet die St.-Aegidius-Capelle mit ihrem Spitzbogenfenster einen malerischen Schluß. Damals reich mit Glasmalereien geschmückt und einem Standbild des heiligen Aegidius, den Hirsch auf dem Schooße, sitzend unter gothischem Baldachin, der bis ans Gewölbe reichte, auf dem Sockel die Meute. In der Capelle befand sich der Aegidius-Born, dessen Wasser die Gläubigen gegen das Fieber tranken. Eine Merkwürdiglelt der Capelle war das Grab des kölnischen Historiographen Gelenius. Die drei Häuser, welche aus dem Siegburger Hof entstanden, hatten ursprünglich gesonderte Eingänge zu der Capelle.

Das Innere des Siegburger-Hofes

In dem Siegburger-Hofe verlebte ich, unter der Obhut meiner Großmutter, die ersten Jahre meiner Kindheit. Eine Stammkölnerin, der Typus einer echtkölnischen Hausfrau, ernst und fromm, rührig thätig, reich an Liedern, Sagen und Legenden, die erste Nahrung der Phantasie des wißbegierigen Knaben, dabei patriotisch schwärmend für die alte Zeit, die Reichsherrlichkeit der freien Stadt und unerschöpflich in den Schilderungen der Pracht und des Reichthums des ehemaligen Domcapitels.

Schon seit mehr als drei Lustren war dieser letzte Glanz der freien Reichsstadt zu Grabe getragen. Eine neue Lebensperiode der Stadt hatte begonnen, trübe, nicht viel verheißend in ihren Anfängen, denn Napoleon war kein sonderlicher Gönner der Stadt Köln, und wer hätte damals den Segen der Gegenwart auch in seinen kühnsten Hoffnungen nur ahnen können.

Den reichsten Stoff fand die Phantasie des Knaben in seiner nächsten Umgebung. Die wie Kirchenhallen gewölbten Keller mit ihren Verbergnissen, ihren großen steinernen Särgen zum Einpöckeln des Fleisches. Die ungeheuere Küche mit ihrem großen Kaminheerde, ihrer reichen Ausstattung. Die geräumigen Säle mit ihren Balkendecken und Stuckornamenten, ihren grün in Gold gedruckten, mottenzerfressenen Tuchtapeten, den stattlichen Kaminen, deren Simse durch die Anbetung der heiligen drei Könige, ernste Kaisergestalten und Wappenschilder belebt, während auf einem ein vollständiges, aus ausgestopften Eichhörnchen und Käutzchen bestehendes Orchester aufgestellt war. Die niedlichen Eichhörnchen bildeten die Instrumentisten, die Käuzchen Brillen auf den Schnäbeln, die Notenblätter in einer Kralle, die Sänger. Die vielen Ecken und Winkel, Gängelchen und Gaden, die steinernen Wendeltreppen, die unregelmäßigen, labyrinthischen Verbindungen der Geschosse durch Treppchen und Schwellen, die überwölbten Zimmer mit ihren vergitterten Fenstern, von dem eines den Namen Archiv führte, wo die Familien-Kostbarkeiten aufbewahrt wurden, dessen seltener Besuch für den Knaben stets ein Fest war, denn welche Wunder gab es da nicht zu sehen?

Und dann die Entdeckungsreisen in den weiten, öden Räumen so spukhaft unheimlich, welche der Knabe in späteren Jahren, von unwiderstehlicher zauberhafter Neugierde getrieben, stets mit vor Furcht pochendem Herzen unternahm, und deren Unheimlichkeit nicht wenig durch den urväterlichen, fremdformig, bizarr gestalteten Hausrath gehoben wurde, der, die Geschichte von, der Himmel weiß, wie vielen Geschlechtern erzählend, nebst

Ueberbleibseln alterthümlichen Pferdegeschirres, in allen Winkeln und Kämmerchen aufgehoben war - und welche Ungeheuerlichkeiten wurden da nicht aufbewahrt? Nichts durfte zu Schanden werden.

Kein Streifzug ohne neue Entdeckungen. Aus dem Gerümpel konnte man Jahrhundete der Culturgeschichte des kölnischen Bürgerlebens studiren.

Welche Empfindungen, welche Gefühle der Angst mich hier oft beschlichen, kann nur der ermessen, dessen Kinderzeit ebenfalls, wie die meinige, an Ammenmährchen und Spukgeschichten, an denen Köln vor fünfzig Jahren noch so überreich war, ihre Hauptunterhaltung fand. Aber gerade diese Angst, die grausige Furcht verliehen diesen Irrfahrten in dem weiten, unheimlichen Hause einen eigenthümlichen lockenden Reiz, dem ich nicht widerstehen konnte, erschreckte ich auch nicht selten vor dem eigenen Tritte, oder wenn der Wind kläglich heulend durch die öden Gänge strich, die morschen Bleifenster klirrend rüttelte. Was Wunder!?

Wehrwölfe und Gespenster

Selbst unsere Unarten suchte man uns durch haarsträubende Schauergeschichten abzugewöhnen, und schreckte uns vor Ausflügen in die entfernt liegenden Stadttheile durch grausenerregenden Erzählungen von Gespenstern und Hexen, die in der Gestalt von Katzen im alten Köln eine gar große Rolle spielten. Noch erinnere ich mich übrigens einer Erzählung der Großmutter, wie sie einem Funken, einem Stadtsoldaten, der sich wöchentlich sein Almosen holte, die Bemerkung gemacht habe, daß die Funken unmöglich mit ihrer Löhnung darkommen könnten, und er ihr naiv geantwortet: "Ja, wenn wir den Aposteln-Kirchhof und Mauritius-Kreuz nicht hätten." Auf weiteres Befragen habe der Funk sich dahin erklärt, daß sie am Mauritius-Kreuz den Wehrwolf spielten, und sich in der Frühe Morgens, in Bettlaken gehüllt, hinter den Grabkreuzen des Aposteln-Friedhofes verbargen und die nach der ersten Messe ziehenden Kappesbäuerinnen erschreckten, welche mit Hinterlassung ihrer Silber beschlagenen Gebetbücher, der Ohreisen und Kopftücher ihr Heil in der Flucht gesucht. Das Zurückgelassene wurde natürlich als gute Beute betrachtet.

Gewaltrichter

Wo Derartiges vorkam, darf man auch der Anekdote von dem Gewaltrichter Glauben beimessen, der meinte, die Spitzbuben und Diebe hätten jetzt, in der französischen Zeit, keinen Respect mehr vor der Policei, da wäre es in reichsstädtischen Tagen ganz anders gewesen, wenn er mit der Gewalt, die Heerpfanne an der Spitze, auf der Hochpforte erschienen, hätten die Diebe sich fern auf der Severinstraße schon aus dem Staube gemacht. Die Heerpfanne war nämlich ein eiserner an einer Stange getragener Korb, in welchem ein Dutzend Pechkränze loderten.

Dem Siegburger-Hofe entsprach sein Gegenüber. Die Straße einengend, weit vorgeschoben über die Ecke der Minderer-Brüder Straße erhob ein riesiger Giebel mit geschlossenen und vergitterten Fenstern seinen First unter einem schweren Satteldache.

Rußig geschwärzt waren die Backsteine, zerfallen und grün bemoos't die Fensterbänke, und in eigenthümlicher Form baute sich an der südlichen Ecke, weit vorspringend, ein Erker, getragen von stark ausladenden Kragsteinen, verziert mit phantastisch geformten Fratzenköpfen, denen des Knaben Phantasie im Halbdunkel des Abends gewöhnlich spukhaftes Leben verlieh.

Unter diesem Erker fand sich an den Winterabenden häufig der letzte kölner Minstrel ein, sein Name war Reifferscheidt.

Ein hagerer Mann, in fadenscheinigem Roquelaure und breitimpigem Hute, die Harfe trug er an einem Riemen über der Schulter. Munter schlug er in die Saiten, an Zuhörern fehlte es dem Straßen-Concerte nie, und einer der andächtigsten war ich selbst, hielten die buntesten Träume den müdgespielten Knaben nicht schon gebannt. Seine etwas verrostete Baritonstimme schallte laut durch die Nacht, die seiner Frau secundirend, welche mitunter durch einen Rippenstoß oder durch eine kölnische Straßen-Sentimentalität geweckt wurde, wenn sie nicht kräftig genug mit einstimmte. So tief haben sich des letzten kölner Minstrel Lieder und Weisen, wie: "Catringche jing de Bach erop", "Die verfresse Capuciner" oder "Zu Stephan sprach im Traume", "Als ich auf meiner Bleiche" u.s.w. meinem Gedächtnisse eingeprägt, daß sie noch zuweilen in heiteren Stunden wiederklingen. Gewöhnlich wählte Reifferscheidt die Zeit des Theaterschlusses, und dann bildeten sich unter dem düsteren Erker in magischer, phantastisch spielender Beleuchtung der Fackeln der Leuchtenmänner die barocksten Gruppen.

Eine altverfallene Mauer, von Schmarotzerpflanzen überwuchert, zog sich von der westlichen Giebelseite des Baues düster die Straße entlang nach Norden bis zu einem Häuschen mit Vorbau, der Wohnung des Buchhändlers und Verlegers Balthasar Neuwirth, meines Urgroßvaters. Ueber die Mauer ragte der südliche Domthurm mit seinem Krahnen spukhaft in die Nacht, vom

Siegburger-Hofe besonders im zweifelhaften Mondlichte in voller Winterstaffage gesehen, die altersgrauen Häuser im Vorgrunde, ein Bild so romantisch-malerisch, wie es der phantasiereichste Maler nicht schöner und wirkungsreicher erfinden könnte.

Die Domprobstei

Des düsteren Baues Hauptfronte ging nach Süden, bildete den Schluß der Ansicht von der Hochstraße. Schwervergittert waren die hohen Fenster aller Geschosse. Verfall und Verwitterung, Vernachlässigung des Giebels gaben dem großen Hause den trostlosen Charakter, den vor fünfzig Jahren alle der Domaine gehörigen, alle öffentlichen Gebäude der Stadt trugen. An der Ostseite schloß sich ein Thorweg und eine in die Straße vorspringende Gartenmauer dem Baue an, zu dem Hause des Grafen Königsegg gehörend, später die Dompfarrschule auf dem Domkloster, an welches, die südwestliche Ecke desselben bildend, auch der äußere Bau mit seinen verfallenen Hintergebäuden stieß, indem dieser, als ehemalige Domprobstei, einen Ausgang auf das Domkloster hatte.

Ein wahres Heiligthum für mich war der ungeheuerliche Bau, denn in demselben wohnte ein Mann, in dessen Namen sich dem Knaben alle Begriffe des Wissens, Könnens und Schaffens vereinigten - Professor Ferdinand Franz Wallraf, der seiner Stelle als Rector der 1798 aufgehobenen kölnischen Universität entsetzt wurde, weil er der französischen Republik den Eid der Treue nicht schwören wollte.

Der letzte Minstrel

Der letzte Domprobst, Graf zu Dettingen, hatte dem Professor Wallraf die Probstei, welche Jener selbst nie bewohnt, als Wohnung abgetreten. Wallraf mußte dieselbe aber beim Umschwung der Dinge mit einer Gensd'armerie-Caserne theilen, bis ihm im Jahre XII ein Ministerial-Rescript die unentgeltliche Nutznießung des Gebäudes auf Lebenszeit zuerkannte, und ungestört ließ den Hochverdienten die preußische Regierung im Besitz.

Professor Ferdinand Wallraf

Inmitten seiner Schätze der Kunst und Wissenschaft, chaotisch durch einander liegend, im buntesten, der kühnsten Phantasie undenklichen Wirrwar in den düstern Räumen in Staub und Moder auf einander geschichtet, lebte Wallraf, oft das Nothwendigste entbehrend, um seiner Sammlerlust genug zu thun, oft, wegen Mangels an Brandgeriß, in seinen Talar und Mantel gehüllt, vor Kälte bebend und zitternd, denn der letzte Centime war zur Erwerbung eines Gemäldes, eines seltenen Buches, einer Antike oder Anticaglis verausgabt. Sein Stadt-Patriotismus war dem eines alten Römers gleich, jeder und aller Aufopferungen fähig. Seine Bemühungen, seine Entbehrungen brachte Wallraf mit der freudigsten Opferwilligkeit seiner Sammler-Manie, aber vor Allem seiner festen Treue und Liebe zur Vaterstadt zum Opfer. Goethe schildert den würdigsten Kölner treffend, wenn er sagt: "Er gehört zu den Personen, die bei einer gränzenlosen Neigung zum Besitz ohne methodischen Geist, ohne Ordnungsliebe geboren sind, ja, die eine Scheu anwandelt, wenn nur von Weitem an Sonderung, schickliche Disposition und reinliche Aufbewahrung gerührt wird. Der chaotische Zustand ist nicht denkbar, in welchem die kostbarsten Gegenstände der Natur, der Kunst, des Alterthums über einander stehen, hangen und sich durch einander umhertreiben. Wie ein Drache bewahrt er diese Schätze, ohne zu fühlen, daß Tag für Tag etwas Treffliches und Würdiges durch Staub und Moder, Schieben, Reiben und Stoßen, einen großen Theil seines Werthes verliert".

Das Innere seiner Wohnung

Wallraf's excentrische Sammlerwuth, sein edler Zorn, wurde irgend etwas der Vaterstadt entfremdet, daher seine Abneigung gegen die Gebrüder Boisserée und Bertram, erhielt eine heilige Weihe durch seinen, man darf sagen, antiken Patriotismus. Was er mit so großen, aber eben so freudigen Opfern und Entbehrungen, so unsäglichen Anstrengungen vollbrachte, that der würdigste Kölner einzig für die Vaterstadt, seines Daseins Idol.

Aus kölnischer Vetterschaft des Herrn Professors zu meiner Großmutter und der Nachbarschaft halber, war es mir zuweilen vergönnt, die Schwellen dieses Tempels der Kunst und Wissenschaft zu überschreiten, dieses nicht zu schildernde Chaos der Wunder mit andächtiger Scheu zu bestaunen. Mit Mühe wand man sich auf den Gängen und in den Zimmern durch die hier aufgestapelten Massen von Gemälden, Kunstgegenständen, Antiquitäten und Büchern; durch das ganze weite Haus wehte ein eigenthümlicher Moderduft, dem Professor die angenehmste Atmosphäre, denn selbst um und auf seinem schlichten Nachtlager thürmten sich im tollsten Bunterlei Bücher, Kupferstiche, Curiositäten und Antiquitäten aller Gattungen. Die Großmutter erzählte, daß dem Herrn Professor einmal bei einer feierlichen Gelegenheit, wo er nach dem Dome mußte, die einzige schwarzseidene kurze Hose unter seiner tollen Umgebung abhanden gekommen, und erst, nach langem, langem Suchen, als die Domglocken schon riefen, unter einem Haufen von Büchern und Kupferstichen glücklich wiedergefunden worden sei.

Goethe's Urtheil über Wallraf

Mit welchen Argus-Augen überwachte er Jeden, der ihn besuchte, und der Besuche waren viele, seitdem wir wieder deutsch geworden, unter denselben auch Goethe! In Mitten seiner Schätze mochte sich Wallraf selber nicht trauen. Ich habe ihn gegen eine junge Dame seiner näheren Bekanntschaft in allem Ernste die Bitte aussprechen hören: "Die Finger bei sich zu halten!"

Minoriten-Kloster

Wallraf wurde dem Kinde schon bekannt durch meinen ersten Lehrer, den Guardian des Minoriten-Klosters, bei welchem ich zuerst buchstabirte und Buchstaben kritzelte. Noch erinnere ich mich der Höllenangst, mit der ich an der Klosterbibliothek an der Hand der Magd vorübereilte, denn die Reihen der düsteren Einbände und die an Ketten liegenden großen Bücher machten auf den Knaben einen gespensterhaften Eindruck. Von dem würdigen Minderen-Brüder-Herrn, durch dessen Bemühungen auch der Stadt die Prachtorgel der Kirche, welche nach Elberfeld verkauft werden sollte, erhalten war, wurde mir Wallraf als die höchste Potenz des Wissens und Könnens gepriesen. Und wie oft habe ich von meiner Großmutter hören müssen, daß Wallraf und Daniels, der spätere Staatsrath, Schneiderssöhne, und der spätere Ober-Tribunalsrath Blanchard Sohn eines Opfermannes oder Sacristans der Kirche zum h. Mauritius aus der Huhnsgasse!

Frau Du Mont-Schauberg

Noch gedenke ich der kindlichen Ehrfurcht, mit welcher ich den seligen Wallraf anstaunte, wenn der stattliche Mann in seinem fadenscheinigen Mäntelchen um die Mittagszeit sein Haus verließ, um nach dem Hause DuMont-Schauberg auf der Brückenstraße zu wandern, wo ihn stets die herzlichste, aufrichtigste Gastlichkeit empfing, man darauf Bedacht nahm, seine Leibgerichte zu kochen. Die würdige Frau des Hauses, das Muster einer echten, frommchristlichen Bürgerin im schönsten Sinne des Wortes, nahm sich des verehrten Sonderlinges an, sorgte für Kleider und Wäsche, ohne je die Geduld zu verlieren, wenn auch ihr weiblich ordnender Sinn an der mehr als chaotischen Verwirrung seiner Wohnung, in die sie wenigstens einige Ordnung zu bringen suchte, zu wiederholten Malen scheiterte.

Wallraf's Reise nach Paris

Ihr Gatte, Marcus DuMont bereitete dem Kunstenthusiasten den höchsten Genuß, als er denselben 1812 mit nach Paris nahm, wo ihm in den weiten Kunsthallen des Louvre ein wahres Elysium aufging. Rührend sind die Schilderungen seiner Schüler der Stunden, die sie in den Museen mit dem Allverehrten zubrachten.

Eine heilige Scheu erhielt ich vor dem sonst leutseligen, kindlich milden Manne, als er uns einmal auf dem Domkloster, wo die größeren Knaben sich mit dem Abwerfen der Laubzierathen und Knäufe am Domthurme belustigten, abkanzelte, einige Püffe umtheilte und bei unserem Lehrer, der nur zu gern die Fuchtel führte, noch eine Tracht Hiebe für die Schuldigen beantragte.

Ein Antrag, dem in gehörigster Form willfahrt wurde.

Sein Jubelfest Seine Todtenfeier

Bei seinem fünfzigjährigen Jubelfeste am 20. Juli 1823, in welchem die Stadt ihrem großen Bürger die rührendste Ovation brachte, trat ich dem Hochverehrten wieder näher, ich widmete ihm meinen ersten größeren poetischen Versuch. Aber schon am 3. November traf ihn ein Schlagfluß, am 18. März 1824 ging er ein in die ewigen Wohnungen. In Massen strömten die Bürger nach der alten Probstei, nach den von seinem Schüler und Freunde De Noël würdigst in eine Trauerhalle umgeschaffenen Räumen, wo Wallraf gelebt, gewirkt, gelehrt, für das Schöne begeistert, wo er oft gedarbt unter seinen mit beharrlichster Ausdauer und Entbehrungen gesammelten Kunstschätzen, zu deren Erbin er längst seine Vaterstadt eingesetzt, um Abschied zu nehmen von den irdischen Ueberresten des großen Bürgers. Am 22. März 1824 geleiteten wir seine irdische Hülle feierlichst zu ihrer letzten Ruhestätte, ein Tag der Trauer der ganzen Stadt. Verödet stand 1830 die alte Probstei, trostlos wie ihre Umgebung, in ihrem Verfalle. Sie wurde niedergerissen, um an der Stätte ein Vicariegebäude für das seit 1825 wieder eingeführte Domcapitel zu erbauen. Kaum war der alte Bau niedergelegt, Trümmer und Schutt fortgeräumt, als Herr Baurath Biercher, der damals als Bau-Inspector die Arbeiten leitete, von der Ansicht auf den Dom, welchen die Baustelle gewährte, überrascht wurde. Bei ihm stieg der Gedanke auf, an dieser Stelle einen freien Platz zu schaffen. Der Erzbischof Graf Ferdinand August von Spiegel zum Desenberg und der damalige Regierungs-Präsident waren bald für das schöne Project gewonnen, welches Herr Baurath Biercher mit dem regsten lobenswerthesten Eifer verfolgte. Er wandte sich an die zur

Beschaffung der Amtswohnungen der Domcapitulare und Domgeistlichen eingesetzte Commission und brachte eine Stelle in der Nähe des Justizgebändes, die städtisches Eigenthum, in Vorschlag, um auf derselben die Vicarien-Wohnungen zu errichten, und an der Stätte der ehemaligen Probstei einen freien Platz zur Verschönerung der Stadt zu ermöglichen. Biercher's gründlich motivirter Vorschlag fand Anklang, wurde am 23. April 1830 einstimmig von der Commission angenommen. Sofort schritt man zur Regulirung des Platzes. Stadtbaumeister Weyer baute die Häuser an der Ost- und Nordseite, der Dombaumeister Geheimerrath Zwirner später an die Stelle des östlichen Theiles des Siegburger-Hofes und seiner düsteren Umgebung das große Haus, jetzt der Sitz der Gesellschaft "Concordia"; die Gebäulichkeiten des Siegburger-Hofes in der Minderer-Brüder-Straße wurden zu Domcapitularen-Wohnungen umgebaut. Nur der bauschöne Giebel des jetzigen Kaaf'schen Hauses ist von der alten, düsteren aber malerifchen Umgebung, wie ich sie zu schildern versuchte, geblieben, noch eine Bauzierde der Stadt, ein bauschöner Contrast gegen die monotone Nüchternheit der meisten pappschachtelartigen Neubauten, welche das alte Köln verdrängt haben.

Wallraf's-Platz

Dem Baurath Biercher verdankt die Stadt den Platz am nördlichen Ende der Hochstraße; des Volkes Stimme gab denmiselben in dankbarer Anerkennung gegen seinen würdigen, ehrenwerthen Bürger den Namen: Wallraf's-Platz.

Geneigter Leser! Wir sind am Ziele, sei aber versichert, daß ich in meinen, wenn auch flüchtig angelegten Bildern der Wahrheit. die Ehre gegeben, nicht zu stark aufgetragen habe. Dir bleibt der Vergleich des jetzigen Köln mit Köln vor fünfzig Jahren!

ANHANG: CONTRACTIONEN UND CORRUMPIRUNGEN AUS ANDEREN SPRACHEN

Aehnliche Contractionen und Corrumpirungen aus französischen Wortern sind.

Kudejad, unordentliches, schmutziges Zimmer, aus Corps de gardo.

Ringelott, die bekannte Pflaumenart Reine Claude.

Kötten, betteln, von dem franz. quéter.

Kiekschoserei, Kleinigkeiten, von dem franz. quelque chose, nach der Aussprache qu'eq-chose.

Passeletang, Zeitvertreib, das französische Passer le tomps.

Caffetör, Pergament, in Aachen Kafsetüng, holl. Kaffetoris, Kassertorie, von dem franz. eouverture, der schweinslederne Einband der Bücher, Umschlag.

Loren, mit Versprechen hintergehen, anführen, von dem franz. leurer, hinhalten, das engl. to lure.

Affgrunteren, beschimpfen, beleidigen, aus dem franz. affront, affronter, span. afrenta, afrentar.

Allaeht, munter, wader, wachsam, von dem franz. alerte, engl. alert.

Asserant, frech, anmaßend, von dem franz. assurant, von assuror, engl.

to assure.

Apaat, besonders von dem franz. à part.

Comeommere, Gurken, von dem franz. eoncombre.

Döpe, der Geprellte, Dumkopf, von dem franz. dupe, engl. dupe; auch das Ztw. betuppen, prellen, betrügen, von dem franz. duper, engl. to dupe.

Fleurecatung, Manchester, aus dem franz. feuret de coton.

Falbra, Falbela, Besatz von Frauenkleidern, franz. falbala.

Föhn, Schalk, Schlaukopf, von dem franz. souine, Marder.

Hutschpot, Feuerlike, von dem franz. hochepot.

Malezzig, krank, siechend, von dem franz. malaise.

Perforsch, parfosch, mit Gewalt, das franz. par soree.

Rampenaeche, Tractament, von dem franz. ramponer, sich gut sein lassen, hergeleitet von Ramponneau, der 1760 in Paris an der Courtille eine sehr besuchte Weinschenke hielt.

Tinn oder Zing, Wasserkübel, Zuber, aus dem franz. la tine.

Tötsch, Fackel, Licht, von dem franz. la torehe.

Tröhn, em, betrunken, von dem franz. en train (de boire).

Truffel, die Kelle, aus dem franz. truelle, engl. trowel.

Die Aufnahme dieser französischen Wörter und Ausdrücke ist leicht erklärlich, nicht so leicht aber die in unserem Dialekte vorkommenden spanischen Wörter, wenn auch ein paar Stunden von der Stadt eine spanische Besitzung, woher das Sprüchwort: "Gang durch Grefroth, lauf durch Mödroth un höt dich vör Kerpen". Noch heißt es in dieser Gegend unter den jungen Burschen, wenn eine Nachtsbalgerei vorgefallen, wobei auch wohl früher das Messer regierte: "Eine spanische Nacht machen". Spanischen Ursprungs sind die kölnischen Wörter:

Baselemanes, Kratzfuß, von dem span. Beso las manos.

Call, Rinne, Dachrinne, span. el calle, die Gasse, Straße.

Camus, camusleder, Gemsenleder, von dem span. la gamuza, die Gemse.

Casaek, Oberkleid, von dem span. casaca.

Fisil, Kleinigkeit, gering, von dem span. Adj. fisil, geringfügig.

Fisilemattänteher, Ränke, langweilige Umstände, von fisil matante.

Habble, plaudern, so verhabble, von dem span. hablar, sprechen.

Kabass, Strohkorb, von dem span. el cabazo, Korb.

Kottorf, Flasche, Medicinflasche, von dem span. el cotofre, Trinkglas.

Küpp, die Hutform, der obere Theil des Hutes, von dem span. la copa, dieselbe Bedeutung.

Molacatungs, dicke mit Pflaum umhüllte Pfirsiche, v. d. span. melocotones.

Men, weniger, menos.

Mottecop, dat Boch, ein geheimnißvolles Buch, Motes copia, Sammlung geheimnißvoller Wörter.

Poell, das dicke, formenvolle Mädchen, von dem span. la polla in derselben Bedeutung.

Nicht auffallend kann es sein, daß im kölnischen Dialekte eine Menge holländischer und vlämischer Wörter vorkommen, wie denn auch natürlich viele altenglischen oder angelsächsische Wörter und Redensarten, von denen hier nur wenige mitgetheilt seien:

Bajaseh, schlechtes Gesindel, liederliches Volk, engl. baggage in derselben Bedeutung.

Blöffe, überraschen, verwirrt machen, engl. to bluff.

Bubble, schwaten, wie auch babble, baebble, engl. to bubble, to babble.

Beheuf, behof, Nothdurft, sin beheuf (behos) machen, engl. to behoove.

Bussele, geschäftig sein, engl. to bustle, spr. buss'l.

Blöder, Blase, Blatter, engl. the bladder.

Calle, sprechen, rufen, engl. to call.

Capeusje, kleines Zimmer, engl. the caboose, der Küchenverschlag auf einem Kauffahrer.

Drell, adj. dat es moer zo drell, hochdeutsch zu rund, von dem engl. drill.

Enunger, Mittagsschläfchen, engl. a nooning, the noon.

Enkelo, Fußlknöchel, engl. the ankle.

Feschmengor, Fischhändler, engl. the sischmonger, wie auch ironmonger; köln. Isemenger, Kotzmengor.

Fummele, betasten, engl. to fumble.

Huddle, übereilig, unordentlich machen, engl. to huddle.

Haemmche, Schinken, engl. the ham.

Köpche, die Tasse, engl. the eup.

Keenen, Keenmilch, Keenaehze, Kernen, engl. to kern, korn-milk, buttern, Buttermilch, grüne Erbsen, die aus der Schote gekernt, schott. und nordengl. kehn gesprochen.

Klamm, adj. feucht, zähe, engl. clam.

Klattere, rasseln, als Hptw. Schmutz in den Augenwinkeln, engl. to clatter.

Kribbel, ganz; wie kribbelvoll, kribbelig, adj. launisch, böser Laune, engl. to cribble.

Krünkele oder Krümpele, zerknittern, runzeln, engl. to crumble.

Knabble, Knibble, nagen, langsam kauen, engl. to knabble.

Leudere, leudere gon, vertandeln, tändeln, bummeln, engl. to loiter.

Mümpfele, kauen, Mumpfelche, Biß, engl. to mump.

Moldwurm, Moldhüwel, Maulwurf, engl. Mouldworp.

Mudd, Schlamm, engl. Mud.

Nibble, langsam essen, kauen, engl. to nibble.

Noes, Schlinge, engl. noose.

Ohse-Pisel, Farrenschwanz, engl. Bull's pizzle.

Perplex, adj. überrascht, verwirrt, engl. perplexed.

Piepiep! Interj. beim Versteckenspiele der Kinder, engl. to peep, hervorgucken, sich eben zeigen.

Puddele, waschen, rein machen, engl. to puddle.

Queckselver, Quecksilber, engl. tho quieksilver.

Remmel, das mannliche Kaninchen, Kater, engl. the Ram.

Reu, Trauer, Kummer, so Reu ansagen, Reu-Essen, daher Reue, mittelhochdeutsch riuwe, engl. rue.

Schlabbere, vergießen, begeifern, engl. to slabber.

Schuderen, schaudern, schudderig, kältlich, engl. to shudder.

Schlussen, unsicher gehen, engl. to shuffle.

Schor, dat, Stutzbalken bei Schiffen, engl. the shore.

Schwaden, abprügeln, engl. to swaddle.

Söster, Schwester, engl. the sister.

Wék, Docht, engl. the wiek.

Auch die altenglischen Redensarten "that comes to pass", köln. "datt kütt zo pass", "the long live day", köln. "dae lange leven Dag", dat en hov nit, das ist nicht nöthig, that hoves not. "upon my soul", köln.

op ming siel, und ähnliche waren gäng und gäbe.

Inhaltsverzeichnis